贯穿设计模式

用一个电商项目详解设计模式

伟山育琪 ◎ 著

清華大学出版社

北　京

内 容 简 介

本书除第 1 章介绍设计模式的原则与分类，以及第 12 章进行结语以外，其他章节依次以互联网项目核心模块为基准，将设计模式融入核心模块的开发之中，整个过程犹如一个整体项目需求，完成设计模式的融入。从第 2 章到第 11 章，依次对核心项目模块进行设计模式的融入，本书所涉及的核心模块依次为：多种类第三方账号登录；商品类目管理；商品订单状态转化与处理；多种类第三方支付；业务投放；平台积分更新及红包发放；开具电子发票；朋友代付；订单审计日志设计；ES 日志查询。

本书适合的读者人群为 Java 初学者和有实战经验的 Java 后端工程师，可作为高等院校软件工程、计算机等相关专业的本科生或研究生的课外实战提升参考资料。

图书在版编目（CIP）数据

贯穿设计模式：用一个电商项目详解设计模式 / 伟山育琪著 . —北京：清华大学出版社，2023.9

ISBN 978-7-302-64336-4

Ⅰ . ①贯… Ⅱ . ①伟… Ⅲ . ①电子商务－系统设计－高等学校－教材 Ⅳ . ① F713.36

中国国家版本馆 CIP 数据核字 (2023) 第 143319 号

责任编辑：杜　杨
封面设计：杨玉兰
版式设计：方加青
责任校对：徐俊伟
责任印制：丛怀宇

出版发行：清华大学出版社
　　　　　网　　　址：http://www.tup.com.cn，http://www.wqbook.com
　　　　　地　　　址：北京清华大学学研大厦 A 座　　　　　邮　　编：100084
　　　　　社 总 机：010-83470000　　　　　邮　　购：010-62786544
　　　　　投稿与读者服务：010-62776969，c-service@tup.tsinghua.edu.cn
　　　　　质 量 反 馈：010-62772015，zhiliang@tup.tsinghua.edu.cn
印 装 者：天津安泰印刷有限公司
经　　　销：全国新华书店
开　　　本：170mm×240mm　　　　印　　张：20　　　字　　数：372 千字
版　　　次：2023 年 10 月第 1 版　　　印　　次：2023 年 10 月第 1 次印刷
定　　　价：89.00 元

产品编号：100529-01

推荐 1

谢邀！我与作者 2022 年初在 B 站相识，并有幸邀请作者作为本人知识星球——《编程导航》的常驻嘉宾，想来相识已近两年光景。王校长（作者：伟山育琪）技术功底深厚，对技术的底层研究非常深入。刚得知王校长要写设计模式的书籍时，我还心存一丝担忧，毕竟目前设计模式的相关书籍中，也不乏优秀的图书，直到书稿成型并阅读部分原稿之后，所有的忧虑便不复存在。

这本书与传统的设计模式书籍不一样的是，全书没有任何示例代码，完全从实战出发并进行设计模式的融入。统观全书，好似一个整体的互联网项目，从第三方账号登录→商品类目管理→订单状态变更→第三方支付→业务投放→平台积分更新→开具电子发票→朋友代付→设计日志管理→日志查询，涵盖了当前互联网项目的核心模块知识。更难能可贵的是，书中真的进行了第三方账号登录的代码实战，真的进行了支付宝沙箱平台的支付实战，并引入了 Apollo 配置中心、Spring 状态机、RabbitMq、Redis 等核心组件，开创了设计模式的新纪元。

多说无益，广大读者亲身阅读，便可知此书的美之所在。

——程序员鱼皮（知识星球《编程导航》创办人）

推荐 2

　　谢邀！王校长曾在一线互联网公司从事核心系统开发工作，对于主流互联网技术有非常深入的研究，同时对复杂业务场景有独到的理解，更难得的是具备行云流水的幽默文风，将系统设计的要害各个击破。市面上的设计模式书籍很多，也许各家细节略有不同，但总感觉充满了玄学无法应用到实际项目中，本书能够结合具体项目展开，将各种设计模式巧妙合理地应用其中，这样的方式让人印象深刻。相信本书不仅对一线的程序员，甚至对很多系统架构师也有参考价值，尤其值得关注的是王校长在书中有颇多技术之外的业务场景思考，这是本书最大的亮点。

——极海 Channel（互联网资深技术专家，B 站知名技术博主）

前言

致敬所有程序员

我们生而平凡，却因思维和双手而闪亮。人有居庙堂，人有守边疆，或许没有聚光灯下的万众瞩目，没有绝伦逸群的青史留名，但总有那一隅角落，有我们挥洒汗水和青春的字里行间，千家灯朦胧，万里夜长空，致敬最美夜行者。

然，人间没有永恒的夜晚，世界没有永恒的冬天，程序改变世界。

定，春风和煦，韵律协调，击壤而歌，同忧同行，为太平故，负重前行，为静好故。

终，世界以你为荣。

益者三友，损者三友。友道，友谅，友多闻，益矣。友便辟，友善柔，友便佞，损矣。

愿，君以书为友，日以数篇为率，书遂大进。

盼，平生于书，未尝苟且，或达人简札，少不当意，必再三易之不厌。

遂，愈老而愈益精妙。

士有诤友，则身不离于令名。

期，君视吾为诤友，交友投分，切磨箴规，同心而共济，始终如一。

虽，不可即高山流水，仍盼鼓琴以为众善听，为君子交，淡以亲，相知无远近，万里尚为邻。

终，达之所成亦不离道。

谨以此书，致敬所有程序员，致敬那无数黑夜中的呜咽与怒吼，致敬最卑微的程序梦，致自己，致青春——You look great today！

学习设计模式普遍存在的问题

以下是来自众多从业者对设计模式的看法和疑问。

- 设计模式真的有用吗？你敢不敢告诉我你项目里用了什么设计模式？
- 看设计模式有什么用？天天造车工厂、肯德基点餐、披萨制作……哎！

- 除了工厂和单例，兄弟们有没有真实用过其他设计模式的？
- 可能只有做架构代码的时候才会用设计模式吧，就像 Spring 源码那样用了不少设计模式，自己写的项目里感觉没什么可以用的点。
- 可能面试官也没在项目里用过几个，就是随便问问（偷笑）。

……

上边所列举的点是否也正是你的内心想法呢？设计模式给大部分读者的感觉就是"神秘""高端""不接地气""学会容易落地难"。好不容易有几个能够落地到项目中的设计模式，还被框架代码完美封装了。比如：

- Spring 的 Bean 管理：在不显示使用 Scope 注解为 prototype 的前提下，默认情况就是使用的单例 Bean，想自己写单例，Spring 不给你机会。
- 迭代器模式：JDK 中 List 源码也好，Map 源码也好，这些常用的数据结构都为我们提供了迭代器——iterator，想自己写迭代器，要先过 JDK 这关。
- 观察者模式：很多事件的监听场景适合使用该设计模式，可无奈的是 Redis 提供了发布/订阅功能；Spring 框架提供了 Listener 注解；更多情况下，项目中要完成事件消息的传递，必然会引入消息中间件，如 RabbitMq、Kafka；使用 Spring Cloud Alibaba 的企业，更多地会使用 RocketMq 进行事件消息的传递，一个监听场景被轻易地修改为了以中间件为基础的消息传递和消息接收，而且耦合度还降低了。叹息自己一身武艺，却无用武之地。

……

难道这辈子自己只能写工厂设计模式了吗？还是简单工厂模式……

内容简介

- 不切实际的代码示例（如造车工厂、肯德基点餐、披萨制作、适配 USB 接口、装饰咖啡加牛奶糖等）请绕行。
- 不切实际的设计模式原则描述（如老师、学生单一职责原则划分，驾驶不同品牌车辆的依赖倒置原则设计等）请绕行。

很抱歉以这种形式进行本书内容简介的开场，也希望广大读者给予谅解。笔者认为，如果依然以如此虚幻的示例展开对设计模式的讲解，那么本书也就失去了它原有的意义。因为在网络开放的当下，很多免费的博客论坛中，这种设计模式的代码示例比比皆是，我们何必浪费金钱和时间在这本书上？而我们作为开发行业的从业者，迫切需要的并不是虚无缥缈，而是真正可以落地的设计模式。

本书所有设计模式的代码编写，全部基于互联网项目核心需求，杜绝不切实际的代码示例，让设计模式融入真实的项目开发之中，让设计模式为我们的项目效力。即便是第 1 章内容对设计模式六大原则（合成复用原则在 1.4 节单独说明）的讲解，依然以热门源码（如 JDK8 源码、Spring5 源码）为示例展开。

除第 1 章介绍设计模式的原则和分类，以及第 12 章进行结语以外，其他章节依次以互联网项目核心模块为基准，将设计模式融入核心模块的开发之中，整个过程犹如一个整体项目需求，完成设计模式的融入。

从第 2 章到第 11 章，依次对核心项目模块进行设计模式的融入，本书所涉及的核心模块如下。

- 多种类第三方账号登录。
- 商品类目管理。
- 商品订单状态转化与处理。
- 多种类第三方支付。
- 业务投放。
- 平台积分更新及红包发放。
- 开具电子发票。
- 朋友代付。
- 订单审计日志设计。
- ES 日志查询。

本书的目标是让设计模式在工作中的使用成为可能，让我们对设计模式的学习不仅仅停留在表面上。希望本书对设计模式的实践和落地，能够引起读者共鸣，能够为读者在未来的工作中提供些许参考。

如何学习本书

对于设计模式的初学者，笔者建议从第 1 章开始阅读，了解设计模式的原则及分类，对设计模式有一个全局概念之后，再依次进行后续章节的学习。对于已经了解设计模式的读者，可以根据自身情况跳过第 1 章的学习，直接从第 2 章进行学习。

除此之外，笔者对阅读本书的读者仍有以下建议：

①本书所涉及的所有代码示例，可以扫描书中的"全书源码"二维码获取。但建议读者不要提前获取全部代码，而是跟随章节的内容亲自进行代码的编写，体会设计模式的精妙之处。

②本书涉及的相关第三方组件的安装包及安装方式，如 RabbitMq、Apollo 等，均可扫描前言中的配套二维码获取。同时，为了感谢读者的支持和认可，本书赠送"Spring 源码视频资料"，由笔者亲自录制，依然在前言中通过二维码处获取。

③希望广大读者理解，一个项目需求可以有多种代码实现方式，或简单，或复杂，或单一直接，或可扩展。实现方式的恰当与否，完全视业务场景以及对代码的封装性、扩展性、可维护性等一系列要求而定。本书的内容只是多种实现方式中的一种，欢迎读者能够将自己的想法传达给我，我们互相讨论，共同进步。

④本书与传统的设计模式讲解顺序有所不同，传统的讲解顺序会按照设计模式的三大类型（创建型、结构型、行为型）进行讲解，而本书以互联网项目需求为核心展开设计模式讲解，与传统的讲解方式大相径庭，希望读者能够调整学习思路和方式。

接下来让我们开启这次旅程吧，一起进步，加油！

书友技术群

笔者为广大书友创建了 QQ 书友技术群，我们不仅可以讨论本书涉及的技术内容，还可以讨论行业内任何有价值的技术，共同创建一个良好的技术交流环境。笔者也会经常在群中为大家分享更多的学习资料，并进行技术交流。请扫描下方二维码入群。

本书提供了详细的配套资料，读者可以扫描下方的二维码进行下载。

书友群二维码

全书源码

[第 6 章] MySQL 5.6.10 安装包

[第 6 章] Apollo quick start

Spring 源码视频资料

[第 7 章] RabbitMq 安装包

[第 7 章] rabbit.queue.create-0.0.1-SNAPSHOT

[第 11 章] es.demo.server-0.0.1-SNAPSHOT

目录

第 3 章 商品类目管理
——组合模式与访问者模式 71

第 10 章 订单审计日志设计 ——模板方法模式 283

第 11 章 ES 日志查询 ——迭代器模式 291

第 12 章 结语

第 1 章
设计模式的原则与分类

1.1　本章要点

本章主要对设计模式的六大原则（合成复用原则额外在 1.4 节说明）和设计模式的分类进行阐述，使读者能够从宏观角度对设计模式有一个全面的了解。对设计模式原则，以热门源码中的示例为引（如 JDK8 源码、Spring5 源码），再结合开发场景进行原则的讲解，未接触过源码的读者也无须担心，本章所引用的源码示例及开发场景都非常具有代表性、常规性，相信读者能够完全理解。本章内容要点如下。

- 单一职责原则。
- 接口隔离原则。
- 依赖倒置原则。
- 里氏替换原则。
- 迪米特法则（迪米特原则）。
- 开闭原则。
- 创建型设计模式。
- 结构型设计模式。
- 行为型设计模式。

可能此时部分读者会有所疑问，为何本章要点中没有提到"合成复用原则"？请读者不要着急，"合成复用原则"相关内容会在 1.4 节为大家进行说明，未纳入章节重点的原因也会在 1.4 节中说明，满足大家对"合成复用原则"相关内容的学习要求。

1.2　设计模式的原则

1.2.1　单一职责原则

引用百度词条对单一职责原则的定义："单一职责原则（Single Responsibility Principle，SRP）又称单一功能原则，面向对象五个基本原则（SOLID）之一。它规定一个类应该只有一个发生变化的原因。该原则是 Robert C. Martin 于《敏捷软件开发：原则、模式与实践》一书中给出的。Martin 表示此原则是基于 Tom DeMarco 和 Meilir Page-Jones 的著作中的内聚性原则发展出的。"

单一职责原则，强调的是职责的分离，一个类，只需要负责一种职责即可，一个类发生变化的原因，必然是所负责的职责发生变化。这听起来很抽象，干涩的文字描述可能会让经验稍浅的读者产生一定的困惑，可实际上，从我们接触代码的那一刻起，已经时时刻刻地在遵守单一职责原则。

- main 函数所在的类，作为程序的启动入口，职责单一。
- SpringBoot 框架的启动类是单一职责原则最完美的写照。
- 我们创建的 utils 工具类，对日期的处理一般会封装到一个 DateUtils.java 中，职责单一。即便我们将所有的工具类方法封装到一个统一的 CommonUtils.java 中，也依然遵循了单一职责原则，因为它的职责就是工具。
- 大家众所周知的 MVC 框架，提倡将接入层 Controller、服务层 Service、持久层 DAO 分别进行实现，划分不同的职责，也遵循了单一职责原则。
 ……

单一职责原则，是一个备受争议的原则，也是设计模式最为基础的原则。备受争议的原因是，每个人对职责划分的看法不一样，不同项目需求所面临的挑战和划分方式不一样。我们以一个简单的"用户注册和用户登录"需求为例，展开一场讨论，相信这个需求对读者来说是非常简单的，很快就能书写以下代码。

```java
@Service
public class UserService {
    /**
     * 用户注册功能
     * @param parameters 此处为示例代码，实际参数根据业务需求而定
     * @return 此处为示例代码，实际返回根据业务需求而定
     */
    public Object register(String ... parameters) {
        return null;
    }

    /**
     * 用户登录功能
     * @param parameters 此处为示例代码，实际参数根据业务需求而定
     * @return 此处为示例代码，实际返回根据业务需求而定
     */
    public Object login(String ... parameters) {
        return null;
    }
}
```

这是一个非常完美的设计，UserService 类完全遵循了单一职责原则，不管是 register 注册功能还是 login 登录功能，都属于"用户操作"的相关职责，简单的注册和登录功能，用粗粒度的"用户操作"职责进行了正确的划分。

然而，如果登录功能需要满足多种第三方账号授权登录，注册功能需要进行短信、邮箱等动态码验证，金融相关软件还需要进行身份证验证和人脸识别等一系列附加功能，我们可能就要考虑将登录功能和注册功能以更加细粒度的职责进行划分。

（1）登录功能单独划分，提供默认登录方式（拥有本站账号的用户）和第三方账号的验证及登录功能。

```java
@Service
public class LoginService {
    /**
     * 默认登录功能，使用本站用户名和密码登录
     * @param account
     * @param password
     * @return
     */
    public Object doDefaultLogin(String account, String password) {
        return null;
    }

    /**
     * 第三方账号授权登录
     * @param parameters 此处为示例代码，实际参数根据业务需求而定
     * @return 此处为示例代码，实际返回根据业务需求而定
     */
    public Object do3rdPartLogin(String ... parameters) {
        return null;
    }

    /**
     * 第三方账号授权验证
     * @param parameters 此处为示例代码，实际参数根据业务需求而定
     * @return 此处为示例代码，实际返回根据业务需求而定
     */
    private Object vaild3rdAccount(String ... parameters) {
        return null;
    }
}
```

（2）注册功能单独划分，分为注册功能以及注册过程中所需要的相关验证功能如下。

```java
@Service
public class RegisterService {
    /**
```

```
   * 注册功能
   * @param parameters
   * @return
   */
  public Object register(String ... parameters) {
      return null;
  }

  /**
   * 短信验证
   * @param phoneNum
   * @return
   */
  public Object phoneCodeSend(String phoneNum) {
      return null;
  }

  /**
   * 邮箱验证
   * @param emailAddress
   * @return
   */
  public Object mailCodeSend(String emailAddress) {
      return null;
  }
}
```

这样的设计也是非常正确的，随着业务的复杂程度越来越高，每一个细粒度的职责都可能拥有非常复杂的逻辑，那么我们就要考虑是否可以按照项目需求进行更加细粒度的职责拆分，从而保证单一职责原则下的低耦合度。当然，部分读者会认为，是否可以将"手机验证功能"和"邮箱验证功能"再次进行单一职责的划分？当然可以，但是要避免过度的职责拆分，要根据项目需求的复杂程度进行合理的规划。

最后，我想对广大读者说的是，单一职责原则的划分没有正确与错误之分，每个开发者都有自己的考量角度和划分方式。一切都应该以项目实际情况为出发点进行设计，因地制宜才是我们真正需要遵守的原则。

1.2.2　接口隔离原则

对于接口隔离原则（Interface Segregation Principle，IPS），单从"隔离"这个字眼来说，我们很容易错误地理解接口隔离原则。因为接口"隔离"意味着接口"划分"，那么"划分"是不是就是指职责划分？职责划分是不是就是指上一小节所叙述的"单一职责原则"？

其实，单一职责原则是接口隔离原则的基础，单一职责原则注重职责的划分，从职责角度进行类和接口的划分；在此基础上，接口隔离原则登场，注重接口使用的"精确性"和"最小化"。如果读者依然没有理解两者的区别和关系，请不要着急，可以继续往下阅读，我会以 JDK 源码为例，为读者进行更明确的解释。接口隔离原则，主要体现在以下两个方面。

（1）不要使用没有任何依赖关系的接口。

肯定有读者会认为这是一句空话，而且这句话还泛着一点傻气。正常开发过程中，如果不依赖某个接口，肯定是没有人使用的，但是随着业务代码的累加，也难免会出现这样的问题，即使是 JDK 中数据结构源码的作者，也依然在不经意间使用了无须使用的接口。接下来我们对 JDK 源码的阐述，纯粹从技术角度进行展开。

我们先来看下以下代码执行逻辑。

```java
public static void main(String[] args) {
    List<Object> list = Collections.emptyList(); //java.util.
Collections;
    list.add(new Object()); // 此处会报错
}
```

当我们执行这个 main 函数的时候，会收到以下报错信息。

```
Exception in thread "main" java.lang.UnsupportedOperationException
    at java.util.AbstractList.add(AbstractList.java:148)
    at java.util.AbstractList.add(AbstractList.java:108)
```

从以上的报错信息我们能够清楚看到，是 add 方法发生了异常，因为 Collections 通过 emptyList() 方法创建的空集合，是不能够进行元素添加的。可是，当我们跳转到源码看 EmptyList 的类结构时，却发现了 RandomAccess 接口的存在，而 RandomAccess 接口真的不应该出现，它是一个无用的接口实现。

```java
private static class EmptyList<E>
    extends AbstractList<E>
    implements RandomAccess, Serializable {
...}
```

为什么说上边源码中的 RandomAccess 是无用的接口实现呢？大部分读者可能都知道，RandomAccess 接口是一个标志接口（Marker），只要类 List 集合实现这个接口，就能支持快速随机访问。可是当前的 EmptyList，从对象的创建到灭亡，都不会有任何元素的添加，没有元素又何谈元素的快速随机访问呢？

如果单从接口隔离原则上来讲，这个 RandomAccess 接口，完全没有存在的必要，这是源码作者的一个疏忽。当然，此处的 RandomAccess 的使用，也可能是为了后续对 EmptyList 对象的扩展，支持元素添加功能，只需要实现父类 AbstractList 中的 add 方法即可，那么 RandomAccess 也就自然有了它的用武之地。

我们继续分析，这部分源码首先遵循了单一职责原则，RandomAccess 作为快速随机访问的标志类，就是一个明确的职责划分，符合单一职责原则；而接口隔离原则在此处的作用是告诉大家：RandomAccess 当用时则用，不当用时勿用。

（2）一个类对另外一个类的依赖性应当是建立在最小的接口上的。

一个接口代表一个角色，不应当将不同的角色都交给一个接口。如果将没有关系的接口合并在一起，形成一个臃肿的大接口，那并不是一个好的设计，违背了接口隔离原则。我们以 JDK 的 ArrayList 源码设计进行说明，体会接口隔离原则的意义。我们来看以下 ArrayList 类结构：

```
public class ArrayList<E> extends AbstractList<E>
        implements List<E>, RandomAccess, Cloneable, java.
io.Serializable
{
...
}
```

从上边的类结构代码中能够很明显地看到，ArrayList 有四种特质：

①集合特质：因为实现了 List 接口。

②快速随机访问：因为实现了 RandomAccess 接口。

③支持克隆：因为实现了 Cloneable 接口。

④支持序列化：因为实现了 Serializable 接口。

这样的类结构，首先是遵循了单一职责原则，按职责划分为不同的接口；然后在此基础上，接口隔离原则登场，细化接口的方法，保持接口的纯洁性，在满足需求的前提下，尽量减少接口的方法，做到专业、精确、最小化接口。

当然，我们平时工作过程中，已经不知不觉中遵循了接口隔离原则，不使用没有依赖关系的接口、接口细化、剔除无用方法等，都是接口隔离原则很好的实践。还是那句话，一切都应该以项目实际情况为出发点进行设计，因地制宜才是我们真正需要遵守的原则。

1.2.3　里氏替换原则

里氏替换原则（Liskov Substitution Principle，LSP）最初由 Barbara Liskov 在 1987 年的一次学术会议中提出，里氏替换原则是一种针对子类和父类关系的设计原则。在我们工作和学习过程中，会经常接触到子类与父类，里氏替换原则早已被我们潜移默化地使用了，并不是什么新鲜事，有基础的读者可以快速浏览或跳过本小节内容。下面我们对该原则进行更加细致的说明。

（1）子类需要实现父类中所有的抽象方法（为实现"替换"做好准备）。

看到这里的读者可能会微微一笑，子类不实现父类的抽象方法，连开发工具（如 IDEA、Eclipse 等）都不同意，开发工具会自动提示我们进行抽象方法的覆写。那么，为实现"替换"做好准备如何理解呢？

我们先来分别看看 ArrayList、LinkedList 和 AbstractSequentialList 的类结构。

```java
/**
  ArrayList 类结构
  */
public class ArrayList<E> extends AbstractList<E>
            implements List<E>, RandomAccess, Cloneable, java.
io.Serializable{
...
}
 /**
  LinkedList 类结构
  */
public class LinkedList<E>
    extends AbstractSequentialList<E>
    implements List<E>, Deque<E>, Cloneable, java.io.Serializable {
...
}
/**
  AbstractSequentialList 类结构
  */
public abstract class AbstractSequentialList<E> extends AbstractList<E> {
...
}
```

我们可以看到，ArrayList 和 LinkedList 都属于 List 接口的子类，都属于 AbstractList 抽象类的子类（虽然 LinkedList 中间还有一个 AbstractSequentialList 的父类，但在整个继承链上依然是 AbstractList 的子类）。现在我们基于 ArrayList 和 LinkedList 书写以下代码来展示"替换"的精妙之处。

```java
public class Demo {
    public static void main(String[] args) {
        ArrayList arrayList = new ArrayList();
        LinkedList linkedList = new LinkedList();
        addElement(arrayList, 1);
        addElement(linkedList, 1);
    }

    // 方法的第一个参数为 List 类型，父类类型，依然可以支持传入 ArrayList 和
LinkedList 子类类型，此处体现了"替换"思想
    public static void addElement(List list, Object element) {
```

```
        list.add(element);
    }
}
```

通过以上代码，我们看到了，addElement 方法的第一个参数虽然为父类 List 类型，但可以支持传入任何 List 类型的子类型。这并不是什么新的伎俩，我们刚刚接触 JavaSE 对象多态的学习中，就可能已经这样做了，只不过没有那么高级的修饰（里氏替换原则）词罢了。

（2）子类可以加入自己的特有方法及属性。

龙生九子，九子各不同，但都是龙族的血脉。如果子类没有自己的特色，与父类完全一样，那我们何必多此一举进行继承呢？这部分的知识是非常容易理解的，LinkedList 中有 addFirst 方法而 ArrayList 却没有，这就是 LinkedList 作为子类的一个独特属性。

总以 JDK 源码进行说明多少会有些乏味，这次，我们以 Spring 源码中 BeanFactory 为例进行说明。

```java
public interface BeanFactory {
// 获取 Bean
    Object getBean(String name) throws BeansException;
// 获取 Bean Provider
    <T> ObjectProvider<T> getBeanProvider(Class<T> requiredType);
// 判断 Bean 是否存在
    boolean containsBean(String name);
// 是否为单例
    boolean isSingleton(String name) throws NoSuchBeanDefinitionException;
// 是否为多例
    boolean isPrototype(String name) throws NoSuchBeanDefinitionException;
//Bean 类型是否匹配
     boolean isTypeMatch(String name, ResolvableType typeToMatch) throws
NoSuchBeanDefinitionException;
    // 获取 Bean 类型
    Class<?> getType(String name) throws NoSuchBeanDefinitionException;
// 获取别名
    String[] getAliases(String name);
}
```

BeanFactory 作为最顶端（最基础）的父类接口，仅仅包含了对 Bean 的获取、类型获取及判断等相关方法，随着我们对 Spring 的使用越来越深入，这些方法肯定是不能够满足我们日常使用的。那么我们来看看作为 BeanFactory 子类，Spring 中 Bean 加载的核心类——DefaultListableBeanFactory 中的方法，如图 1-1 所示。

```
resolveMultipleBeans(DependencyDescriptor, String, Set<String>, TypeConverter): Object
isRequired(DependencyDescriptor): boolean
indicatesMultipleBeans(Class<?>): boolean
adaptDependencyComparator(Map<String, ?>): Comparator<Object>
adaptOrderComparator(Map<String, ?>): Comparator<Object>
createFactoryAwareOrderSourceProvider(Map<String, ?>): OrderSourceProvider
findAutowireCandidates(String, Class<?>, DependencyDescriptor): Map<String, Object>
addCandidateEntry(Map<String, Object>, String, DependencyDescriptor, Class<?>): void
determineAutowireCandidate(Map<String, Object>, DependencyDescriptor): String
determinePrimaryCandidate(Map<String, Object>, Class<?>): String
determineHighestPriorityCandidate(Map<String, Object>, Class<?>): String
isPrimary(String, Object): boolean
getPriority(Object): Integer
matchesBeanName(String, String): boolean
isSelfReference(String, String): boolean
raiseNoMatchingBeanFound(Class<?>, ResolvableType, DependencyDescriptor): void
checkBeanNotOfRequiredType(Class<?>, DependencyDescriptor): void
createOptionalDependency(DependencyDescriptor, String, Object...): Optional<?>
toString(): String ↑Object
readObject(ObjectInputStream): void
writeReplace(): Object
```

图 1-1

我们可以看到，DefaultListableBeanFactory 中有了更加细节的方法，比如方法 isPrimary（String，Object），它关注 Bean 上的 @Primary 注解；再比如 getPriority（String，Object）方法，它关注 Bean 上的 @Priority 注解。作为子类的 DefaultListableBeanFactory 有了自己独有的方法，为使用者提供了更加广阔的平台（很遗憾这不是一本解读 Spring 源码的书籍，所以不能过多展开 Spring 源码的讲解，我相信未来会有机会为大家进行 Spring 源码的讲解）。

（3）关于子类覆盖父类已实现方法（父类非抽象方法）的讨论。

相信部分读者在一些博客论坛上看到过这样一句话："子类覆盖父类已实现方法，可以放大方法入参的类型"。笔者认为，这句话失之偏颇，并不是对里氏替换原则的正确解读。为了避免读者被此观点误导，请允许我首先以非源码的示例对此观点进行描述，因为笔者翻阅了大量源码，没有找到能够印证此观点的源码示例。

一些资料上进行了以下代码示例。

```java
public class Demo {
    public static void main(String[] args) {
// 创建父类对象，执行方法，入参为 ArrayList
        BaseClass baseClass = new BaseClass();
        baseClass.process(new ArrayList());
// 创建子类对象，执行方法，入参为 ArrayList
        SubClass subClass= new SubClass();
        subClass.process(new ArrayList());
    }
}
// 父类
class BaseClass {
    public void process(ArrayList list) {
        System.out.println("BaseClass take process !");
    }
}
```

```
}
// 子类
class SubClass extends BaseClass {
    public void process(List list) {// 子类方法放大了参数类型
        System.out.println("SubClass take process !");
    }
}
```

我们可以看到，子类 SubClass 的 process 方法放大了参数类型，采用 List 接口为入参类型；父类 BaseClass 的 process 方法入参为 ArrayList 类型。当我们运行 main 函数时，发现无论是父类执行方法还是子类执行方法，得到的结果都是打印了 "BaseClass take process !"。按照这个观点来说，子类对象可以完美地"替换"父类对象，而不会导致结果的改变。乍一看，好像很有道理，没什么问题，可是大家有没有想过以下问题。

- 我们 new SubClass() 对象是为了什么？不就是希望使用 SubClass 中的方法吗？然而因为参数的放大，即便是使用 SubClass 对象调用方法，还是依然会执行父类的逻辑，这叫"替换"吗？

- 我们在 SubClass 对象中创建同样的方法是为了什么？不就是为了能够与父类 BaseClass 的方法执行逻辑有所不同吗？然而因为参数的放大，SubClass 中的方法无法执行，总是执行父类 BaseClass 的方法，这叫"替换"吗？

- 我们为什么要在子类里放大参数类型？正确的父子关系，不都是应该父类采用范围更大的类型（泛型 T），然后子类定义确切的类型吗？难道仅仅是为了展现所谓的"替换"思想刻意为之吗？既然使用子类对象调用方法，就是为了使用子类的方法，而不是为了达到所谓的"替换"，进而埋没了子类的方法。而现实开发之中，我们真正创建对象的时候，也都是创建的子类对象，创建 List 对象，大部分会选用子类 new ArrayList()，而不是创建父类对象。

以上的代码示例，仅仅是一个方法"重载"（方法名称一致，返回值一致，方法入参不一致）的障眼法，为什么两次打印结果一致的根本原因是方法入参都是 new ArrayList() 呢？在 JVM 中，"重载"是"静态分派"的经典实现，方法参数的"静态类型"在编译期已经确定了，由于"静态类型"在编译期可知，所以在编译阶段，Javac 编译器就会根据参数的"静态类型"决定了使用哪个重载版本，所谓的子类参数类型放大而演示出来的效果，无非就是借助了 JVM 的"静态分派—重载"。

那我们应该如何覆写父类中已经实现的方法呢？很简单，使用 @Override，保持方法名称、返回值和方法参数一致即可。就好比我们在覆写 Object 类中的 hashCode 方法，代码如下：

```java
public class Demo {
    @Override
    public int hashCode() {
        // 此处为示例代码，根据需求计算 hashCode
        return 0;
    }
}
```

此外，我依然想为读者引入 Spring 源码的示例，一是为了再次印证如何正确地覆写父类方法，二是为了尽最大可能为读者提供更多的扩展内容。我们来看看 Spring 容器对 BeanDefinition 注册的设计。

首先定义了父类 interface BeanDefinitionRegistry，并添加抽象方法 void registerBeanDefinition 供子类实现，代码如下：

```java
public interface BeanDefinitionRegistry extends AliasRegistry {
        // 定义抽象方法
void registerBeanDefinition(String beanName, BeanDefinition
beanDefinition)
        throws BeanDefinitionStoreException;
...
}
```

再来看看 Spring 容器相关子类 GenericApplicationContext 对这个方法的实现，直接采用 @Override 注解进行，对方法整体结构没有任何修改。除此之外，GenericApplicationContext 作为 Spring 的 ApplicationContext 相关类，也完美地完成了 DefaultListableBeanFactory 的初始化工作，通过无参构造进行初始化，成为了连接 Bean 工厂 DefaultListableBeanFactory 和 BeanDefinition 注册的容器（容器也称为上下文），代码如下：

```java
public class GenericApplicationContext extends AbstractApplicationContext
implements BeanDefinitionRegistry {
        // 初始化核心 Bean 工厂：DefaultListableBeanFactory，为 beanDefinition
注册到 Bean 工厂之中做好了准备
private final DefaultListableBeanFactory beanFactory;
public GenericApplicationContext() {
        this.beanFactory = new DefaultListableBeanFactory();
    }

// 直接使用 @Override 实现父类的抽象方法，不改变父类方法的结构
@Override
public void registerBeanDefinition(String beanName, BeanDefinition
beanDefinition)
    throws BeanDefinitionStoreException {
    this.beanFactory.registerBeanDefinition(beanName, beanDefinition);
    }
...
}
```

到这里依然没有结束，上边的源码中展现了 GenericApplicationContext 容器类对 Bean 工厂的初始化，所有的 BeanDefinition 最终都会注册到 Bean 工厂，那么我们来看看 Bean 工厂 DefaultListableBeanFactory 的源码，依然是使用 @Override 注解，不改变方法结构，覆写 registerBeanDefinition 方法，完成最终 BeanDefinition 的 register，代码如下：

```
public class DefaultListableBeanFactory extends AbstractAutowireCapableB
eanFactory
        implements ConfigurableListableBeanFactory,
BeanDefinitionRegistry, Serializable {
// 将所有的 BeanDefinition 注册到这个 map 数据结构之中
private final Map<String, BeanDefinition> beanDefinitionMap = new
ConcurrentHashMap<>(256);

// 直接使用 @Override 实现父类的抽象方法，不改变方法的结构
@Override
public void registerBeanDefinition(String beanName, BeanDefinition
beanDefinition)
        throws BeanDefinitionStoreException {
...
this.beanDefinitionMap.put(beanName, beanDefinition);
...
}
...
}
```

无论从实际开发角度还是从源码角度进行印证，正确的子类覆盖父类非抽象方法的途径就是在不改变整体方法结构的前提下直接进行 @Override。所谓的子类方法扩大方法入参类型，根本没有任何落地的实际意义。

1.2.4 依赖倒置原则

依赖倒置原则（Dependence Inversion Principle，DIP），指的是程序要依赖于抽象接口，不要依赖于具体实现。简单地说就是要求对抽象进行编程，不要对实现进行编程。更简单的解释，就是"面向接口编程"。

面向接口编程，相信大家都比较熟悉这个概念，也理解其中的意义。继续以 1.2.3 小节的 Spring 源码示例进行说明，我们可以看到容器类 GenericApplicationContext 和 Bean 工厂核心类 DefaultListableBeanFactory 都实现了父类 BeanDefinitionRegistry 中的 registerBeanDefinition 方法。父类 BeanDefinitionRegistry 就是接口，我们要面向接口编程，就是要面向 BeanDefinitionRegistry 编程。那么 Spring 源码中哪里能体现出面向 BeanDefinitionRegistry 编程呢？带着这个疑惑，我们看看，是谁调用了 registerBeanDefinition 方法，以及是如何调用的，代码如下：

```
public abstract class BeanDefinitionReaderUtils {
public static void registerBeanDefinition(
     BeanDefinitionHolder definitionHolder, BeanDefinitionRegistry registry)
     throws BeanDefinitionStoreException {
      String beanName = definitionHolder.getBeanName();
// 请看下 registry 的类型是什么? 没错, 是接口 BeanDefinitionRegistry, 而不是
具体子类
     registry.registerBeanDefinition(beanName,
     definitionHolder.getBeanDefinition());
}
}
```

请看以上代码为大家提供的注释,我们可以看到 registry 的类型是
BeanDefinitionRegistry 接口,而不是具体的容器子类 GenericApplicationContext
和 Bean 工厂子类 DefaultListableBeanFactory。面向接口 BeanDefinitionRegistry
进行方法的调用,就是面向 BeanDefinitionRegistry 编程,即面向接口编程。

关于依赖倒置原则,也有一些其他观点的补充,如高层模块不应该依赖低层
模块,都应该依赖它们的抽象、细节依赖抽象等,其实都是对"面向接口编程"
的另外一种表达方式,这里就不再过多地说明。

笔者总结了这样一句话供大家玩味,或许有助于大家对以上四个原则的认识
和理解:"单一职责原则以职责为基准划分类和接口;划分出来的接口需要最小
化,剔除无用接口方法,在接口隔离原则下进行精确的使用;子类对父类的实现
需要依据里氏替换原则,在实现所有抽象方法的前提下,可以增加个性化功能,
至此子类和父类就创建完成了;当我们使用该类时,要面向接口编程,遵循依赖
倒置原则。"让我们继续对剩余的原则进行说明,然后在 1.2.6 小节对这句话进行
最后的补充。

1.2.5 迪米特法则

迪米特法则(Law of Demeter,LOD),又叫作最少知识原则(The Least
Knowledge Principle),一个类对于其他类知道得越少越好。简单来说就是只暴露
方法入口,而实现细节不需要暴露给调用者。

干涩的文字描述总是不能给读者带来清晰的认知,在本书后续项目落地设计
模式实战的"多种类第三方支付"章节,会为大家带来"策略模式 + 门面模式 +
工厂模式 + 亨元模式"的落地实战。调用者只需要关心支付类型(如支付宝支
付、微信支付等),无须关心具体的支付交互细节,"门面模式"就是一种遵循
迪米特法则的、极具代表性的实现。

关于项目实战落地,我们后续章节细细道来。在这里,我更想和大家聊聊

Spring 源码中哪部分的设计是最具代表性的、最能体现遵循迪米特法则的设计。
我们先来回忆一下 Spring 容器使用的简单示例，代码如下：

```java
public class BeanTest {
    public static void main(String[] args) {
// 可以通过 XML 配置文件，创建 Spring 容器
        ApplicationContext contextA =
            new ClassPathXmlApplicationContext("spring-config.xml");
// 也可以通过配置类 @ComponentScan 配置扫描路径，创建 Spring 容器
        AnnotationConfigApplicationContext contextB =
            new AnnotationConfigApplicationContext(AppConfig.class);

// 两种容器的创建方式，都可以成功地加载我们注入的 Bean
        System.out.println(contextA.getBean(TestBean.class).getName());
        System.out.println(contextB.getBean(TestBean.class).getName());
    }
}
```

以上代码是 Spring 容器使用最为基础的示例，相信接触过 Spring 框架的读者对此都了然于心。从代码的书写过程中可以看到，想要使用 Spring 框架，我们仅仅关心以下三点即可。

① XML 配置文件的创建或者标有 @ComponentScan 配置类的创建及注解使用。

② ApplicationContext 的构造函数及入参。

③ getBean 方法的使用。

作为 Spring 框架的使用者，我们仅仅需要知道以上三点就可以了，可是 Spring 源码为我们做了很多。以注解容器 AnnotationConfigApplicationContext 的创建方式为例（注解方式是趋势，简单方便，避免对复杂 XML 配置文件的维护管理），我们来看一下 Spring 源码为我们做了什么，先来看容器创建的入口——AnnotationConfigApplicationContext 的构造函数，代码如下：

```java
public class AnnotationConfigApplicationContext extends
GenericApplicationContext implements AnnotationConfigRegistry {
public AnnotationConfigApplicationContext(Class<?>...
componentClasses) {
        this();
        register(componentClasses);
        refresh();
    }
}
```

构造函数很清晰，包含三行代码，接下来我们分别对这三行函数所包含的内容进行说明。

（1）this() 方法。

this() 方法调用了无参构造函数，我们来看看无参构造函数做了些什么，代

码如下：

```
public AnnotationConfigApplicationContext() {
    this.reader = new AnnotatedBeanDefinitionReader(this);
    this.scanner = new ClassPathBeanDefinitionScanner(this);
}
```

依然是很清晰的逻辑，表面看无非是创建了两个对象，但是这两行代码实际上为我们做了很多重要的底层逻辑，很抱歉不能够更深层次地进行源码的展示，但笔者会尽最大可能为大家解释这两行代码所完成的功能，如果你阅读过 Spring 源码必然会产生共鸣，如果你即将要阅读 Spring 源码必然会有所帮助，当然，你最终也会深刻地体会到 Spring 的这部分源码设计是如何遵循迪米特法则的。接下来我们来介绍以下这两行代码的功能。

①创建读取 Annotation 注解下的 BeanDefinition 阅读器，为 Bean 工厂添加比较器依赖，如 @Order 注解、@Priority 注解，为 Bean 工厂添加延时加载依赖，如 @Lazy 注解。

②注册 Spring 依赖的 BeanDefinition，如内部注解配置处理器 internal-ConfigurationAnnotationProcessor、内部依赖注入处理器 internalAutowiredAnnotationProcessor 等。

③初始化 Spring 运行的 Environment，如 SystemProperties、systemEnvironment。

④基于"初始化子类之前需提前初始化父类"的规则，隐性地在父类 GenericApplicationContext 的无参构造中初始化 Bean 工厂核心类 —— DefaultListableBeanFactory。

⑤创建 classPath 的包扫描器，为后续自定义的 Bean 提供扫描功能。

这些都是我们无须关心的，各种 Bean 对象的读取、注册、扫描，甚至运行环境的初始化我们都无须关心。最小知识原则就体现在这里。

（2）register(componentClasses) 方法。

我们先来看看该方法的源码，代码如下：

```
public void register(Class<?>... componentClasses) {
    Assert.notEmpty(componentClasses, "At least one component class must
be specified");
    this.reader.register(componentClasses);
}
```

我们可以看到，该方法依靠我们在 this() 方法中创建的 reader 进行配置类的注册，最终会通过我们在"依赖倒置原则"所介绍的 registerBeanDefinition 方法进行 BeanDefinition 的注册，此处就不再过多地展开描述。

（3）refresh() 方法。

这个方法是 Spring 容器初始化的核心，这个方法涉及的内容十分丰富，我们来看看它都做了些什么，代码如下（方法功能介绍请参见注释）：

```java
public void refresh() throws BeansException, IllegalStateException {
    synchronized (this.startupShutdownMonitor) {
        // 容器刷新准备
        prepareRefresh();
        // 获取并配置 Bean 工厂
            ConfigurableListableBeanFactory beanFactory =
obtainFreshBeanFactory();
        prepareBeanFactory(beanFactory);
        try {
            // 后置处理器的扩展，执行及注册
            postProcessBeanFactory(beanFactory);
            invokeBeanFactoryPostProcessors(beanFactory);
            registerBeanPostProcessors(beanFactory);
            // 初始化消息组件，如国际化和消息解析
            initMessageSource();
            // 初始化事件派发器
            initApplicationEventMulticaster();
            // 子类扩展接口，SpringBoot 使用了该扩展创建了内嵌的 Web 容器
            onRefresh();
            // 注册监听器.
            registerListeners();
            // 加载无须延迟加载的单例 Bean
            finishBeanFactoryInitialization(beanFactory);
            // 结束容器刷新
            finishRefresh();
        } catch (BeansException ex) {
            ...
        } finally {
            ...
        }
    }
}
```

试想一下，如果 Spring 没有为我们做以上的功能，那么监听器要自己实现，消息处理器要自己实现，事件分发要自己考虑，这将是非常可怕的事情。Spring 仅为使用者暴露了有限的、简单的方法调用入口，而将其他所有的功能隐藏起来，做到了最少知识原则，符合迪米特法则。

1.2.6　开闭原则

开闭原则中，"开"是指对扩展开放，"闭"是指对修改关闭。简单来说，开闭原则就是指：如果你想要修改一个功能，请不要直接进行内部的代码修改，而是使用扩展的方式进行。如果读者对此原则感觉模糊，也不必着急，在我们后续

项目实战章节"日志的解析处理"部分，会通过"模板方法模式"进行项目的实战落地，而模板方法模式就是开闭原则的典型设计模式之一。

　　按照笔者的习惯，我们依然要以源码为示例，对开闭原则的应用示例进行说明。开闭原则的源码应用非常广泛，我们可以基于上节内容涉及的 Spring 容器核心 refresh() 方法中的后置处理器扩展方法 postProcessBeanFactory(bean Factory) 进行说明，想要实现不同功能的后置处理器，不需要修改 Spring 本身的代码（对内修改关闭），只需要子类覆写 postProcessBeanFactory(beanFactory) 方法进行后置处理器的定义即可（对外扩展开放）；也可以基于 refresh() 方法中的 onRefresh() 方法进行说明，引入 SpringBoot 内嵌 Web 容器的源码实现，对 SpringBoot 源码中的 ServletWebServerApplicationContext 类进行分析，体会 Spring 对 SpringBoot 的扩展开放；还可以基于 JDK 的 HashMap 源码为其子类 LinkedHashMap 提供的 afterNodeAccess、afterNodeInsertion、afterNodeRemoval 三大扩展方法进行说明，体会 HashMap 的对内修改关闭，以及对外（LinkedHashMap）开放扩展的设计等。

　　但是，经过笔者的再三考虑，我想为大家提供更加热门的、有关并发编程的 AQS 源码示例来阐述开闭原则的"对外扩展开放"与"对内修改关闭"。

　　相信大家对 AQS 并不陌生，它的全称是 AbstractQueuedSynchronizer，它是位于 JDK 源码 Java 并发包中的一个抽象类，此类基于 FIFO（First In - First Out，先进先出）队列，提供了实现锁和线程同步的框架，我们开发过程中经常使用到的 ReentrantLock 就是基于 AQS 抽象类进行的锁的实现。

　　前文提到过模板方法模式是开闭原则的代表性实现，AQS 也是基于模板方法模式的设计，我们先来看看 AQS 中"对外扩展开放"的源码片段，代码如下：

```
// 子类可以根据需要进行加锁（排它锁）逻辑的设计
protected boolean tryAcquire(int arg) {
    throw new UnsupportedOperationException();
}
// 子类可以根据需要进行释放锁（排它锁）逻辑的设计
protected boolean tryRelease(int arg) {
    throw new UnsupportedOperationException();
}
// 子类可以根据需要进行加锁（共享锁）逻辑的设计
protected int tryAcquireShared(int arg) {
    throw new UnsupportedOperationException();
}
// 子类可以根据需要进行释放锁（共享锁）逻辑的设计
protected boolean tryReleaseShared(int arg) {
    throw new UnsupportedOperationException();
}
```

```
// 判断当前线程是否获取到了锁
protected boolean isHeldExclusively() {
    throw new UnsupportedOperationException();
}
```

　　我们可以看到，AQS 源码中提供了五个需要扩展的方法，这些方法都是同步锁最核心的逻辑：加锁、释放锁、是否持有锁判断。如此核心的逻辑可以任由子类进行个性化扩展，这就是所谓的"对外开放扩展"。

　　那么，"对内修改关闭"从何处体现呢？AQS 将以上五个方法，嵌入到了统一的代码模板中，虽然支持子类个性化的扩展核心逻辑，但是整体执行流程是不可以进行修改的，为了说明"对内修改关闭"，我们先来看以下源码片段。

```
public final void acquire(int arg) {
//tryAcquire 方法调用点
    if (!tryAcquire(arg) &&
        acquireQueued(addWaiter(Node.EXCLUSIVE), arg))
        selfInterrupt();
}

public final boolean release(int arg) {
//tryRelease 方法调用点
    if (tryRelease(arg)) {
        Node h = head;
        if (h != null && h.waitStatus != 0)
            unparkSuccessor(h);
        return true;
    }
    return false;
}
```

　　从以上代码我们可以清晰地看到，tryAcquire 方法的调用时机和 tryRelease 方法的调用时机，都已经被 AQS 实现了，AQS 对整体的调用逻辑和时机进行了全面的把控，子类无法进行修改，这就是"对内修改关闭"的写照。

　　笔者经常把 AQS 开闭原则的设计比喻成生老病死的自然规律，芸芸众生，从呱呱坠地到归于尘土，这一自然规律无法修改，这就是"对内修改关闭"；然而，众生万象，都有各自的轨迹，不同的选择造就了不同的命运轨迹，这就是"对外扩展开放"。无论子类如何扩展，终究难免归于尘土。

　　我们继续补充笔者总结的那句话："单一职责原则以职责为基准划分类和接口；划分出来的接口需要最小化，剔除无用接口方法，在接口隔离原则下进行精确的使用；子类对父类的实现需要依据里氏替换原则，在实现所有抽象方法的前提下，可以增加个性化功能，至此子类和父类就创建完成了；当我们使用该类时，要面向接口编程，遵循依赖倒置原则；不同的类或接口之间，要遵循最小知识原则，减少互相的耦合，遵循迪米特法则；如果你的设计需要修改，请尽量提升代码的扩展性，追求对内修改关闭，对外开放扩展的开闭原则。"

设计模式的原则，固然是无数先辈程序员留给我们最好的财富，我们会认真品味、吸收，融会贯通到实际的开发场景之中。但规则是死的，人是活的，我们依然要以具体的业务流程和需求场景为出发点进行代码的设计，因地制宜，没有最优的，只有最合适的。

1.3　设计模式的分类

设计模式的分类是相对简单的概念知识。根据设计模式不同的特点和目的进行划分，设计模式可分为"创建型模式""结构型模式"和"行为型模式"。本节为概念性知识点，建议读者快速浏览。

1.3.1　创建型模式

创建型模式以"是否创建对象"为依据进行划分，创建型设计模式在项目开发中的使用非常广泛，主要应用于对象创建的场景。包含以下五种设计模式。

- 工厂方法模式。
- 抽象工厂模式。
- 单例模式。
- 建造者模式。
- 原型模式。

1.3.2　结构型模式

结构型模式，更加注重类或对象的结合方式，将类或对象进行结合，形成一个更大的结构，在该结构下，不同的组件扮演不同的角色。例如，代理模式体现了代理类与被代理类的结构关系；适配器模式体现了适配器与被适配对象的结构关系。结构型模式包含以下七种设计模式。

- 适配器模式。
- 桥接模式。
- 装饰模式。
- 组合模式。
- 外观模式。
- 享元模式。

- 代理模式。

1.3.3　行为型模式

行为型模式更加注重设计模式所体现出的行为动作。例如，命令模式体现了下发命令的行为；状态模式体现了状态变化的行为；观察者模式体现了观察、监听这一行为。行为型模式共包含以下 11 种设计模式。

- 策略模式。
- 模板方法模式。
- 观察者模式。
- 迭代子模式。
- 责任链模式。
- 命令模式。
- 备忘录模式。
- 状态模式。
- 访问者模式。
- 中介者模式。
- 解释器模式。

设计模式的分类，无非是对设计模式的特点进行一个粗粒度的划分，读者不必对此太过于纠结和执着。比如，部分设计模式的学习者对装饰器模式的划分方式有一定的意见分歧，装饰器模式被划分到了结构型模式，因为它体现了装饰者与被装饰者的结构关系。但是从行为的角度出发，装饰器体现了装饰行为，从这个角度来看，装饰器模式是否可以被划分到行为型模式呢？再比如，对访问者模式的分歧，如果从结构型角度分析访问者模式，体现了访问者与被访问者的类结构，那是否可以将访问者模式划分到结构型模式呢？所以，我们建议读者不必过分纠结于此，因为它仅仅是一个划分角度而已。

1.4　合成复用原则

合成复用原则，又称为组合 / 聚合复用原则（Composition/Aggregate Reuse Principle，CARP）。该原则要求在代码复用时，要尽量先使用组合或者聚合等关联关系（也就是包含、使用属性成员的方式）来实现，其次才考虑使用继承关系来实现。

合成复用原则，在部分资料中将其称之为设计模式的第七个原则，所以部分资料中会有"设计模式七大原则"的字眼。对于设计模式原则而言，六大原则也好，七大原则也罢，两种说法并无对错之分。随着设计模式的应用越来越多，将来可能还会有其他原则的出现。正因为如此，由于各种资料对设计模式原则介绍的不统一性，所以笔者没有将该原则纳入章节重点。虽然没有纳入章节重点，但笔者依然会在此小节对合成复用原则进行详细的说明。

为了更加清晰地说明合成复用原则，笔者提出了一个常见的小问题："我们在 SpringMVC 或 SpringBoot 项目的接口开发过程中，Controller 层如何调用 Service 层的方法呢？"

相信大部分读者都能够迅速地给出答案，使用 @Autowired 注解，将 Service 注入到 Controller 就可以了，正确的代码示例如下：

```java
@RestController
public class UserController {
    @Autowired
    private UserService userService;

    public Object login(String ... parameters) {
        return userService.login(parameters);
    }
}
```

从以上代码示例中可以看出，我们通过 @Autowired 注解将 UserService 注入到了 UserController，我们可以随时对 UserService 中的方法进行调用，这就是合成复用原则之中提到的"要尽量先使用组合或者聚合等关联关系（也就是包含，使用属性成员的方式）来实现"。依赖注入，就是合成复用原则最具代表性、最经典的案例体现。

大家试想一下，如果我们采用继承的方式进行 UserService 方法调用，就会出现如下"毁三观"的代码。

```java
// 以下为错误代码示例！！！
@RestController
public class UserController extends UserService {
    public Object login(String ... parameters) {
        return super.login(parameters);
    }
}
```

虽然依然能够达成我们调用 UserService 中方法的目的，但是这样的代码书写方式无疑增大了 UserController 和 UserService 的耦合性，而且违背了我们长久以来的开发方式。部分读者可能会有疑问："难道合成复用原则下，所有的代码都不使用继承了吗？各种源码中，很多代码的类继承、接口实现都是有问题的吗？"解答这些疑问，首先要理解类继承和接口实现的核心思想，两个能够成为父子关系的类或接口必然有相似的特性，或者有扩展的需要，如子类 LinkedHashMap 与父类 HashMap，再如 DefaultListableBeanFactory 子类与 BeanFactory 接口的关系，都是同宗同族，且子类都进行了扩展操作。然而以上代码示例中，仅仅为了调用 UserService 的方法而进行的继承，则是一种错误的方式。

1.5   章节回顾

本章通过 JDK8 源码、Spring5 源码中的常规示例以及开发过程中的常用案例对设计模式的七种原则进行了介绍，包括单一职责原则、接口隔离原则、里氏替换原则、依赖倒置原则、迪米特法则、开闭原则以及合成复用原则。此外，本章依然对设计模式的分类（创建型、结构型、行为型）进行了说明，使读者对设计模式有了宏观的了解。

接下来，我们要进入本书的重点内容，即以互联网核心需求为基准，对设计模式进行落地实战，让设计模式真正为我们的项目服务。

第 2 章
多种类第三方账号登录——桥接模式与适配器模式

2.1　本章要点

随着互联网技术的发展，越来越多的网站、APP 提供了快捷的登录功能。我们打开淘宝商城的登录页面，除了支持常规的用户名－密码登录、快捷的手机验证码登录处，还支持"第三方微博账号"和"支付宝账号"的快捷登录方式，很多门户网站还支持"微信""QQ""百度账号"等第三方平台账号的登录方式。

"多种类第三方账号登录模块"，是互联网项目中的热点模块之一。本章，我们就要以该模块的实战为基准，融入两种设计模式（适配器模式和桥接模式）的实现。本章要点内容如下。

- SpringBoot 项目初始化。
- 适配器模式实战——UML 类结构分解及方法定义。
- 适配器模式实战——多种类第三方账号登录。
- 第三方账号登录原理及代码实现——以 Gitee 为例。
- 桥接模式实战——UML 类结构分解及方法定义。
- 桥接模式实战——多种类第三方账号登录。

在我们开启实战旅程之前，笔者依然有以下建议和说明，希望能够帮助读者更好地学习和吸收本书所涵盖的内容。

①全书实战章节类似于"角色扮演"。"项目经理"发布项目需求；笔者与广大读者作为程序员进行需求实现。沉浸式的项目实战与设计模式落地，每一章都会有新的需求和挑战，愿你我携手同行。

②全书实战章节采用"先分解类结构并定义方法，后填充方法核心逻辑"的讲解顺序。以 2.4 节和 2.5 节为例，2.4 节了解适配器模式的定义和 UML 类图，根据 UML 类图创建"第三方账号登录功能"实战所需要的类结构和方法，通过将 UML 类图和实战所需类进行一一对应的方式，使读者既掌握了适配器模式的模型定义，又掌握了与实战结合的技巧；2.5 节基于 2.4 节定义的类结构及方法，进行细节逻辑的实战，零距离地接触"第三方账号登录功能"的实现过程。这样的讲解方式，不仅能够使读者快速掌握设计模式，还能够使读者亲身体验互联网

项目核心模块的开发过程。

③建议读者在阅读本书的同时，打开自己的计算机，跟随书籍内容进行代码编写，亲身体验需求模块的代码编写以及设计模式的融入过程。

2.2　初始化项目实战环境

从此刻开始，我们的实战之旅正式启程。工欲善其事，必先利其器，本节我们首先进行项目的初始搭建，为我们后续实战的相关内容提供基础的开发环境，建议读者动手实操。项目初始化步骤如下。

①创建 SpringBoot 项目并添加 pom.xml 依赖。

② application.properties 配置初始化。

③初始化传统注册、登录功能。

④项目验证。

笔者建议，对未曾使用过 SpringBoot 项目的读者，一定要进行快速的入门学习，SpringBoot 框架（微服务框架）目前已然成为当下最为热门的开发框架，掌握 SpringBoot 框架的使用已经成为 Java 相关从业者必备的技能。不排除少部分企业或者一些早期项目可能依然在使用 SpringMVC 框架，甚至可能还在使用最初的 SSM 框架（Spring、Hibernate、Struct1.0/Struct2.0）。如果读者目前工作中所涉及的框架使用正如笔者所言，那么我们依然强烈建议读者利用非工作时间进行 SpringBoot 框架的学习，紧跟行业潮流。接下来，我们分别对以上步骤进行细致的说明。

2.2.1　创建SpringBoot项目并添加pom.xml依赖

笔者使用的 SpringBoot 版本号为 2.7.3（读者可根据自身情况选择 SpringBoot 的版本，本书所涉及的实战内容对 SpringBoot 的版本并不敏感）。如果读者自行选择其他版本，仍建议至少选择 SpringBoot 2.x 或以上版本；如果读者对版本没有特殊要求，则可与笔者保持一致。

接下来进行 pom.xml 文件依赖的引入。为了更好地进行项目实战落地，除了 SpringBoot 一些常规的依赖配置，如 spring-boot-starter、spring-boot-starter-web 外，笔者还引入了以下依赖。

- 引入轻量级内存数据库h2（内存数据库在项目重启后，数据会丢失，此处我们仅为实战测试使用）。该数据库不仅能够为我们提供数据存储功能，还能够方便读者使用。该数据库无须额外安装，运行 SpringBoot 项目即可启动。未接触过 h2 数据库的读者也无须着急，读完本节内容，相信读者会对 h2 数据库有一定的了解。

- 引入 JPA 依赖进行数据库的操作。如果读者习惯使用其他持久层框架，如 MyBatis，可以自行将 JPA 相关依赖替换成 MyBatis 依赖，笔者不作强制要求。本书实战侧重于互联网项目对设计模式的融入，不会有复杂的数据库操作。

- 引入 lombok 简化开发代码，使用 @Data 注解可以省去实体类中大量的 get ()、set () 和 toString () 等方法。未使用过 lombok 的读者可以进行快速了解，它是一款非常简单实用的热门工具包，快速入门不会占用太长时间，几分钟足矣。

- 引入 Spring 状态机 statemachine，为我们后续有关"商品订单状态转化与处理"章节做准备。

- 引入 HTTP 访问的依赖：apache 的 httpclient。此处不作强制要求，读者也可自行选择其他方式，如 RestTemplate。RestTemplate 是项目中常用的 HTTP 请求工具，笔者未使用 RestTemplate 的原因仅仅是想尽最大的可能为读者扩充知识广度，希望读者给予理解。

- 引入 fastjson 处理 JSON 数据。此处依然不作强制要求，读者可根据自己的喜好进行选择。

以下是 pom.xml 文件的依赖细节，读者可以直接引入到自己的项目之中。使用 Gradle 的读者可以对应进行依赖的转换。

```xml
<!--spring boot starter-->
<dependency>
    <groupId>org.springframework.boot</groupId>
    <artifactId>spring-boot-starter</artifactId>
</dependency>
<!--spring boot web starter-->
<dependency>
    <groupId>org.springframework.boot</groupId>
    <artifactId>spring-boot-starter-web</artifactId>
</dependency>
<!--JPA-->
<dependency>
    <groupId>org.springframework.boot</groupId>
    <artifactId>spring-boot-starter-data-jpa</artifactId>
</dependency>
<!--h2 数据库 -->
<dependency>
    <groupId>com.h2database</groupId>
```

```xml
        <artifactId>h2</artifactId>
        <scope>runtime</scope>
    </dependency>
    <!--lombok-->
    <dependency>
        <groupId>org.projectlombok</groupId>
        <artifactId>lombok</artifactId>
        <optional>true</optional>
    </dependency>
    <!--Spring 状态机 -->
    <dependency>
        <groupId>org.springframework.statemachine</groupId>
        <artifactId>spring-statemachine-core</artifactId>
        <version>2.1.3.RELEASE</version>
    </dependency>
    <!--httpClient 提供 HTTP 访问 -->
    <dependency>
        <groupId>org.apache.httpcomponents</groupId>
        <artifactId>httpclient</artifactId>
        <version>4.5.6</version>
    </dependency>
    <!--fastjson 进行 JSON 与对象之间的转换 -->
    <dependency>
        <groupId>com.alibaba</groupId>
        <artifactId>fastjson</artifactId>
        <version>1.2.80</version>
    </dependency>
```

2.2.2　application.properties配置

项目配置文件采用 .properties 的配置格式，习惯使用 .yml 配置格式的读者可以自主进行格式转换。配置文件仅包含以下三个部分的配置，读者可以直接写入自己的配置文件中。

（1）服务器端口配置，代码如下（端口号可自行选择）：

```properties
#服务器端口号
server.port = 8081
```

（2）数据库 h2 相关配置，代码如下（每个配置均已作好注释，请额外关注一下 h2 的配置，后续会通过浏览器直接访问 h2 的 console 界面，进行可视化的操作）：

```properties
########### H2 数据库配置 ###########
#h2 数据库 url，jdbc 链接 h2 的 mem 内存形式数据库 design
spring.datasource.url=jdbc:h2:mem:design
#h2 数据库驱动
spring.datasource.driver-class-name=org.h2.Driver
```

```
#h2 数据库用户名
spring.datasource.username=design
#h2 数据库密码
spring.datasource.password=design
#h2 数据库打开 console
spring.h2.console.enabled=true
# 通过访问 /myH2 路径可以访问 h2 数据库的可视化界面
spring.h2.console.path=/myH2
```

（3）JPA 相关配置，代码如下（每个配置均已作好注释）：

```
############ JPA 相关配置 ############
# 自动更新 ddl
spring.jpa.properties.hibernate.hbm2ddl.auto=update
# 配置 MySQL5 InnoDB Dialect
spring.jpa.properties.dialect=org.hibernate.dialect.MySQL5InnoDBDialect
# 数据库操作打印执行的 SQL 语句
spring.jpa.show-sql=true
```

2.2.3　初始化传统注册、登录功能

　　分别创建 package 路径：controller（控制层，API 接入层）、service（逻辑处理层）、repo（持久化层，操作数据库）和 pojo（实体对象，此处对 pojo 不再进行细致的划分）。

　　读者也可以根据自己的编码习惯自主选择 package 结构的划分方式，此处不作强制要求。笔者的项目结构如图 2-1 所示，供读者参考。

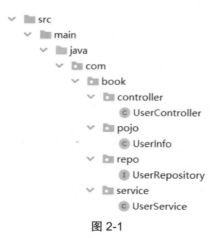

图 2-1

　　为了更好地进行后续实战过程中设计模式的融入，我们初始化一个传统的"注册 / 登录"功能，采用账号—密码的形式进行注册和登录。同时，功能初始化完毕后，我们可以进行简单的功能测试，如 h2 和 JPA 是否已被成功地集成到

SpringBoot 项目中等。

　　相信这一功能的实现，对大部分读者来说是非常简单的，即便笔者不提供这部分代码，大家依然能够快速实现功能的开发。在此处，笔者不但会为大家提供这部分代码的实现，还会强烈建议大家，尽量按照笔者的实现方式进行实现，因为后续内容，我们要基于这一传统的"注册/登录"功能，进行设计模式的融入，实现本章"多种类第三方账号登录"的核心功能。之所以建议大家与笔者的实现方式保持一致，是因为统一的项目初始化标准，是我们基于同一层面进行实战的前提，希望广大读者理解。接下来，笔者将展示该功能的代码实现。

　　①接入层 UserController 类，定义注册接口、登录接口。这部分代码非常简单，不作过多逻辑的说明，仅仅对方法的"返回值类型"进行澄清。本书方法的返回值均采用简易的、JDK 原生的对象类型，如 String、Object、Boolean 等，简化无伤大雅的细枝末节，把所有的精力投入到设计模式项目融入的实战内容上。UserController 代码如下：

```java
@RestController
public class UserController {
    @Autowired
    private UserService userService;

    @PostMapping("/login")
    public String login(String account, String password) {
        return userService.login(account, password);
    }

    @PostMapping("/register")
    public String register(@RequestBody UserInfo userInfo) {
        return userService.register(userInfo);
    }
}
```

　　②逻辑处理层 UserService 代码如下（此处笔者需要再次简单声明一下，企业对用户的"密码"会采用加密/解密的方式进行存取，此处我们不作加密、解密处理，一切以设计模式的实战融入为核心内容，对其他边角内容会进行简化，请读者给予理解）：

```java
@Service
public class UserService {
    @Autowired
    private UserRepository userRepository;

    public String login(String account, String password) {
        UserInfo userInfo = userRepository.findByUserNameAndUserPassword
(account, password);
```

```
// 匹配账号和密码失败，则返回错误信息
if(userInfo == null) {
        return "account / password ERROR!";
    }
    return "Login Success";
}

    public String register(UserInfo userInfo) {
// 如果当前账号已经存在，拒绝注册。账号名称需要唯一
        if(checkUserExists(userInfo.getUserName())) {
            throw new RuntimeException("User already registered.");
        }
        userInfo.setCreateDate(new Date());
//save 方法是 JPA 中已有的方法，无须额外自己实现
        userRepository.save(userInfo);
        return "Register Success!";
    }
    // 根据用户账号名称检查用户是否已注册
    public boolean checkUserExists(String userName) {
        UserInfo user = userRepository.findByUserName(userName);
        if(user == null) {
            return false;
        }
        return true;
    }
}
```

③持久层 UserRepository 提供 h2 数据库的查询和插入功能，代码如下：

```
@Repository
public interface UserRepository extends JpaRepository<UserInfo,
Integer> {
    // 根据用户名查询用户信息
    UserInfo findByUserName(String userName);
    // 根据用户名和密码查询用户信息
    UserInfo findByUserNameAndUserPassword(String account, String
password);
}
```

④ UserInfo 实体对象创建。此处简要说明一下，笔者将 import 部分的代码也展示出来了，避免读者在 import 注解类时发生分歧。@Data 注解简化 get、set 方法；@Entity 和 @Table 声明 UserInfo 实体对象与 h2 数据库的 user_info 表对应；@Id 和 @GeneratedValue 设置主键自增属性；@Column 设置表字段对应。代码如下：

```
import lombok.Data;
import javax.persistence.Column;
import javax.persistence.Entity;
import javax.persistence.GeneratedValue;
import javax.persistence.GenerationType;
```

```java
import javax.persistence.Id;
import javax.persistence.Table;
import java.util.Date;
@Data
@Entity
@Table(name = "user_info")
public class UserInfo {
    @Id
    @GeneratedValue(strategy = GenerationType.AUTO)
    private int id;

    @Column(nullable = false)
    private String userName;

    @Column(nullable = false)
    private String userPassword;

    @Column(nullable = false)
    private Date createDate;

    @Column
    private String userEmail;
}
```

至此，项目代码的初始化阶段就结束了，可能部分读者会有一定疑问：为什么没有 h2 数据库表创建 SQL 语句呢？请读者回看 2.2.2 小节中有关 JPA 配置的第一个配置："**spring.jpa.properties.hibernate.hbm2ddl. auto**=update"。

该配置会在项目启动时，扫描项目中所有包含 @Entity 注解的实体类，并根据 @Table 注解和 @Column 注解，自动为我们创建 h2 数据库中的表结构（schema）。读者也可以选择关闭 DDL 的自动更新，手动进行表结构的创建（不推荐手动创建表结构，我们依然主张把全部精力投入到设计模式的项目实战之中，所以笔者采用自动更新 DDL 的配置简化项目初始化过程）。

2.2.4 项目验证

项目初始化完毕，我们此时可以运行 SpringBoot 项目的启动类，进行项目的运行测试，确保项目初始化的正确性。项目启动成功后，我们首先通过浏览器访问 h2 数据库的可视化 console 界面，然后进行用户注册和用户登录接口的验证。

①登录 h2 可视化界面为：http://localhost:8081/myH2。根据 2.2.2 小节的 h2 数据库相关配置填写登录信息，如图 2-2 所示。

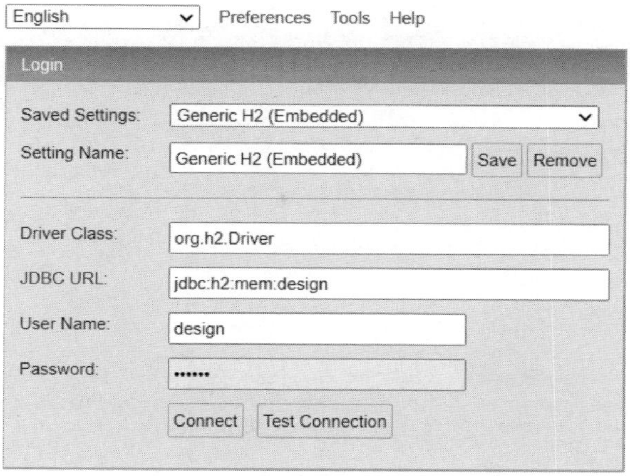

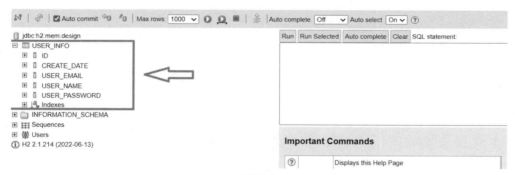

图 2-2

信息填写完毕，单击"Connect"按钮进行登录，登录成功后，查看左上角部分，可以看到我们通过 @Entity 和 @Table 定义的 USER_INFO 表自动创建成功了，如图 2-3 所示。

图 2-3

看到这样的表结构，说明我们的项目已经成功地将 h2 数据库和 JPA 引入了，接下来，我们继续测试一下 register 接口和 login 接口，就大功告成了。

② 使用 Postman 或者其他测试工具，对 register 接口和 login 接口进行测试。先进行 register 接口的测试，成功后立即进行 login 接口的测试。笔者使用 Postman 进行的接口测试，测试过程如图 2-4 和图 2-5 所示。

接口测试成功，说明我们的 h2 数据库、JPA 操作数据库、SpringBoot 的接口都可以正常使用。至此，项目初始化工作完成，后续我们的实战章节，均会基于此项目框架进行设计模式的融入，我们拭目以待。

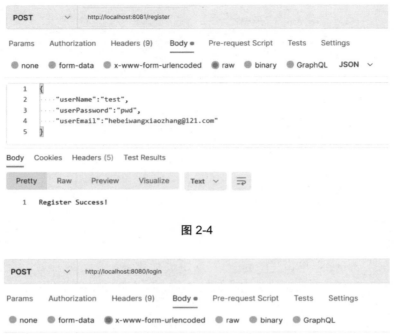

图 2-4

图 2-5

2.3   实战需求发布会

请读者注意：*需求发布采用情景对话的形式，模拟企业真实项目需求发布的会议场景，让读者有一种"沉浸式"的项目参与感。除此之外，需求发布的对话过程，蕴含着很多技术知识点、技术的思考过程、技术的选择过程和最终决策过程。对于对话过程中的一些关键术语和知识点，笔者会用双引号标示出来，希望读者不要跳过"项目发布"的内容，沉浸式地参与到项目开发之中。我相信，对于有经验的读者来说，会从情景对话中找到很多共鸣点；对于经验稍浅的读者来说，一定会从情景对话中有所收获。本书后续实战章节依然会以此种形式进行需*

求的引入。

项目经理： 大家都了解，目前我们的项目只有传统的注册 / 登录功能，运行十分稳定。现在公司的用户越来越多，为了方便用户登录，吸引更多的潜在用户，公司决定增加第三方账号登录功能，大家对此有什么看法吗？

王工： 经理，有哪些第三方账号呢？

项目经理： 目前的初步计划，融入微信、QQ、Gitee 的账号登录功能。微信和 QQ 是常用的社交软件，用户群体大，有助于公司实现用户增长；支持 Gitee 的用户主要是对标公司售卖的 IT 相关产品，后续还会陆续添加更多的第三方账号的支持。

王工： 第三方账号授权登录的话，需要自动注册用户第三方账户信息呢？还是说只进行登录？

项目经理： 是要自动注册的，只不过这部分功能对用户来说是无感知的。如果仅仅提供登录，不自动注册的话，咱们的项目无法留存用户信息，也没办法进行准确的用户群体数据分析（如 QQ 用户占 30%，微信用户占 60%，Gitee 账户占 5%，传统用户名－密码用户占 5%）。所以必须进行自动注册。

王工： 好的。不同第三方平台账号的用户名可能一样（如小明的微信账号名是 loveReadingBook，巧合之下，小红 Gitee 的账号名也是 loveReadingBook，这两个账号就是来自于不同系统的重名账号）。这种情况下，咱们的项目提取到的信息都是 loveReadingBook，对用户名的校验会返回账号已存在（参见 2.2 节的 UserService 中的 checkUserExists 方法），那么我们项目中用户名的命名规则是什么？

项目经理： 咱们暂且使用"第三方平台 @ 用户名"这个格式作为用户名规则（如小红的账户名为 Gite@loveReadingBook，小明的账户名为 WeChat@loveReadingBook），密码和用户名保持一致存储（此处对"密码"的处理，前文 2.2 节已经提及，不进行加密和解密处理，简化边角内容，请读者给予理解）。

王工： 了解了，我没有其他问题了。

李工： 这个需求对实现方式有具体要求吗？使用重构还是扩展？

项目经理： 最好是能够保证不修改原有逻辑，之前的注册和登录功能都比较稳定，不要影响这部分代码逻辑，使用扩展吧。有什么好的扩展方式吗？

李工： 使用扩展的话，可以使用适配器模式，进行对已有注册和登录功能的适配。不影响已有功能，适配第三方账号的注册和登录功能，增加类的透明度，提高灵活性和复用性。

项目经理：OK，如果使用重构的话呢？

李工：重构肯定会对原有逻辑进行一定的修改，但是不会修改到主体核心逻辑，不会有太大的影响，重构完成后需要进行测试，问题不大。如果使用重构的话，我建议使用桥接模式，把抽象和实现解耦。而且桥接模式的扩展性很高，您也说了，后续公司还会引入更多的第三方账号，所以从后续扩展性上考虑的话，用桥接模式进行重构也是很不错的方式。

项目经理：OK，王工有什么看法吗？

王工：我和李工的想法差不多。适配器模式的好处是不修改原有逻辑进行扩展，但随着第三方账号的增加，适配器的适配种类也会增多；桥接模式的好处是所有的功能更具有整体性，不需要额外添加适配组件，后续代码好维护，也好扩展，缺点是需要对已有的稳定功能进行重构，有一定的风险。我想问一下，这个需求的开发周期紧张吗？

项目经理：目前看还行，处于需求规划阶段，公司层面肯定是想越快越好。为什么这么问呢？

王工：我想的是，如果目前的需求周期不是很紧张，我和李工可以分别通过扩展和重构两种方式进行实现，然后最终决定用哪种方式，两天时间差不多。李工，你怎么看？

李工：我都行，经理决定吧。

项目经理：那行，这样，李工，你通过扩展方式开发；王工通过重构方式实现。回头咱们看看哪种方式合适，做两手准备。咱们加点急，都辛苦点，明天下午讨论一下（一天半），OK 吗？

李工：经理，我问下，微信、QQ 和 Gitee 的授权申请拿到了吗？一般三方授权申请需要三五天的时间。

项目经理：微信和 QQ 的授权申请正在进行中，估计还得等几天。Gitee 的好办，我申请下 Gitee 的第三方授权，然后把 Client ID 和 Client Secret 发给你们。你们先用 Gitee 的三方授权开发，等微信和 QQ 的授权下来，再加到项目里就行，第三方账号授权登录的大体流程都差不多。现在主要是确定代码结构，看看是通过适配器模式扩展还是通过桥接模式重构，行吗？

王工 + 李工：没问题。

项目经理：你们把 Callback 接口先定一下，申请 Gitee 授权需要用，现在定一个，回头再修改就行。

王工：那就先用 http://localhost:8081/gitee 吧，我和李工都按照这个 Callback 接口实现。（李工点点头）

项目经理：OK，那么咱今天先讨论到这儿，一会儿发给你们 Client ID 和 Client Secret。都去忙吧。创建 Gitee 三方授权的详细步骤并不复杂，读者可以通过浏览器搜索"Gitee 第三方授权登录"进行相关步骤的查阅，你会得到非常详细的步骤。当然，如果无法通过查阅后创建，也可以在 QQ 书友群中寻求帮助。

王工 + 李工：好的。

请读者注意：*可能没有接触过第三方账号登录功能的读者，不太了解对话过程中"Client ID""Client Secret"以及"Callback 接口"的作用和意义（真实企业需求讨论会即是如此），笔者在后续实现过程中，会带大家以 Gitee 为例进行完整实现。届时，读者不仅掌握了适配器模式和桥接模式的两种项目实战方式，还掌握了 Gitee 的第三方授权流程，为读者尽最大可能提供沉浸式的实战体验。举一反三，其实微信、QQ 等其他平台第三方账号授权登录的思想也是一样的，当读者在实际工作中遇到此类需求时，便可以游刃有余地进行处理。*

2.4　适配器模式实战——UML 类结构分解及方法定义

适配器模式，旨在将一个类的接口适配成用户所期待的接口。适配器模式，能够帮助不兼容的接口变得兼容。做法是将类自己的接口包裹在一个已存在的类中。适配器模式根据被适配的对象不同，又分为对象适配器模式和类适配器模式。

- 对象适配器模式：在这种适配器模式下，适配器关联一个它包裹的类的实例。
- 类适配器模式：在这种适配器模式下，适配器继承被适配的类（一般采用继承）。

首次接触"适配器模式"的读者可能会对以上文字介绍感到迷茫，多少感觉有一些抽象。请读者给予笔者足够的信任，带着这些迷茫感和抽象感继续阅读。当我们编写出基于适配器模式扩展的第三方账号登录功能的类结构时，这些迷茫和抽象便会不复存在。接下来，我们先来看看适配器模式的通用类图，如图 2-6 所示。

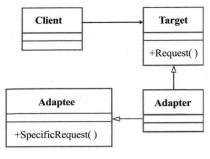

图 2-6

解读适配器模式的通用类图之前，请读者再次查看我们 2.2 节初始化的项目代码。我们有接入层 UserController、核心逻辑层 UserService 和持久层 UserRepository。其中 UserService 承载了当前 register 注册和 login 登录功能的核心逻辑，我们此处的适配器模式扩展，就是要对 UserService 进行适配扩展，在不修改 UserService 代码的基础上，适配第三方账号授权登录，复用 UserService 已有的 register 方法和 login 方法。达成共识后，我们接下来对通用类图进行一一介绍和类创建，紧跟李工的步伐，披荆斩棘。

1. 源（Adapee）角色

Adapee 角色，翻译成中文为被适配角色，当前被适配的角色就是 UserService 类。我们即将创建的适配器通过继承 UserService 类，扩展新的功能，复用 register 方法和 login 方法，完成第三方账号的授权登录。

2. 适配器（Adapter）角色

Adapter 角色，是适配器设计模式的核心角色，包含第三方账号授权登录的核心逻辑，并通过继承（extends UserService）复用 UserService 的 register 方法和 login 方法。所以我们能很轻松地创建适配器角色——Login3rdAdapter，代码如下：

```
// 此处给出了笔者的 package 路径，读者可以按照笔者的 package 路径进行创建。当然
读者也可按照自己的分类风格自主进行 package 分配，此处不作强制要求，后续代码依然
会为大家展示笔者的 package 路径（无特殊情况，import 部分代码不给出，读者可自行
import 依赖）
package com.book.adapter;

// 通过继承 UserService，复用已有方法，并在此处进行代码扩展，实现第三方账号授
权登录功能
@Component
public class Login3rdAdapter extends UserService{
}
```

还记不记得本节开篇我们说过，适配器模式根据被适配的对象不同，又分为对象适配器模式和类适配器模式？我们对类适配器模式的介绍是："这种适配器模式下，适配器继承被适配的类（一般采用继承）"。以上代码就是"类适配器模式"，通过继承被适配的 UserService 类，进行扩展和复用。

那么对象适配器模式又是以何种方式体现的呢？"对象适配器模式"的介绍是："在这种适配器模式中，适配器关联一个它包裹的类的实例"。其中"关联"二字，道出了对象适配器模式的真谛。我们对以上代码进行简单的修改，不再采用继承的形式，而是通过 @Autowired 注解将 UserService 关联到 Login3rdAdapter 中，把"类适配器模式"轻松地转化为对象适配器模式，代码如下：

```
package com.book.adapter;

@Component
public class Login3rdAdapter {
    @Autowired
    private UserService userService; // 通过对象关联，引入 UserService
}
```

相信读者已经完全了解了类适配器模式和对象适配器模式的核心区别，无非就是引入方式的不同，继承形式和关联形式的不同。

此处代码的实战，笔者推荐使用"类适配器模式"，也就是通过类继承的方式进行适配器代码的实现。原因很简单，项目开发过程中，我们需要遵从一个不成文的规则，@Service 标注的类，仅提供给 @Controller 和 @Service 标注的类使用。当然，这并非强制性的规则，即便读者使用对象适配器模式进行对象关联，依然能够保证项目的正确运行；再即便，读者将 Login3rdAdapter 类上的 @Component 注解强行修改为 @Service 注解，也无可厚非，因为每个读者的项目经历不同，使用风格不同，或循规蹈矩，或不拘小节。笔者给出的建议，仅仅是大多数企业的开发风格。

3. 目标（Target）角色

在介绍适配器（Adapter）角色的过程中，我们已经创建好了 Login3rdAdapter 的主体类结构。接下来我们要思考的问题就是：如何创建有关第三方账号登录的方法？

基于依赖倒置原则，我们需要面向接口编程。因此，对于有关第三方账号登录的方法，需要创建在一个 interface 接口中，这个接口就代表了我们最终的目标——"支持多种类第三方账号登录功能"。因此我们创建 Login3rdTarget 接口

类，这个接口类就是我们的目标（Target）角色，承载了第三方账号登录的方法，
代码如下：

```
package com.book.adapter;

public interface Login3rdTarget {
// 此处给出了具体的 loginByGitee 的入参，后续实现过程中，会为读者详细介绍参数的
意义，并真正地实现基于 Gitee 第三方账号的登录功能
    public String loginByGitee(String code, String state);

// 第三方账号登录功能的原理都大同小异，本章内容以 Gitee 为例，带大家实战第三方账
号登录的代码实现。如果读者将来在工作中接触到微信和 QQ 的第三方登录功能，也能很快
上手
    public String loginByWechat(String ... params);
    public String loginByQQ(String ... params);
}
```

我们知道，目标（Target）角色 Login3rdTarget 仅仅是一个接口类，它
必须被真正的子类进行实现，而这里所说的"真正的子类"就是指的适配
器（Adapter）角色——Login3rdAdapter，因为第三方账号登录功能核心逻辑
的实现者，就是适配器（Adapter）角色——Login3rdAdapter"。因此，我们
对 Login3rdAdapter 类进行修改，使它在继承 UserService 的同时，还要实现
Login3rdTarget 接口。代码如下：

```
package com.book.adapter;

@Component
public class Login3rdAdapter extends UserService implements
Login3rdTarget{
    @Override
    public String loginByGitee(String code, String state) {
        return null;
    }

    @Override
    public String loginByWechat(String... params) {
        return null;
    }

    @Override
    public String loginByQQ(String... params) {
        return null;
    }
}
```

在这里笔者引出两个问题，希望读者一起思考。如果读者的思考与笔者的思
考一致，那么就证明，你已经完全掌握了适配器模式的定义和模型。

问题 1：Login3rdAdapter 作为适配器 Adapter 角色，为什么要继承作为源 Adapee 角色的 UserService 类？

问题 2：Login3rdAdapter 作为适配器 Adapter 角色，为什么还要实现作为目标 Target 角色的 Login3rdTarget 接口？

请读者先自行思考片刻，然后再与笔者的思考进行以下核对。

问题 1【笔者回答】：因为要在不修改原有代码的基础上复用 UserService 原有代码，为适配新的功能做准备，所以 Login3rdAdapter 继承 UserService 类。

问题 2【笔者回答】：因为要进行新功能的适配（扩展），Login3rdTarget 承载了新的第三方账号登录功能，所以 Login3rdAdapter 实现 Login3rdTarget。

最后的类结构对应如图 2-7 所示，通过图 2-7 的一一对应，相信能够帮助读者对适配器模式有更加清晰的认识。

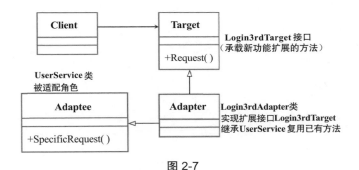

图 2-7

在本小节的最后，笔者仍需要与读者达成一个共识，即"适配器（Adapter）角色，既能够支持已有功能（用户名/密码登录），也能够适配扩展功能（第三方账号授权登录），适配的扩展功能还能够复用已有的方法（register 方法和 login 方法）"。在这个共识中，笔者想表达三个核心观点，对于最后一个观点"适配的扩展功能还能够复用已有的方法（register 方法和 login 方法）"，可能部分读者没有做到完全理解，请不要着急，下一小节的内容，我会带大家看到如何复用已有方法。

2.5 适配器模式实战——第三方账号登录

难道 2.4 节对适配器模式的讲解不算实战吗？我们不是已经创建完 Login3rdAdapter 和 Login3rdTarget 类了吗？整体的类结构和方法都已经出来了，还有什么其他的实战点呢？直接写几句示意代码，System.out.println 使用一个

QQ 账号登录成功、微信账号登录成功或其他某账号登录成功不就行了吗？

"没有真实的第三方账号登录代码的实战，称不上是实战，也辜负了实战这两个字的意义！设计模式，不应该仅仅停留在云端。"

经过 2.4 节的学习，大多数的读者都已经明白了适配器模式的类结构和使用方式，也看到了 Login3rdAdapter 和 Login3rdTarget 的实战代码，但这部分代码仅仅是类结构，没有灵魂的躯体与白骨无异。设计模式已白骨满地，随处可拾，而笔者想为大家聚揽灵魂，哪怕这灵魂并不完美，也未尝不是一次勇敢的尝试。

本小节，我们以 Gitee 平台为例，进行第三方平台账号登录的实战开发。

2.5.1　第三方账号的登录原理

相信部分读者在实际工作中并没有机会接触"第三方账号登录"的需求。其实第三方账号登录的流程都大同小异，微信、QQ 也好，Gitee 也罢，都遵从了图 2-8 所展现的交互过程。

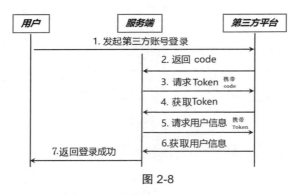

图 2-8

从图 2-8 所展现的交互流程，我们可以看到一共有七步，我们来分别对这七步进行解释，充分理解这七步的意义之后，我们将会在 2.5.2 小节进行代码实现。

1. 发起第三方账号登录

仔细看图 2-8 中的请求指向，第三方账号登录的请求发起端是"用户"，"用户"通过点击前端 UI 登录页面（Web 端登录页面或者手机 APP 端登录页面）中的第三方账号图标发起登录请求；UI 登录页面收到用户的点击请求后，"直接向"第三方平台发起账号登录请求。笔者将"直接向"这三个字进行了双引号标记，后文会解释为何把这三个字做了双引号标记。此处，我们先以 Gitee 平台为例，为大家展示请求的路径和参数如下（为了让读者更清晰地了解请求路径和参数，笔者将 Gitee 的 GET 请求进行了换行展示，读者使用过程中请将换行符删除）：

```
https://gitee.com/oauth/authorize
?
client_id=9fe4d3adcb0f6021dd52bcf7e0a1090a31c6a59d95fc85f0465878930723
215b
&
redirect_uri=http://localhost:8081/gitee
&
response_type=code
&
state=GITEE
```

我们可以看到，这个 /oauth/authorize 请求包含了四个参数，我们来看看这些参数的含义。

- client_id：这个 client id 是 Gitee 平台为每个授权请求的个人或企业提供的唯一 ID 标识。请读者回看 2.3 节中所提到的：创建 Gitee 三方授权的详细步骤，会在 Github 的项目中的 "CreateGiteeAccess" 文件中找到，读者可自行根据步骤进行创建。

- redirect_uri：Callback 接口地址，大家可以看到，笔者此处配置的回调接口是 http://localhost:8081/gitee。这个接口显然是我们自己项目的接口。大家是否还记得，我们在 2.3 节的项目需求发布会上，提到过 Callback 地址？当我们访问 Gitee 平台的 /oauth/authorize 接口时，Gitee 平台会首先验证 client_id 是否为已授权 ID，如果是已授权 ID，就会向 http://localhost:8081/gitee 发起回调请求。

- response_type：上文提到，Gitee 平台验证 client_id 成功后，会发起回调，回调地址是我们项目中的 http://localhost:8081/gitee 接口。开发一个接口很简单，问题是，这个接口的参数是什么？当我们访问 Gitee 的 /oauth/authorize 接口，并且携带参数 response_type=code，Gitee 平台在回调我们项目的接口 http://localhost:8081/gitee 时，会携带一个 code 参数，这个 code 参数是 Gitee 平台为请求登录的用户生成的，当我们接收到 code 后，可以携带这个 code 向 Gitee 平台请求 Token。因此 http://localhost:8081/gitee 这个接口的一个参数是"Gitee 平台生成的 code 字符串"。

- state：这个参数是请求端随机生成的，将随机生成的 state 传递给 Gitee 平台的 /oauth/authorize 接口，Gitee 平台会原封不动地将收到的 state 值传递给我们项目的回调接口 http://localhost:8081/gitee，收到 Gitee 平台回传的 state 值后，会进行校验，核对是否与发送的值完全一致，因此 http://localhost:8081/gitee 这个接口的另外一个参数是"state 字符串"。

是否还记得开头部分，笔者将"直接向"三字进行了双引号标记？其实，用户在前端 UI 登录界面点击第三方平台的图标，向第三方平台发起请求之前，前端 UI 会向后端请求 client_id，client_id 是个人或企业申请的第三方平台的唯一授权 ID，不能直接存储在前端 UI（Web 前端或 APP 前端），所以需要向后端发送请求获取（本章代码实战不会进行前后端的交互，会默认前端直接访问第三方平台）。前端获取 client_id 之后，可以将 client_id 缓存起来并设置稍长的过期时间（以天为单位，具体时长无特殊限制），下次可直接使用。因此，笔者将"直接向"进行了标记，请求是直接发送的，但请求的参数组装，是需要与项目后端交互的。

除此之外，对于 state 参数，部分项目的设计也是前端 UI 向后端请求 state 的值，后端随机生成 state 的值并存储起来，等到第三方平台回调项目接口时，核对收到的 state 值是否与生成的 state 值一致；还有部分项目对 state 值的设计是提前定好的，UI 前端与后端达成共识，共同制定一个 state 值，本章的代码实战部分，就是采用这种确定 state 值的形式进行的。

基于以上的描述，相信部分读者已经开发回调接口了，在 UserController 类中新增 /gitee 接口，并为该接口设置 code 和 state 两个 String 类型的入参（请读者回看 2.4 节有关 Login3rdTarget 接口创建的相关内容，此处解释了为何在 2.4 节展示的 loginByGitee 方法代码中，添加了 code 和 state 参数）。代码如下：

```java
package com.book.controller;

@RestController
public class UserController {
    ...
@Autowired
private Login3rdAdapter login3rdAdapter;
...
//Gitee 平台回调接口，并携带 code 参数和 state 参数
    @GetMapping("/gitee")
    public String gitee(String code, String state) throws IOException {
        return login3rdAdapter.loginByGitee(code, state);
    }
}
```

2. 返回code

此处无须再过多解释，Gitee 平台会回调我们刚刚创建的 http://localhost:8081/gitee 接口，并携带 code 参数和 state 参数。

3. 请求Token（携带code，POST）

获取到 Gitee 平台为我们生成的 code 参数后，继续访问 Gitee 平台的 /oauth/

Token 接口获取 Token，Gitee 平台获取 Token 的接口详细信息如下：

```
https://gitee.com/oauth/token
?
grant_type=authorization_code
&
client_id=9fe4d3adcb0f6021dd52bcf7e0a1090a31c6a59d95fc85f0465878930723
215b
&
client_secret=cbe5bcc58e97b267e40fbcf61cd32cd0c4485330c028a15fba7f9808d9
501c41
&
code=668c24b29262e3bf2543eeb31052a0126b4933cc6c983c83c876e2dfaafec6dd
&
redirect_uri=http://localhost:8081/gitee
```

我们可以看到，这个 /oauth/token 请求包含了四个参数，我们来看看这些参数的含义。

- grant_type=authorization_code：这个参数的意义是，通过 code 进行验证，code 就是我们在第 2 步获取的 code 值。

- client_id：不再介绍，与前文一致。

- client_secret：第三方平台授权密码。client_id 与 client_secret 是绑定在一起的，请参见 2.3 节，进行 Gitee 平台的授权申请。

- code：第 2 步得到的 code 值。

- redirect_uri=http://localhost:8081/gitee：此处的 redirect_url 必须保持与步骤 1 的访问参数一致。不同的是，此处获取 Token 虽然也传递了 redirect_url，但是 Gitee 平台不会再次做回调，而是仅仅强制要求请求发送端必须携带与第一次访问 /oauth/authorize 接口时相同的 redirect_url，Gitee 平台会进行校验。

4. 获取Token

第 3 步请求 /oauth/token 接口的返回值中包含 Token，此处不再过多说明。

5. 请求用户信息（携带Token参数，GET）

获取到 Token 后，项目后端继续向 Gitee 平台的 /api/v5/user 接口发送请求，获取用户信息。此处仅有一个参数，即 access_token。

```
https://gitee.com/api/v5/user
?
access_token=d52bcf7e0a1090a31c6a
```

6. 获取用户信息

处理第 5 步请求的返回值，获取的用户信息，并进行"自动注册"和登录。

7. 返回登录成功

至此，第三方账号登录的原理就讲解完了，虽然我们以 Gitee 平台为例进行了说明，但此核心流程依然适用于微信、QQ 等第三方平台，整体流程不会有太大出入。接触过第三方账号登录开发的读者，可能在此处还会有一个疑问，为什么笔者没有介绍 refresh_token 流程？也没有介绍 Token 的过期时间？笔者未引入 refresh_token 和 Token 过期时间的原因是：第三方账号登录几乎为一次性的请求，启用 refresh_token 逻辑和 Token 过期逻辑需要根据项目的真实访问情况而定，因此仅仅提供了核心的交互过程。

接下来，让我们完成第三方平台的代码实战。

2.5.2　代码实战

无须多言，只要我们基于 2.5.1 小节介绍的详细步骤进行相应的代码实现即可。基础薄弱的读者可以跟随笔者的步伐进行代码的实现；基础扎实的读者如果想要自行进行代码实现，笔者也是非常支持的，但是仍然建议读者不要直接跳过本小节的内容，可以快速对内容进行浏览，很可能笔者的代码实现逻辑对你也有一定的参考价值（笔者提供的代码中，对于一些边角逻辑，如非空判断等会跳过，读者实际开发过程中，请根据实际情况进行代码书写）。

① 在 application.properties 中添加 Gitee 的相关配置，如 client_id、client_secret、token url 等信息，具体配置如下（笔者已经作好注释，请读者仔细阅览）：

```
############ 第三方登录相关配置 ############
#Gitee 的 cliendId 和 clientSecret
gitee.clientId=9fe4d3adcb0f6021dd52bcf7e0a1090a31c6a59d95fc85f0465878930
723215b
gitee.clientSecret=cbe5bcc58e97b267e40fbcf61cd32cd0c4485330c028a15fba7f9
808d9501c41

#Gitee 对应的 CallBack 接口
gitee.callBack=http://localhost:8081/gitee

# 与 UI 前端协定的 state 值
gitee.state=GITEE

#Gitee 用户登录时，进行"自动注册"时，添加用户名前缀，请参考 2.3 节的对话内容
gitee.user.prefix=${gitee.state}@

#Gitee 的 Token 申请 URL 及获取用户信息的 URL
```

```
gitee.token.url=https://gitee.com/oauth/token?grant_type=authorization_
code&client_id=${gitee.clientId}&client_secret=${gitee.
clientSecret}&redirect_uri=${gitee.callBack}&code=
gitee.user.url=https://gitee.com/api/v5/user?access_token=
```

②创建 HttpClientUtils 类，专门负责 HTTP 的访问逻辑（笔者此处没有使用热门的 RestTemplate，具体原因早已在 2.2.1 小节提出）。HttpClientUtils 类代码如下（此处提供 import 部分，避免读者使用依赖产生分歧）：

```java
package com.book.utils;

import com.alibaba.fastjson.JSONObject;
import org.apache.http.HttpEntity;
import org.apache.http.client.HttpClient;
import org.apache.http.client.methods.HttpGet;
import org.apache.http.client.methods.HttpPost;
import org.apache.http.client.methods.HttpRequestBase;
import org.apache.http.impl.client.HttpClients;
import org.apache.http.util.EntityUtils;
import org.springframework.http.HttpMethod;
import java.io.IOException;

public class HttpClientUtils {
    public static JSONObject execute(String url, HttpMethod httpMethod) {
        HttpRequestBase http = null;
        try {
            HttpClient client = HttpClients.createDefault();
// 根据 HttpMethod 进行 HttpRequest 的创建
            if(httpMethod == HttpMethod.GET) {
                http = new HttpGet(url);
            } else {
                http = new HttpPost(url);
            }
            HttpEntity entity = client.execute(http).getEntity();
            return JSONObject.parseObject(EntityUtils.toString(entity));
        } catch (IOException e) {
            throw new RuntimeException("Request failed. url = " + url);
        } finally {
            http.releaseConnection();
        }
    }
}
```

③对 Login3rdAdapter 的核心逻辑进行实现，我们此处以 Gitee 平台的账号登录过程为例，进行 loginByGitee(String code, String state) 的代码实现。代码中已经为读者提供了详细的注释。请读者格外关注 private 修饰的 autoRegister3rdAndLogin 方法，该方法通过对已有 register 方法、login 方法和 checkUserExists 方法的复用，完成了"自动注册"的功能，完全符合 2.3 节所讨论的项目需求。具体的代码如

下（关于微信和 QQ 第三方账号登录功能的实现，与 Gitee 流程几乎一致）：

```java
package com.book.adapter;

@Component
public class Login3rdAdapter extends UserService implements
Login3rdTarget{
    @Value("${gitee.state}")
    private String giteeState;
    @Value("${gitee.token.url}")
    private String giteeTokenUrl;
    @Value("${gitee.user.url}")
    private String giteeUserUrl;
    @Value("${gitee.user.prefix}")
    private String giteeUserPrefix;

    @Override
    public String loginByGitee(String code, String state) {
        // 进行 state 判断，state 的值是前端与后端商定好的，前端将 state 传给
Gitee 平台，Gitee 平台回传 state 给回调接口
        if(!giteeState.equals(state)) {
            throw new UnsupportedOperationException("Invalid state!");
        }
        // 请求 Gitee 平台获取 Token，并携带 code
        String tokenUrl = giteeTokenUrl.concat(code);
        JSONObject tokenResponse = HttpClientUtils.execute(tokenUrl,
HttpMethod.POST);
        String token = String.valueOf(tokenResponse.get("access_
token"));
        // 请求用户信息，并携带 Token
        String userUrl = giteeUserUrl.concat(token);
        JSONObject userInfoResponse = HttpClientUtils.execute(userUrl,
HttpMethod.GET);
        // 获取用户信息，userName 添加前缀 GITEE@，密码保持与 userName 一致。
讨论过程请参见 2.3 节
        String userName = giteeUserPrefix.concat(String.
valueOf(userInfoResponse.get("name")));
        String password = userName;

        // 自动注册和登录功能，此处体现了方法的 "复用"
        return autoRegister3rdAndLogin(userName, password);
    }

    private String autoRegister3rdAndLogin(String userName, String
password) {
        // 如果第三方账号已经登录过，则直接登录
        if(super.checkUserExists(userName)) {
            return super.login(userName, password);
        }
// 组装用户信息
        UserInfo userInfo = new UserInfo();
        userInfo.setUserName(userName);
```

```
            userInfo.setUserPassword(password);
            userInfo.setCreateDate(new Date());
            // 如果第三方账号是第一次登录，先进行自动注册
            super.register(userInfo);
            // 自动注册完成后，进行登录
            return super.login(userName, password);
        }

        @Override
        public String loginByWechat(String... params) {
            return null;
        }

        @Override
        public String loginByQQ(String... params) {
            return null;
        }
    }
```

　　细心的读者可能会回忆起 2.4 节最后一段内容中的一句话："适配器（Adapter）角色，既能够支持已有功能（用户名 / 密码登录），也能够适配扩展功能（第三方账号授权登录），适配的扩展功能还能够复用已有的方法（register方法和 login 方法）。"适配器（Adapter）角色既然能够支持已有功能，那我们可以将 UserController 类中的 UserService 依赖完全修改为 Login3rdAdapter，移除UserService 的依赖注入（此处不作强制要求，模式是死的，人是活的，可以依据实际项目情况和开发风格进行设计模式的使用），因为 Login3rdAdapter 依然能够支持 register 方法和 login 方法。

　　至此，第三方账号授权登录的整个实战代码就完成了。回忆整个实战过程，我们并没有修改 UserService 类的代码，通过适配器模式继承 UserService 类，并实现 Target 接口添加第三方账号登录功能的扩展。

2.5.3　验证第三方账号登录功能

　　经过 2.5.2 小节的实战开发，第三方账号的登录功能（基于 Gitee 平台）已经完成，让我们将项目运行起来，然后进行以下验证，以确保第三方账号登录功能的正确运行。

　　①本地启动项目后，打开浏览器，并在浏览器中访问 Gitee 平台的 /oauth/authorize 接口，接口详细信息和介绍请参考 2.5.1 小节中的第 1 步"发起第三方账号登录"的相关内容。这一步其实是模拟用户单击 UI 登录页面的 Gitee 图标发起第三方账号登录请求，有条件的读者也可以自行开发 UI 登录页面，并将Gitee 的图标设置为 /oauth/authorize 接口的超链接。

输入访问地址后，按回车键进行跳转，读者会看到如图 2-9 所示的授权界面（部分读者也可能会跳转到 Gitee 平台的登录界面，之所以笔者跳转的页面为授权页面，是因为笔者提前登录了 Gitee 账号，所以直接授权登录即可）。

图 2-9

②单击"同意授权"按钮后，Gitee 平台会自动回调我们定义的 Callback 接口：http://localhost:8081/gitee 并完成后续的 Token 获取、用户信息获取、自动注册和登录步骤。单击"同意授权"按钮后，读者如果看到如图 2-10 所示的"Login Success"信息，则代表登录成功。

图 2-10

③为了进一步验证，是否真的完成了"自动注册"功能，我们再次访问 h2 数据库的 console 页面，查看是否有新的用户注册成功，并且"用户名"和"密码"一致，均以"GITEE@"为前缀，如图 2-11 所示。

图 2-11

从图 2-11 下方框中的数据可以看到，以"GITEE@"开头的账号已经成功地注册到了系统中，完成了"第三方账号登录功能"的开发工作。

2.6　桥接模式实战——UML 类结构分解及方法定义

桥接模式也叫作桥梁模式（Bridge Pattern），该模式旨在将抽象和实现解耦。简单来说，就是将抽象部分和实现部分分离。

通过对桥接模式定义的描述，可能部分读者不能够完全理解定义里提到的"抽象和实现解耦"。不必着急，我们依然先对桥接模式的通用类图进行一一分解，并对类图中的元素进行类结构和方法的创建，完成创建后，我们再回看桥接模式的定义。桥接模式的通用类图如图 2-12 所示。

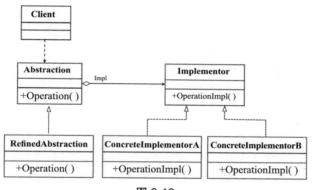

图 2-12

直接看上边的 UML 类图是不是眼花缭乱，比较复杂呢？学习一个设计模式之前，先要藐视它，站在获胜者的角度审视它，站在上帝视角观察它："上图可以分为左右两部分，左边部分有一个抽象类 Abstraction 和它的子类 RefinedAbstraction；右边部分有一个接口 Implementor（也可以是抽象类）和它的子类 ConcreteImplementor，中间有一个桥梁，连接左右两部分。"既然掌握了它的结构特性，我们便可以逐一击破，"先边路突破，后传中破门"。

1. 【王工右路突破】Implementor——核心方法的承载接口（或抽象类）

很多资料称 Implementor 为"实现化角色"，这五个字有些晦涩难懂，说直白些，"实现化角色"就是核心方法的承载角色、核心逻辑的承载角色。再说直白些，"你想要实现的功能，都要交给 Implementor"。那么我们想要实现的功能是什么呢？

- 我们想要实现第三方账号登录。
- 我们想要维持已有的用户名／密码登录功能。
- 我们想要维持已有的用户名／密码注册功能。

既然，我们很清楚地知道自己想要的功能；既然，Implementor 就是承载这些功能的载体，我们何不做个顺水人情，编写出这段代码"良缘"呢？

我们创建 RegisterLoginFuncInterface 接口，并添加已有的 login 方法、已有的 register 方法、已有的 checkUserExists 方法、新的第三方账号登录 login3rd 方法。实战类结构和核心方法代码如下（我们暂且以"接口形式"进行 Implementor 实战，等实战完毕后，再介绍 Implementor 的抽象类形式）：

```java
package com.book.bridge.function;

public interface RegisterLoginFuncInterface {
// 以下三个方法的创建，我们已经感受到了"重构"的强烈气息，需要把 UserService
// 的逻辑移到该类的子类中
    public String login(String account, String password);
    public String register(UserInfo userInfo);
    public boolean checkUserExists(String userName);
// 第三方账号登录接口
    public String login3rd(HttpServletRequest request);
}
```

请读者仔细观察 login3rd 方法的参数，此处将参数改成了"HttpServletRequest"，为什么会进行这样的修改呢？我们知道，Gitee 平台的账号登录过程中，会有两个 String 类型的参数 code 和 state，Gitee 平台会回调我们的 /gitee 接口，并携带这两个参数，这是非常明确的。但是，你能保证微信账号登录和 QQ 账号登录的回调参数也是 code 和 state 吗？你能保证将来我们添加的其他第三方平台的回调参数也是 code 和 state 参数吗？与适配器模式实战不同的是，我们此处直接将方法命名为"login3rd"（适配器模式实战分别命名了 login3rdByGitee 等方法），没有区分是哪个第三方平台，因此我们需要一个范围更大的、能够通用的参数类型 HttpServletRequest。如果读者仍然没有完全理解，请保持耐心，带着这个疑问继续实战，随着实战的进行，你定会理解此处参数设置的意义。花开终有日，节至自飘香，请给予笔者足够的信任。

2.【王工继续右路突破】ConcreteImplementor——承载核心方法的具体子类

上一步中，我们已经创建完了 RegisterLoginFuncInterface 接口，乘胜追击，创建"具体子类实现类"成为了一件顺理成章的简单工作。针对目前的需求，我们需要创建以下四个具体子类。

①创建 RegisterLoginByDefault 支持已有的用户名 / 密码登录功能。

②创建 RegisterLoginByGitee 支持 Gitee 的第三方账号登录功能。

③创建 RegisterLoginByWeChat 支持微信的第三方账号登录功能。

④创建 RegisterLoginByQQ 支持 QQ 的第三方账号登录功能。

此处笔者仅为大家展示 RegisterLoginByDefault 和 RegisterLoginByGitee 类的创建代码，还是那句话，第三方账号登录功能的核心逻辑都是大同小异，我们仍然以 Gitee 平台为例进行代码实战。需要注意的是，既然这部分代码是承载核心逻辑的代码，那么必然会与数据库进行交互，需要将 UserRepository 进行依赖注入，所以 RegisterLoginByDefault 和 RegisterLoginByGitee 类也需要标注 @Component 注解。RegisterLoginByDefault 代码如下：

```
package com.book.bridge.function;
@Component
public class RegisterLoginByDefault implements RegisterLoginFuncInterface {
@Autowired
private UserRepository userRepository;

    @Override
    public String login(String account, String password) {
        return null;
    }
    @Override
    public String register(UserInfo userInfo) {
        return null;
    }
    @Override
    public boolean checkUserExists(String userName) {
        return false;
    }
    @Override
    public String login3rd(HttpServletRequest request) {
        return null;
    }
}
```

RegisterLoginByGitee 代码如下：

```
package com.book.bridge.function;
@Component
public class RegisterLoginByGitee implements RegisterLoginFuncInterface {
@Autowired
private UserRepository userRepository;

    @Override
    public String login(String account, String password) {
        return null;
    }
    @Override
    public String register(UserInfo userInfo) {
        return null;
    }
```

```java
    @Override
    public boolean checkUserExists(String userName) {
        return false;
    }
    @Override
    public String login3rd(HttpServletRequest request) {
        return null;
    }
}
```

相信大多数读者认为，这部分代码真的是太简单了，笔者完全没必要为大家展示。笔者之所以坚持为大家展示这部分代码，是因为这部分代码设计存在瑕疵。RegisterLoginByDefault 类需要实现 login3rd 方法吗？RegisterLoginByGitee 类需要实现 login 方法和 register 方法吗？

RegisterLoginByDefault 类，完全不需要实现 login3rd 方法；RegisterLoginByGitee 也不需要实现 login 方法和 register 方法，应该想办法复用 login 方法和 register 方法，就像我们进行适配器模式实战那样复用 login 方法和 register 方法。

可是，我们完全是遵照类图进行的类创建啊？难道我们哪里做错了吗？

你没有做错，笔者提到的只是"瑕疵"，并不是"错误"。瑕疵是实战过程中必经的阶段：遵照设计模式开发出第一版可用代码→洞察瑕疵和设计缺陷→修复瑕疵。现在的我们，需要勇往直前，继续实战，开发出第一版可用代码，然后再进行瑕疵的修复，后文在 2.7.2 小节必会带大家进行瑕疵修复，为大家展示分层设计理念和复用理念。给点耐心，不为笔者，为更加精致的代码设计，为沉浸式的实战过程，为将来更好的自己。

3.【王工左路突破】Abstraction——抽象角色，为调用端提供方法调用入口

请读者再次回看桥接模式的 UML 类图，Abstraction 类是直接暴露给 Client 调用端的。Client 调用端，只需要知道 Abstraction 抽象类就可以了；而对于我们实现的 Implementor 相关类，Client 调用端一无所知。

请读者再次回看桥接模式的定义，"抽象与实现分离，抽象与实现解耦"。"抽象"在左路，暴露给 Client 调用端；"实现"在右路，对 Client 端完全透明。到这里读者是不是有些明白了所谓的分离，所谓的解耦呢？我们继续对 UML 类结构进行拆解和实战，最终完全掌握桥接模式。

既然抽象角色 Abstraction 需要为 Client 调用端提供方法调用入口，那么我们就能够很轻易地创建抽象类 AbstractRegisterLoginComponent，并且在该类中创建为 Client 调用端提供的 login 抽象方法、register 抽象方法、checkUserExists 抽象方法和第三方账号登录的 login3rd 抽象方法，代码如下：

```
package com.book.bridge.abst;

public abstract class AbstractRegisterLoginComponent {
    protected abstract String login(String username, String password);
    protected abstract String register(UserInfo userInfo);
    protected abstract boolean checkUserExists(String userName);
    protected abstract String login3rd(HttpServletRequest request);
}
```

可能部分读者会认为，这个 AbstractRegisterLoginComponent 抽象类和 RegisterLoginFuncInterface 接口是不是太像了？这个代码是不是太冗余了？

天下没有免费的午餐。"抽象与实现的分离、解耦，是需要代价的！"就好比为了提升代码的执行效率，我们用空间换时间一样。我们用"抽象和实现"两种类结构的设计换来了代码的高扩展性，换来了核心实现对 Client 端的"最少知识"原则，换来了耦合度的降低，就好比我们用空间换来了执行速度。可能部分读者还没有完全体会到代码的扩展性体现在哪里，等我们把代码实战完成并修复完我们上文提到的设计瑕疵后，相信你会完全理解笔者此处的话。

4. 【王工继续左路突破】RefinedAbstraction——抽象角色子类

既然抽象角色是为 Client 调用端提供方法调用入口的，总不能直接使用我们刚刚创建的 AbstractRegisterLoginComponent 抽象类吧？顺理成章地，我们可以自信地为 AbstractRegisterLoginComponent 抽象类创建一个具体子类，这个 RegisterLoginComponent 子类，将提供更加细节的方法逻辑，此处我们仅仅先创建方法结构。代码如下：

```
package com.book.bridge.abst;

public class RegisterLoginComponent extends AbstractRegisterLoginComponent{
    @Override
    public String login(String username, String password) {
        return null;
    }
    @Override
    protected String register(UserInfo userInfo) {
        return null;
    }
    @Override
    protected boolean checkUserExists(String userName) {
        return false;
    }
    @Override
    protected String login3rd(HttpServletRequest request) {
        return null;
    }
}
```

请读者仔细阅读以上的代码，login 方法、register 方法、checkUserExists 方法和第三方账号登录的 login3rd 方法，这四个方法的核心实现逻辑应该怎么写？更确切地问，这个四个方法的核心逻辑"实现"应该由哪个类承担？请读者回看第 1 步【王工右路突破】和第 2 步【王工继续右路突破】的相关内容，我们就能够找到答案，核心逻辑的实现需要在"右路 Implementor 的结构体系中"。而我们刚刚创建的 RegisterLoginComponent 抽象子类，仅仅需要调用 Implementor 中的那四个相同意义的方法即可。

所以，接下来最为关键的事情是，我们需要让 RegisterLoginComponent 抽象子类能够调用到我们 Implementor 结构体系中的方法。

5.【王工传中破门】为抽象类和实现类搭建"桥梁"——桥接模式的核心体现

在第 3 步【王工左路突破】和第 4 步的【王工继续左路突破】的过程中，我们分别创建了 AbstractRegisterLoginComponent 抽象类和 RegisterLoginComponent 抽象类的具体子类。但是这两个类的创建，并没有与 Implementor 之间进行任何关联。桥接模式中的"桥"，就是要创建这种关联，这是桥接模式的核心体现。通过在 AbstractRegisterLoginComponent 抽象类中关联 RegisterLoginFuncInterface 接口，并以"构造函数"的形式，初始化 RegisterLoginFuncInterface 接口属性，完成抽象与实现的桥梁搭建。

我们对 AbstractRegisterLoginComponent 抽象类进行桥梁的引入，添加 RegisterLoginFuncInterface 接口属性，并创建构造函数初始化 RegisterLoginFuncInterface 接口属性。代码如下（已作好详细注释）：

```
package com.book.bridge.abst;

public abstract class AbstractRegisterLoginComponent {
// 面向接口编程，引入 RegisterLoginFuncInterface 接口属性。此处为 "桥" 之所在
    protected RegisterLoginFuncInterface funcInterface;
    // 通过有参构造函数，初始化 RegisterLoginFuncInterface 属性
    public AbstractRegisterLoginComponent(RegisterLoginFuncInterface
funcInterface) {
// 校验构造函数入参为 RegisterLoginFuncInterface 类型，且不为 null
        validate(funcInterface);
        this.funcInterface = funcInterface;
    }
    // 校验参数为 RegisterLoginFuncInterface 类型且不为 null，final 方法，不
允许子类覆写
    protected final void validate(RegisterLoginFuncInterface funcInterface) {
        if(!(funcInterface instanceof RegisterLoginFuncInterface)) {
            throw new UnsupportedOperationException("Unknown register/
```

```
login function type!");
        }
    }

    protected abstract String login(String username, String password);
    protected abstract String register(UserInfo userInfo);
    protected abstract boolean checkUserExists(String userName);
    protected abstract String login3rd(HttpServletRequest request);
}
```

修改完 AbstractRegisterLoginComponent 抽象类之后，你的 Register
LoginComponent 具体子类必然会有报错，此时直接通过编译工具的报错自动修
复功能生成正确的代码即可，然后逐个修改方法的逻辑，将之前的"return null"
修改为 Implementor 的方法调用。代码如下：

```
package com.book.bridge.abst;

public class RegisterLoginComponent extends AbstractRegisterLoginComponent{
    // 通过构造函数，传入"桥梁"RegisterLoginFuncInterface 的具体类型
    public RegisterLoginComponent(RegisterLoginFuncInterface
funcInterface) {
        super(funcInterface);
    }

    @Override
    public String login(String username, String password) {
    // 直接通过桥梁，调用右路 Implementor 的方法即可，把具体实现交给右路的实现类
        return funcInterface.login(username, password);
    }

    @Override
    protected String register(UserInfo userInfo) {
        return funcInterface.register(userInfo);
    }

    @Override
    protected boolean checkUserExists(String userName) {
        return funcInterface.checkUserExists(userName);
    }

    @Override
    protected String login3rd(HttpServletRequest request) {
        return funcInterface.login3rd(request);
    }
}
```

至此，我们桥接模式的类结构就书写完成了，即便还存在些许瑕疵，但是完
整地呈现了"桥接模式"在实战下的类创建和方法定义。接下来，我们继续进行
实战，填充核心逻辑代码，修复瑕疵，完善类结构，并优化方法的复用。最终的

UML 类图与实战类的对应如图 2-13 所示。

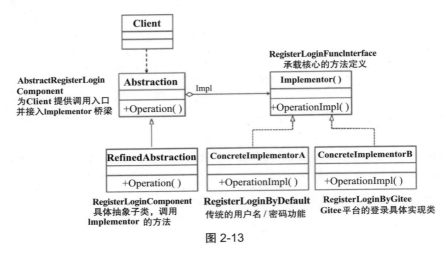

图 2-13

2.7 桥接模式实战——第三方账号登录

2.7.1 核心代码实战

我们的核心代码逻辑，是需要在右侧的 Implementor 中进行实现的，再具体地说，应该在具体子类 RegisterLoginByDefault 和 RegisterLoginByGitee 中进行代码的实现。鉴于之前进行适配器模式实战时，已经对这部分代码进行了实战操作，所以此处直接为大家展示笔者的代码，并对要点代码添加了注释。

RegisterLoginByDefault 代码如下：

```java
package com.book.bridge.function;

@Component
public class RegisterLoginByDefault implements RegisterLoginFuncInterface {
    @Autowired
    private UserRepository userRepository;
    // 此处为 "重构" login 方法, 仅仅将之前 UserService 的逻辑完全复制过来即可
    @Override
    public String login(String account, String password) {
        UserInfo userInfo = userRepository.findByUserNameAndUserPassword(account, password);
        if(userInfo == null) {
            return "account / password ERROR!";
        }
        return "Login Success";
    }
    // 此处为 "重构" register 方法, 仅仅将之前 UserService 的逻辑完全复制过来即可
```

```
    @Override
    public String register(UserInfo userInfo) {
        if(checkUserExists(userInfo.getUserName())) {
            throw new RuntimeException("User already registered.");
        }
        userInfo.setCreateDate(new Date());
        userRepository.save(userInfo);
        return "Register Success!";
    }
    // 此处为"重构" checkUserExists 方法，仅仅将之前 UserService 的逻辑完全复
制过来即可
    @Override
    public boolean checkUserExists(String userName) {
        UserInfo user = userRepository.findByUserName(userName);
        if(user == null) {
            return false;
        }
        return true;
    }
    // 瑕疵所在，RegisterLoginByDefault 不需要实现 login3rd 方法
    @Override
    public String login3rd(HttpServletRequest request) {
        return null;
    }
}
```

RegisterLoginByGitee 代码如下：

```
package com.book.bridge.function;

@Component
public class RegisterLoginByGitee implements RegisterLoginFuncInterface {

    @Value("${gitee.state}")
    private String giteeState;
    @Value("${gitee.token.url}")
    private String giteeTokenUrl;
    @Value("${gitee.user.url}")
    private String giteeUserUrl;
    @Value("${gitee.user.prefix}")
    private String giteeUserPrefix;

    @Autowired
    private UserRepository userRepository;

    @Override
    public String login(String account, String password) {
        // 此处与 RegisterLoginByDefault 完全一致，请读者自行补全
}

    @Override
    public String register(UserInfo userInfo) {
```

```
           // 此处与 RegisterLoginByDefault 完全一致，请读者自行补全
    }

    @Override
    public boolean checkUserExists(String userName) {
        // 此处与 RegisterLoginByDefault 完全一致，请读者自行补全
    }
    // 此处核心代码逻辑已经在适配器模式中实现过，此处只有入参有所不同
    @Override
    public String login3rd(HttpServletRequest request) {
        String code = request.getParameter("code");
        String state = request.getParameter("state");
        if(!giteeState.equals(state)) {
            throw new UnsupportedOperationException("Invalid state!");
        }
        ...
        // 此处与 Login3rdAdapater 中的代码完全一致，请读者自行补全
...
        return autoRegister3rdAndLogin(userName, password);
    }

    private String autoRegister3rdAndLogin(String userName, String
password) {
        // 此处与 Login3rdAdapater 中的代码完全一致，请读者自行补全
    }
}
```

对于以上代码，我们在适配器模式实战过程中，都作过完整的实现，笔者也已经作好注释，读者可以直接将之前的代码逻辑复制过来，自行补全。唯一一点需要读者注意的是，对于 login3rd 方法的 HttpServletRequest 入参，我们通过更大范围的 HttpServletRequest 进行 code 和 state 的获取，这样 login3rd 方法不仅可以为 Gitee 平台进行功能实现，还能够为其他的第三方平台进行实现，哪怕其他第三方平台回调的参数不是 state 和 code，也能够自如处理。

2.7.2　修复代码瑕疵

通过 2.7.1 小节的代码实现，我们能够看到以下两个明显的瑕疵。

- RegisterLoginByDefault 不需要实现 login3rd 方法，但是由于实现了 RegisterLoginFuncInterface 接口，因此必须要对 login3rd 方法进行 @Override 覆写。这是一段无用的垃圾代码。
- RegisterLoginByDefault 和 RegisterLoginByGitee 类，都对 login 方法、register 方法和 checkUserExists 方法进行了代码的实现，代码实现逻辑完全一致。这种程度的代码冗余是无法接受的，必须要想办法复用这部分代码逻辑。

1. 修复瑕疵——避免垃圾代码的生成

对于此种瑕疵的修复，很多源码都有它的身影。请读者打开 JDK 的 ArrayList 源码，我们能看到 ArrayList 继承了 AbstractList 抽象类并实现了 List 接口；再打开 AbstractList 抽象类，发现 AbstractList 抽象类也实现了 List 接口。为什么会有这样的设计呢？这样的设计，就是为了打破"子类必须实现接口中声明的方法"这一强制性规则。我们来看看，AbstractList 类中对 add 方法的定义，代码如下：

```java
public boolean add(E e) {
    add(size(), e);
    return true;
}
public void add(int index, E element) {
    throw new UnsupportedOperationException();
}
```

AbstractList 将 add 方法进行了第一次覆写，并声明 UnsupportedOperation Exception。这样做的好处如下。

①不强制子类，如 ArrayList 覆写 add 方法，子类如果需要 add 功能，可以"自愿"实现 add 方法。

②对于不实现 add 方法的子类，如我们在 1.2.2 小节提到的 EmptyList，当调用 add 方法时，会直接报错。

③类结构层次划分更加有条理。List 接口作为顶层父接口，负责声明所有的相关方法；AbstractList 作为中间层的抽象类，为子类提供了更多的选择性，还能够将公用代码逻辑存放在 AbstractList 层（抽象层是解决两个瑕疵的关键）；子类能够自由选择应该实现的方法，并且可以随时添加自己独有的功能。

这样类似的结构设计还有很多，几乎所有的热门源码都能看到它的身影，此处就不再过多展开。回到我们的实战之中，我们可以创建 AbstractRegisterLoginFunc 作为我们的抽象层，并实现 RegisterLoginFuncInterface 接口。代码如下：

```java
public abstract class AbstractRegisterLoginFunc implements Register
LoginFuncInterface {
    public String login(String account, String password) {
        throw new UnsupportedOperationException();
    }
    public String register(UserInfo userInfo){
        throw new UnsupportedOperationException();
    }
```

```
    public boolean checkUserExists(String userName){
        throw new UnsupportedOperationException();
    }
    public String login3rd(HttpServletRequest request) {
        throw new UnsupportedOperationException();
    }
}
```

AbstractRegisterLoginFunc 抽 象 层 创 建 完 成，我 们 继 续 修 改 Register
LoginByDefault 和 RegisterLoginByGitee 的类继承结构，并删除 RegisterLoginBy
Default 类中的 login3rd 方法。代码如下：

```
@Component
public class RegisterLoginByDefault extends AbstractRegisterLoginFunc
implements RegisterLoginFuncInterface {
    // 删除 login3rd 方法，不会报错
}
```

第一个瑕疵修复完毕，源码处处都是宝。看源码更容易理解设计模式，学
设计模式更有助于理解源码，两者相辅相成，最终可以帮助我们写出更加优秀的
代码。

2. 修复瑕疵——冗余代码复用

其实在修复第一个瑕疵的过程中，我们就已经提到，Abstract 层能够为我们
的子类提供代码的复用逻辑。确定好公共复用代码需要存放在 Abstract 中间层
后，接下来我们需要确定哪些代码需要复用。

从 login3rd 的代码实现过程中，我们可以看到，login 方法、register 方法
和 checkUserExists 方法都是需要复用的代码。请读者再次查看这三种方法，每
种方法中都需要使用持久层 UserRepository。如果将这三部分代码的实现逻辑直
接复制到 Abstract 层，那么会出现一个非常严重的问题："Abstract 层不能通过
@Autowired 注入 UserRepository 依赖"，即使我们将 AbstractRegisterLoginFunc
类使用 @Component 注解进行标注也不能够注入 UserRepository 依赖。

***部分读者可能通过阅读其他资料，对设计模式进行了一定的学习，在学习
过程中并没有遇到过这些问题，因为那是虚无的示例代码，没有考虑任何框架因
素，没有考虑任何 Bean 管理因素，没有考虑任何实际的开发场景。这也是笔者
决定出版此书的原因。***

既然抽象层的 AbstractRegisterLoginFunc 不能够注入 UserRepository，但是又

必须使用 UserRepository，那么我们是不是可以从能够注入 UserRepository 依赖的地方（RegisterLoginByDefault 和 RegisterLoginByGitee）通过方法参数传递的形式，把 UserRepository 类的依赖传递给 AbstractRegisterLoginFunc 呢？

　　笔者首先为大家展示 AbstractRegisterLoginFunc 类的代码实现，创建 commonLogin 方法、commonRegister 方法和 commonCheckUserExists 方法，并额外携带 UserRepository 入参。AbstractRegisterLoginFunc 代码如下：

```java
public abstract class AbstractRegisterLoginFunc implements Register
LoginFuncInterface {
// 新增 commonLogin 方法，新增 userRepository 参数，代码逻辑与子类中的 login 方
法完全一致。protect 修饰方法，仅供子类使用
    protected String commonLogin(String account, String password,
UserRepository userRepository) {
        UserInfo userInfo = userRepository.findByUserNameAndUserPassword
(account, password);
        if(userInfo == null) {
            return "account / password ERROR!";
        }
        return "Login Success";
    }
    // 新增 commonRegister 方法，新增 userRepository 参数，代码逻辑与子类中的
register 方法完全一致。protect 修饰方法，仅供子类使用
    protected String commonRegister(UserInfo userInfo, UserRepository
userRepository) {
        if(commonCheckUserExists(userInfo.getUserName(),
userRepository)) {
            throw new RuntimeException("User already registered.");
        }
        userInfo.setCreateDate(new Date());
        userRepository.save(userInfo);
        return "Register Success!";
    }
    // 新增 commonCheckUserExists 方法，新增 userRepository 参数，代码逻辑与
子类中的 checkUserExists 方法完全一致。protect 修饰方法，仅供子类使用
    protected boolean commonCheckUserExists(String userName,
UserRepository userRepository) {
        UserInfo user = userRepository.findByUserName(userName);
        if(user == null) {
            return false;
        }
        return true;
    }

    public String login(String account, String password) {
        throw new UnsupportedOperationException();
    }
    public String register(UserInfo userInfo){
        throw new UnsupportedOperationException();
    }
```

```
    public boolean checkUserExists(String userName){
        throw new UnsupportedOperationException();
    }
    public String login3rd(HttpServletRequest request) {
        throw new UnsupportedOperationException();
    }
}
```

公共复用方法创建完毕，此时我们可以非常轻松地对 Register LoginByDefault 类中的方法进行如下修改操作，直接调用 AbstractRegister LoginFunc 中的公共方法即可。RegisterLoginByDefault 代码如下（干净整洁，耳目一新）：

```
package com.book.bridge.function;

@Component
public class RegisterLoginByDefault extends AbstractRegisterLoginFunc
implements RegisterLoginFuncInterface {

    @Autowired
    private UserRepository userRepository;

    @Override
    public String login(String account, String password) {
        return super.commonLogin(account, password, userRepository);
    }

    @Override
    public String register(UserInfo userInfo) {
        return super.commonRegister(userInfo, userRepository);
    }

    @Override
    public boolean checkUserExists(String userName) {
        return super.commonCheckUserExists(userName, userRepository);
    }
}
```

乘胜追击，我们继续对 RegisterLoginByGitee 类中的方法进行优化操作。直接删除 login 方法、register 方法和 checkUserExists 方法，仅仅保留 login3rd 方法即可。RegisterLoginByGitee 代码如下（删除冗余，职责清晰，代码复用）：

```
package com.book.bridge.function;
@Component
public class RegisterLoginByGitee extends AbstractRegisterLoginFunc
implements RegisterLoginFuncInterface {
    @Value("${gitee.state}")
    ...
    @Autowired
```

```
    private UserRepository userRepository;

    @Override
    public String login3rd(HttpServletRequest request) {
        String code = request.getParameter("code");
        String state = request.getParameter("state");
        if(!giteeState.equals(state)) {
            throw new UnsupportedOperationException("Invalid state!");
        }
        ...
    // 此处与 Login3rdAdapater 中的代码完全一致，请读者自行补全
...
        return autoRegister3rdAndLogin(userName, password);
    }

    private String autoRegister3rdAndLogin(String userName, String
password) {
        // 如果第三方账号已经登录过，则直接登录。此处为"代码复用"
        if(super.commonCheckUserExists(userName, userRepository)) {
            return super.commonLogin(userName, password, userRepository);
        }
        UserInfo userInfo = new UserInfo();
        userInfo.setUserName(userName);
        userInfo.setUserPassword(password);
        userInfo.setCreateDate(new Date());

        // 如果第三方账号是第一次登录，先进行"自动注册"。 此处为"代码复用"
        super.commonRegister(userInfo, userRepository);
        // 自动注册完成后，进行登录。 此处为"代码复用"
        return super.commonLogin(userName, password, userRepository);
    }
}
```

至此，所有的瑕疵就被完美地修复了，仅仅是通过引入了中间的抽象层。部分读者是不是有这样的想法："我直接把接口 RegisterLoginFuncInterface 删除不就行了？直接使用 AbstractRegisterLoginFunc 作为最顶层的父类，感觉 RegisterLoginFuncInterface 没有任何用处。"

在评论这个想法之前，笔者想让大家再次回看 2.6 节中的第 1 步：王工选择右路突破 Implementor 的时候，我们提到过 Implementor 可以是接口，也可以是抽象类。为什么既可以是接口也可以是抽象类？什么情况下选择接口？什么情况下选择抽象类？什么情况下选择抽象类做中间层，选择接口做顶层呢？

①如果所有子类需要实现父类的"全部"方法，不会出现无用的垃圾代码，则选择使用接口。

②如果所有子类对父类的方法有选择性地实现，并且需要有公共的代码逻辑，则选择使用抽象类。

③基于第 2 点，在选择使用抽象类的基础上，如果将来有可能扩展添加一些"必须要所有子类实现的新方法"，就要引入顶层接口，为代码的扩展性打下良好的基础。

对于部分读者的想法而言，此处如果能够确定未来不会添加新的、需要所有子类必须实现的方法，则可以删除 RegisterLoginFuncInterface 接口，仅仅使用 AbstractRegisterLoginFunc 类。如果未来的代码变更未知，笔者建议留存当前的三层类结构设计，这不是无用代码，而是"预防针"，是对未知提前布控的拓展点。

2.7.3 Client调用端代码实战

我们通过 2.7.1 小节和 2.7.2 小节的代码实战，已经将桥接模式的核心代码书写完毕。最后一步，我们需要考虑如何书写 Client 调用端的代码。书写 Client 调用端的代码也是实战环节必不可少的，设计模式的落地实战，不再是简单的 main 函数展示，几乎所有的资料中，对桥接模式中 Client 代码的书写，都是通过 main 函数进行的 Abstract 抽象类的调用。难道你在 SpringBoot 的框架下，也要如此调用吗？当你发现你身处框架之中时，设计模式实战的代码调用其实并没有那么简单。

经过简单的思考，我们整体的调用路径应该是：Controller 层→ Service 层→桥接模式的左路的抽象 AbstractRegisterLoginComponent 入口。很明显，Service 层就是所谓的 Client 调用端。

为了与适配器模式的代码实战进行区分，我们将适配器模式实战过程中涉及的 UserController 和 UserService 层的代码分别复制一份，命名为"UserBridgeController"和"UserBridgeService"。

1. UserBridgeController类

对于 UserBridgeController 的代码，大部分的代码逻辑是不需要改变的。但是有以下三个必须要进行修改的点。

- 改变 UserBridgeController 中接口的路径（不能与 UserController 中完全一致，否则项目会出现相同的接口路径）。笔者的做法是，在 UserBridgeController 类上，添加类级别的 @RequestMapping 注解。
- 对于 Gitee 的平台回调接口，需要将 code 和 state 参数修改为 HttpServletRequest 参数，上文已经提及原因。
- @Autowired 注入的 Service 层修改为 UserBridgeService。

UserBridgeController 代码如下：

```java
package com.book.controller;

@RestController
@RequestMapping("/bridge") // 不能与其他以后接口重名
public class UserBridgeController {
    // 引入 UserBridgeService 依赖
    @Autowired
    private UserBridgeService userBridgeService;

    @PostMapping("/login")
    public String login(String account, String password) {
        return userBridgeService.login(account, password);
    }
    @PostMapping("/register")
    public String register(@RequestBody UserInfo userInfo) {
        return userBridgeService.register(userInfo);
    }
// 如果参数调整为 HttpServletRequest
    @GetMapping("/gitee")
    public String gitee(HttpServletRequest request) throws IOException {
        return userBridgeService.login3rd(request, "GITEE");
    }
}
```

2. UserBridgeService代码

UserBridgeService 层的代码，是桥接模式代码的调用位置。我们需要在 UserBridgeService 中，创建 AbstractRegisterLoginComponent 的具体子类作为桥接模式的调用入口，如何创建这个调用入口成为了我们必须要解决的问题。我们不妨先创建 UserBridgeService 的类，并采用最简单的方式创建桥接模式的调用入口类。以 login 方法为例，代码如下：

```java
package com.book.service;

@Service
public class UserBridgeService {
    public String login(String account, String password) {
// 用左路的具体子类创建调用入口
        AbstractRegisterLoginComponent registerLoginComponent =
                new RegisterLoginComponent(new RegisterLoginByDefault());
        return registerLoginComponent.login(account, password);
    }

    public String register(UserInfo userInfo) {
        return null;
    }
}
```

```
    public String login3rd(HttpServletRequest request, String type) {
        return null;
    }
}
```

以 login 代码为例，我们通过 new 关键字的形式创建了 RegisterLoginComponent，并通过 new 关键字传入了"桥梁 -RegisterLoginByDefault"实现类。这样的代码，完全可以成功地进行 login 登录，但是却存在一个致命的问题：每个进行 login 登录的用户线程，都会 new 两个对象，一个是左路的抽象子类 RegisterLoginComponent 作为调用入口；一个是右路具体的子类，如 RegisterLoginByDefault。对于用户量庞大且活跃度较高的应用，这种代码很可能会引起频繁的垃圾收集操作。

可能有部分读者，会尝试将我们的 RegisterLoginComponent 使用 @Component 注解进行标注，但是仍然不能达到我们的目的。因为 RegisterLoginComponent 对象不止一个，根据构造函数入参的不同，至少会有以下四个不同的 RegisterLoginComponent 对象。

- 用于处理默认用户名 / 密码的 RegisterLoginComponent 对象：
AbstractRegisterLoginComponent registerLoginComponent =
　　　　new RegisterLoginComponent(new RegisterLoginByDefault())。
- 用于处理 Gitee 平台账号登录的 RegisterLoginComponent 对象：
AbstractRegisterLoginComponent registerLoginComponent =
　　　　new RegisterLoginComponent(new RegisterLoginByGitee())。
- 用于处理微信平台账号登录的 RegisterLoginComponent 对象。
- 用户处理 QQ 平台账号登录的 RegisterLoginComponent 对象。

单纯使用 SpringBoot 注解不能够满足我们的使用需求。因此，我们需要额外引入工厂类进行 RegisterLoginComponent 对象的生成和缓存（此处不对工厂设计模式展开讲解，工厂设计模式会在后续的实战中展开讲解）。

我们创建一个工厂类 RegisterLoginComponentFactory，该类包含以下两个 map 属性。

- componentMap：用于存放（左路）抽象组件 RegisterLoginComponent。上文分析过，RegisterLoginComponent 会根据不同的（右路）实现类，创建四种对象。
- funcMap：用于存放（右路）实现接口的具体子类，如 RegisterLoginBy Default。作为创建 RegisterLoginComponent 时，构造函数的入参。

具体代码如下：

```
package com.book.bridge.abst.factory;

public class RegisterLoginComponentFactory {
    // 缓存 AbstractRegisterLoginComponent（左路）。根据不同的登录方式进行缓存
    public static Map<String, AbstractRegisterLoginComponent>
componentMap
        = new ConcurrentHashMap<>();
    // 缓存不同类型的实现类（右路），如 RegisterLoginByDefault,RegisterLogin
ByGitee
    public static Map<String, RegisterLoginFuncInterface> funcMap
        = new ConcurrentHashMap<>();

    // 根据不同的登录类型，获取 AbstractRegisterLoginComponent
    public static AbstractRegisterLoginComponent getComponent(String
type) {
    // 如果存在，直接返回
        AbstractRegisterLoginComponent component = componentMap.
get(type);
      if(component == null) {
    // 并发情况下，汲取双重检查锁机制的设计，如果 componentMap 中没有，则进行创建
            synchronized (componentMap) {
                component = componentMap.get(type);
                if(component == null) {
    // 根据不同类型的实现类（右路），创建 RegisterLoginComponent 对象，
    // 并 put 到 map 中缓存起来，以备下次使用。
                    component = new RegisterLoginComponent(funcMap.
get(type));
                    componentMap.put(type, component);
                }
            }
        }
        return component;
    }
}
```

　　请读者仔细阅读以上代码，我们可以发现，对于 funcMap 而言，貌似我们还没有任何逻辑向 funcMap 中添加对象。既然我们已经确定好 funcMap 中需要添加 RegisterLoginByDefault 对象、RegisterLoginByGitee 对象等具体实现类对象，我们就可以利用 @PostConstruct 注解，在 RegisterLoginByDefault 对象和 RegisterLoginByGitee 对象注入到 SpringBoot 的容器后，初始化 funcMap（@PostConstruct 注解可以在完成 Bean 注入后，立即调用标注有 @PostConstruct 的方法）。我们在 RegisterLoginByDefault 类和 RegisterLoginByGitee 类中分别添加标注有 @PostConstruct 注解的 initFuncMap 方法。

　　RegisterLoginByDefault 代码如下：

```
package com.book.bridge.function;
```

```java
@Component
public class RegisterLoginByDefault extends AbstractRegisterLoginFunc
implements RegisterLoginFuncInterface {
    ...
    @PostConstruct
    private void initFuncMap() {
        RegisterLoginComponentFactory.funcMap.put("Default", this);
    }
...
}
```

RegisterLoginByGitee 代码如下：

```java
package com.book.bridge.function;

@Component
public class RegisterLoginByGitee extends AbstractRegisterLoginFunc
implements RegisterLoginFuncInterface {
    ...
    @PostConstruct
    private void initFuncMap() {
        RegisterLoginComponentFactory.funcMap.put("GITEE", this);
    }
...
}
```

对于 RegisterLoginByDefault 和 RegisterLoginByDefault 而言，SpringBoot 项目启动时，首先扫描类上的 @Component 注解，将 RegisterLoginByDefault 和 RegisterLoginByDefault 注入到 Bean 容器中；然后立即调用标注有 @PostConstruct 的 initFuncMap 方法，完成 funcMap 的初始化。如果还有部分读者对此部分代码不是很理解，可以在完成实战后，运行项目的 debug 模式进行更加深入的学习。

万事俱备，只欠东风，此时我们对 UserBridgeService 进行最后的代码实战，将之前 new 对象的方式遗弃，转而使用我们创建的工厂类 RegisterLogin ComponentFactory 进行 AbstractRegisterLoginComponent 的获取。UserBridgeService 的代码如下：

```java
package com.book.service;

@Service
public class UserBridgeService {
// 用户名、密码登录
    public String login(String account, String password) {
        AbstractRegisterLoginComponent component =
                RegisterLoginComponentFactory.getComponent("Default");
```

```
            return component.login(account, password);
    }
    // 用户名、密码注册
    public String register(UserInfo userInfo) {
        AbstractRegisterLoginComponent component =
                RegisterLoginComponentFactory.getComponent("Default");
        return component.register(userInfo);
    }

    // 第三方平台注册
    public String login3rd(HttpServletRequest request, String type) {
        AbstractRegisterLoginComponent component =
                RegisterLoginComponentFactory.getComponent(type);
        return component.login3rd(request);
    }
}
```

至此，王工完成了桥接模式下第三方账号登录的开发任务。后续如果需要加入其他第三方账号的登录功能，只需要创建新的实现类子类（右路），并在UserBridgeController 类中添加新平台的回调接口即可。UserBridgeService 和抽象部分（左路）无须进行任何修改，具有很高的扩展性，不会对其他的组件有任何影响。

2.7.4 功能测试

对于功能测试部分，不会再次进行非常细致的描述，因为在适配器模式的实战过程中，读者已经基本了解了第三方登录功能的整体测试方式。

唯一需要提醒读者的是，在我们进行桥接模式实战时，将我们的回调接口定义为了 http://localhost:8081/bridge/gitee，所以在进行桥接模式的测试过程中，一定要在以下三个位置进行相应的修改。

① Gitee 平台上，对回调接口进行修改。

②项目中的 application.properties 文件中，对 gitee.callBack 配置项进行修改。

③初始访问 Gitee 平台 /oauth/authorize 请求的 redirect_url 参数，需要进行修改。

无论读者想要对适配器模式或桥接模式的代码进行测试，都需要注意对以上的三点进行对应的修改，才能够对第三方账号登录功能进行成功的测试。

2.8   章节回顾

本章的重点内容是十分明确的，"适配器模式下的第三方账号登录"和"桥接模式下的第三方账号登录"。可能每个读者心中都有一个属于自己的答案，部分读者认为适配器模式略胜一筹，因为新功能使用的是扩展；另外一部分读者认为桥接模式更胜一筹，因为桥接模式下的代码逻辑分工更加明确，虽然进行了一定的代码重构，但是后期的扩展性也得到了保证。

从笔者角度而言，两种实现方式都有它的优点和缺点，没有哪种设计是十全十美的。

- 有人会说，适配器模式不适合，因为适配器毕竟是一个功能转换组件，看起来像补丁。
- 但也会有人会说，适配器模式很适合，因为适配器是一个功能转换组件，职责分工明确，像一个中间人。
- 有人会说，桥接模式不合适，因为桥接模式为了把抽象和实现分离，做了太多的抽象类和接口、类膨胀。
- 但也会有人说，桥接模式很合适，因为桥接模式把抽象和实现进行了分离，后期扩展性很高，类膨胀问题在扩展性上不值一提。

其实所有的观点都是正确的，因为每个人考虑问题的出发点不一样，侧重点不一样，项目情况不一样，企业开发规范也不一样。所以，对设计模式的使用是基于各种因素上的因地制宜，虽然我们不能预知各种不确定的因素，但是我们可以努力掌握设计模式，哪怕未来的变化不可预知，我们对设计模式的深入理解也能帮助我们作出最好的抉择。

第 3 章
商品类目管理——组合模式与访问者模式

3.1 本章要点

本章我们主要基于"商品类目管理"的需求进行实战开发，并在实战过程中融入组合模式和访问者模式。在实际开发过程中，组合模式和访问者模式总是能够完成绝佳的配合，尤其是在树形结构数据的处理上。

组合模式注重树形结构数据的包装，访问者模式注重对不同层次数据的操作（如添加、删除）。除此之外，两者之所以能够完美搭配还有另外一个原因，那就是"访问者模式的 UML 类图中的元素与组合模式的 UML 类图中的元素有部分重叠"。无须着急，待我们实战完毕，一切自有分晓。本章要点内容如下：

- 商品类目管理需求分析。
- 组合模式实战——UML 类结构分解及方法定义。
- 组合模式实战——商品类目管理。
- 访问者模式实战——UML 类结构分解及方法定义。
- 访问者模式实战——商品类目管理。

3.2 实战需求发布会

项目经理：现在公司的商品类型越来越多，类目层级越来越深，而且最近用户量增长得比较快，业务部门经常会对商品类目进行调整，我担心商品类目查询会对数据库产生性能影响。你们怎么看？

王工：应该不会有什么影响吧。现在商品类目信息存储在数据库中，前端第一次访问商品类目信息的时候，后端会直接访问数据库，然后存储到 Redis 缓存，下次前端再来访问商品类目信息的时候，检测到 Redis 缓存中有数据，会直接从 Redis 缓存读取商品类目信息，数据库没什么压力。而且前端也有自己的缓存，每 24 小时才会再次访问后端，更新商品类目信息。

项目经理：现在业务部门要求修改完商品类目信息后，2 小时内生效。前端的 24 小时缓存，需要修改为 2 小时。

王工：那应该也没啥问题，反正都是走 Redis 缓存，2 小时问题也不大。

项目经理：那我问你，如果现在业务部门在线增加了一个新的商品类目，后端的操作逻辑是什么？

王工：后端会更新数据库，然后删除 Redis 缓存，保证双写一致性。

项目经理：删除 Redis 缓存会有什么问题吗？

王工：删除 Redis 缓存这部分逻辑，之前咱们用的是延时双删，然后优化成了 binlog 订阅缓存删除，应该没啥问题吧……

项目经理：你错误理解我的意思了，我问的不是删除 Redis 缓存的方式有什么问题。我的意思是，你更新完数据库，然后删除 Redis 的缓存成功后，恰恰就在这时，有大量的客户端同时访问后台查询商品类目信息，这时候会有什么问题？

王工：哦哦，了解了。这样的话，热点数据缓存删除后，同一时刻有大量请求同时访问该热点数据，由于 Redis 缓存被删除了，导致有所的请求转向数据库，会导致缓存击穿……那这么说，问题确实不小。

李工：现在前端采用数据拉取（pull）的形式进行商品类目更新，前端缓存失效后，会重新向后端发送请求。这种数据拉取的形式下，数据更新的实时性并不高，而且，不同用户前端缓存的具体失效时间也不一致，要不要考虑把数据拉取（pull）的形式修改为后端消息推送（push）的形式呢？push 形式的实时性很高。

项目经理：目前不需要考虑消息推送，2 小时值不当的。后续业务那边如果提高数据更新实时性的要求，再考虑使用 push 形式吧。

李工：OK，等于 2 小时内生效就行呗？

项目经理：是的，有什么办法能够避免缓存击穿问题吗？

李工：避免热点数据缓存击穿的方法有很多，不同的场景需要采用不同机制。我列举几个方法，咱们一起讨论下吧。

项目经理 + 王工：OK。

李工：目前咱们的更新机制，是先更新数据库再删除 Redis 缓存，这种情况下如果想要避免 Redis 热点缓存数据删除而导致的缓存击穿问题，需要在用户量少的时候进行数据更新操作，比如凌晨 0 点至凌晨 3 点之间。

项目经理：这个不行，只要有新的商品类目，业务部门随时都会更新，出现技术问题，都是咱们的责任……业务部门才不关心缘由。

李工：哈哈，那最好的方式就只能是改成消息推送（push）的形式了，后端给前端推送消息之前，就完成了 Redis 缓存的数据更新，肯定不会有任何缓存击穿问题。

项目经理：暂不考虑消息推送，消息推送都是实时生效的场景，秒级或分钟级的。咱们这个需求，2 个小时内生效，真没必要做这么大改动。如果用消息推送的话，前端、后端都需要修改，测试量也大，测试不充足的话，风险也高。

李工：OK，那就只剩一种方式了。先更新数据库，然后更新缓存。不删除缓存，就不会有缓存击穿的风险。

王工：先更新数据库，然后更新缓存，这种方式不行吧？比如说，更新完数据库后，如果项目运行出现卡顿（如垃圾回收长时间停顿或服务器压力大导致的程序执行缓慢）1 秒，此时还没有更新 Redis 缓存，那么在这 1 秒内访问的用户，会获取未更新的 Redis 缓存，导致用户获取的 Redis 缓存数据与数据库中存储的新数据不一致。双写一致性的场景之所以不采用这种先更新数据库再更新缓存的方法，就是为了防止数据库更新完成后到更新 Redis 缓存之前这段时间产生的数据不同步。从我们目前的需求来看，主要依托 Redis 的缓存数据，我建议先更新 Redis 缓存，然后更新数据库，如果数据库更新失败，采用重试机制确保数据库更新成功，如果重试过程仍然不能成功更新数据库，就进行人工介入。

李工：嗯嗯，我明白你的意思。但是按照你的方式，先更新 Redis 缓存，再更新数据库，会有数据无法持久化的风险。比如说 Redis 更新成功后，还没来得及更新数据库之前，这段时间，服务挂了怎么办？数据库没有进行持久化……Redis 只是缓存，而数据的最终持久化还是要靠数据库保证。

项目经理：我说两句啊。无论是先更新数据库，再更新 Redis 缓存，还是先更新 Redis 缓存，再更新数据库，这两种方案都不是主流方案，都存在问题。还是那句话，之所以目前企业采用延时双删策略和 binlog 订阅缓存删除，就是为了避免二位所说的策略所带来的问题。当然，由于目前的需求特殊，我更推荐李工的先更新数据库保证持久化，再更新 Redis 缓存避免缓存击穿的方式。这样吧，后端策略采用李工的，前端缓存的有效时间设置为 1 小时 50 分钟就不会有问题了。

李工：嗯嗯，这样可以。就算用户碰巧在更新完数据库到更新 Redis 之前的这段时间访问了未更新的 Redis 缓存数据，1 小时 50 分钟后还会再次访问 Redis 缓存，也能保证 2 小时内获取最新的商品类目信息。

项目经理：OK，那就这么决定了。代码开发上有什么需要讨论的吗？

王工：类目管理打算采用组合模式和访问者模式进行开发。组合模式适合树形结构的展示，访问者模式适合树形结构数据的修改。

李工：嗯，正有此意。

项目经理：那行，项目周期比较紧张，1 天时间应该足够吧？

李工 + 王工：问题不大。

项目经理：OK，那今天就到这儿，有问题随时沟通，散会吧。

李工 + 王工：OK。

3.3　实战前的准备工作

通过 3.2 节的项目需求发布会，一方面，我们明确了使用组合模式和访问者模式进行商品类目管理的实战开发；另一方面，我们需要借助 Redis 进行商品类目信息的缓存，并且采用先更新数据库，然后更新 Redis 缓存的策略。因此，在进行项目实战之前，需要完成以下两点。

①项目集成 Redis。为了打造更加真实的实战体验，对得起读者付出的时间和精力，致敬设计模式，祭奠设计模式下那满地白骨，让 Redis 为组合模式和访问者模式做一次绿叶，保驾护航，定不虚此行。

②初始化商品类目信息，为后续实战过程中，进行商品类目信息的增删提供数据支持。

Let's do it, my friends!

3.3.1　项目集成Redis

SpringBoot 项目对 Redis 的集成方式十分简单。通过引入 pom 依赖、配置连接信息、增加 RedisConfig 配置类（自定义 RedisTemplate）、开发 common 的 Redis 工具类，即可完成基础的 Redis 集成工作。

1. 增加pom依赖

对 Redis 的集成，只需引入 spring-boot-starter-data-redis 依赖即可。当然，项目集成 Redis 的方式多种多样，读者亦可以根据自身喜好进行其他方式的集成。由于本书的实战使用的是 SpringBoot 框架，因此笔者推荐引入 spring-boot-starter-data-redis 依赖的方式。具体依赖信息如下：

```xml
<!-- Redis -->
<dependency>
    <groupId>org.springframework.boot</groupId>
    <artifactId>spring-boot-starter-data-redis</artifactId>
</dependency>
```

2. 增加Redis连接配置

在 application.properties 文件中增加配置，指定 Redis 的 host 和 port（可根据自身情况设置 password）。详细配置内容如下：

```
#Redis 配置
spring.redis.host=localhost
spring.redis.port=6379
spring.redis.password=root123
```

当然，此处仅仅是集成 Redis 最基础的配置，足够为我们的项目实战提供缓存支持。如果读者想要添加其他 Redis 配置，如：连接池大小、超时时间等配置，可自行添加。特别说明的是，关于 spring.redis.password 配置，如果 Redis 本身并未设置密码，请删除此配置，否则会引起 Redis 连接异常。

3. 增加RedisConfig配置类

相信大部分读者对项目中的配置类并不陌生，我们通过 @Configuration 标注当前类为配置类，并通过 @Bean 注解进行 RedisTemplate 的容器注入，同时，我们可以对 RedisTemplate 进行一些自定义的配置，如设置 Key 和 Value 的序列化方式等。笔者在此处需要简单声明一下，该配置类中的代码并不能够代表所有配置类的书写方式，毕竟代码中含有自定义成分。详细代码如下（此处给出 import 相关信息，避免读者错误引入其他依赖）：

```java
package com.book.conf;
import com.fasterxml.jackson.annotation.JsonAutoDetect;
import com.fasterxml.jackson.annotation.PropertyAccessor;
import com.fasterxml.jackson.databind.ObjectMapper;
import org.springframework.context.annotation.Bean;
import org.springframework.context.annotation.Configuration;
import org.springframework.data.redis.connection.RedisConnectionFactory;
import org.springframework.data.redis.core.RedisTemplate;
import org.springframework.data.redis.serializer.
Jackson2JsonRedisSerializer;
import org.springframework.data.redis.serializer.StringRedisSerializer;
@Configuration
public class RedisConfig {
    @Bean("redisTemplate")
    public RedisTemplate<String,Object> redisTemplate(RedisConnectionFactory redisConnectionFactory){
        RedisTemplate<String,Object> redisTemplate = new RedisTemplate<>();
        // 设置链接
        redisTemplate.setConnectionFactory(redisConnectionFactory);
        // 设置自定义序列化方式
        setSerializeConfig(redisTemplate, redisConnectionFactory);
        return redisTemplate;
```

```java
    }
    private void setSerializeConfig(RedisTemplate<String, Object>
redisTemplate, RedisConnectionFactory redisConnectionFactory) {
        // 普通 Key 和 HashKey 采用 StringRedisSerializer 进行序列化
            StringRedisSerializer redisKeySerializer = new
StringRedisSerializer();
        redisTemplate.setKeySerializer(redisKeySerializer);
        redisTemplate.setHashKeySerializer(redisKeySerializer);

        // 解决查询缓存转换异常的问题
        Jackson2JsonRedisSerializer<?> redisValueSerializer = new Jackso
n2JsonRedisSerializer<>(Object.class);
        ObjectMapper objectMapper = new ObjectMapper();
        objectMapper.setVisibility(PropertyAccessor.ALL, JsonAutoDetect.
Visibility.ANY);
        objectMapper.enableDefaultTyping(ObjectMapper.DefaultTyping.NON_
FINAL);
        redisValueSerializer.setObjectMapper(objectMapper);

        // 普通 Value 与 Hash 类型的 Value 采用 jackson 方式进行序列化
        redisTemplate.setValueSerializer(redisValueSerializer);
        redisTemplate.setHashValueSerializer(redisValueSerializer);
        redisTemplate.afterPropertiesSet();
    }
}
```

4. 开发Redis工具类（非强制）

此处 Redis 工具类的开发，仅仅是为了后续实战过程中使用方便，对 Redis 的常用操作进行了封装，读者可以自行选择是否创建 Redis 工具类。当然，为了实战环境的统一，还是建议读者创建与笔者一样的工具类。笔者工具类代码与注释如下：

```java
package com.book.utils;

@Component
public class RedisCommonProcessor {
    // 依赖注入我们定义好的 RedisTemplate
    @Autowired
    private RedisTemplate redisTemplate;
    // 通过 key 获取 value
    public Object get(String key) {
        if(key == null) {
            throw new UnsupportedOperationException("Redis key could not
be null!");
        }
        return redisTemplate.opsForValue().get(key);
    }
    // 向 Redis 中存入 key: value 数据对
```

```
    public void set(String key, Object value) {
        redisTemplate.opsForValue().set(key, value);
    }
    // 向 Redis 中存入 key: value 数据对, 并支持过期时间
    public void set(String key, Object value, long time) {
        if (time > 0) {
            redisTemplate.opsForValue().set(key, value, time, TimeUnit.
SECONDS);
        } else {
            set(key, value);
        }
    }
}
```

至此，我们的 Redis 集成工作就完成了，读者可以自行进行简单的冒烟测试。不过大可不必担心，后续代码实战过程中，我们必然会对 Redis 进行实战读写操作，届时再进行测试也未尝不可。

3.3.2　初始化商品类目信息

商品类目信息的初始化工作，是为了给后续的实战过程提供数据支撑。我们将商品类目数据初始化到我们的 h2 数据即可。由于 h2 数据库为缓存数据库，因此每次终止项目运行后，缓存会被清空。为了确保每次项目运行都能够有初始化的测试数据，我们将初始化数据配置到项目的 resources 目录中，每次启动项目都会自动为我们加载测试数据。

1. 创建商品类目表

在 resources 目录下创建 schema.sql 文件，并在文件中写入 product_item 表的创建语句，具体语句如下：

```
create table if not exists product_item (
  id INT PRIMARY KEY,
  name varchar(8) not null,
  pid INT not null
);
```

其中：id 为自增主键；name 为商品类目名称；pid 为父类目 ID。非常简单的表创建语句，此处不再过多说明。

2. 初始化表数据

在 resources 目录下创建 data.sql 文件，并在该文件中写入数据插入语句，具体数据插入的语句如下：

```
insert into product_item(id, name, pid) values
(1, '商城', 0),
(2, '电脑', 1),
(3, '书籍', 1),
(4, '台式电脑', 2),
(5, '笔记本电脑', 2),
(6, '游戏电脑', 4),
(7, '办公电脑', 4),
(8, '教育类', 3),
(9, '科普类', 3),
(10, '九年义务教育书籍', 8);
```

请读者快速浏览我们的初始化数据，其中，id 为 1 的数据是虚拟的商城根节点，我们一般也称之为"哑结点"，为了将所有的商品类目组织成一个树形结构，哑结点的引入是必不可少的。id 为 2 的数据是"电脑"类商品的一级目录，id 为 3 的数据是"书籍"类商品的一级目录，两条数据的父类目均为 id 为 1 的哑结点数据，初始化数据形成的商品类目层级结构如图 3-1 所示。

图 3-1

3. 增加h2数据库配置

通过第 1 步和第 2 步，我们创建了表结构和初始化数据。最后一步，也是最为关键的一步，在 application.properties 中增加两条有关 h2 数据库的配置。配置如下：

```
# 初始化表结构
spring.datasource.schema=classpath:schema.sql
# 初始化数据
spring.datasource.data=classpath:data.sql
```

新增的这两条配置，会在项目启动时，自动加载我们在第 1 步和第 2 步创建的 schema.sql 文件和 data.sql 文件，完成数据的初始化。读者可以启动我们的项目，然后登录 h2 数据库的可视化页面进行查看，会得到如图 3-2 所示的结果，说明我们的初始化数据成功地载入了。

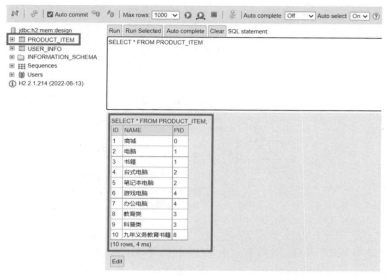

SELECT * FROM PRODUCT_ITEM;

ID	NAME	PID
1	商城	0
2	电脑	1
3	书籍	1
4	台式电脑	2
5	笔记本电脑	2
6	游戏电脑	4
7	办公电脑	4
8	教育类	3
9	科普类	3
10	九年义务教育书籍	8

(10 rows, 4 ms)

Edit

图 3-2

4. 创建与product_item表对应的实体类

既然完成了数据库的表创建，接下来我们在项目中创建对应的实体类即可，代码比较简单，不再做过多说明，详细代码如下：

```java
package com.book.pojo;

@Data
@Entity
@Table(name = "product_item")
public class ProductItem {
    @Id
    @GeneratedValue(strategy = GenerationType.AUTO)
    private int id;

    @Column(nullable = false)
    private String name;

    @Column(nullable = false)
    private int pid;
}
```

3.4 组合模式实战——UML 类结构分解及方法定义

组合模式，旨在将对象组合成树形结构以表示"部分—整体"的层次结构。组合模式的定义非常容易理解，因为我们刚接触编程语言的数据结构时，就已经对树形结构有了一定的理解。我们一起来看一下组合模式通用的 UML 类图，如图 3-3 所示。

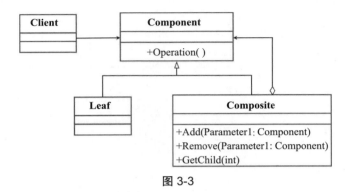

图 3-3

从组合模式的 UML 图来看，分为以下三个组件。

- **Component 抽象角色**。所有树形结构的叶子节点和非叶子节点都需要继承该抽象角色。
- **Composite 树枝构件角色**。笔者更倾向于称该角色为"非叶子节点"，非叶子节点必然会有下属子节点，有下属子节点就能够构建出局部的树形结构，之所以很多资料称 Composite 为"树枝构件角色"也是基于这个原因。
- **Leaf 叶子构件角色**。叶子节点，其下再也没有其他的分支，也无法直接添加子节点（从组合模式的通用 UML 类图，即 3-3 可以看到，Leaf 构件中没有 Add、Remove、GetChild 等方法，因此无法直接添加子节点）。

请读者再次阅读上文关于"Leaf 叶子构件角色"的介绍，并深入思考最后一句话："也无法直接添加子节点"。在组合模式的通用 UML 类图中，Leaf 叶子构件角色无法直接添加子节点，这一特点，对通用 UML 类图下的组合模式来说，是非常致命的。请读者随笔者进行以下思考。

- Leaf 叶子构件，凭什么不能添加子构件，难道 Leaf 叶子构件不能有"春天"吗？
- 谁又能确保复杂多变的项目需求中，Leaf 叶子构件永远不需要添加子节点呢？
- 什么是树形结构？树形结构最大的魅力在于我们可以根据需要让节点开枝散叶，即便是叶子节点，也有开枝散叶的权利。你组合模式，凭什么剥夺 Leaf 叶子构件开枝散叶的权利？你有何颜面称自己"旨在将对象组织成树形结构"？

笔者并非批判组合模式通用的 UML 类图，也并非挑战组合模式的设计方式。之所以用如此激烈的言辞进行辩证，仅仅是想为广大读者传播一个概念："任何设计模式的通用 UML 类图，都有可能无法满足我们多变的开发需求，设计模式是先辈程序员们经过无数岁月的打磨提炼而成的精华，映衬了先辈程序员们的心血和结晶。以此处的组合模式来说，如果没有如此多变的需求，如果我们能够百分百确定无须再次扩展的叶子结点，它就是神一般的存在。而对于我们，活学活用，因需求制宜，就是对设计模式和先辈程序员们最好的致敬。"

回到我们的需求和组合模式，我们需要对"Leaf 叶子构件角色"和"Composite 树枝构件角色"一视同仁，"Leaf 叶子构件角色"也有"春天"，也有开枝散叶的机会。因此，我们将组合模式的通用 UML 类图进行如图 3-4 所示的变更（这也是目前互联网企业常用的组合模式类图）。

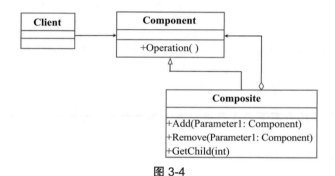

图 3-4

请读者对比图 3-3 和图 3-4，这个变更非常简单，只需要把 Leaf 叶子构件的类图删除即可，既然我们要给 Leaf 叶子构件角色赋予开枝散叶的机会，那么我们就可以将 Leaf 叶子构件看成 Composite 树枝构件角色，无差别对待（如果读者仍然对此修改有所困惑，请读者思考我们如何构建二叉树，我们会定义一个 class Node 代表树节点，并在该类中添加 Node left 和 Node right 属性来代表左右子节点，这里的左右子节点定义就代表了开枝散叶的机会，对于叶子节点和非叶子节点，采用了无差别对待，都使用了 class Node 类，即便是叶子节点，也拥有 Node left 和 Node right 属性，可以随时添加子节点）。

既然，我们确定了将要使用的组合模式 UML 类图，那么我们就可以基于 UML 类图进行类结构定义和方法定义了。

1. 创建Component 抽象组件

根据需求，我们需要支持商品类目的变更，因此，我们创建 Abstract ProductIteam 抽象类，并创建 addProductIteam 方法和 delProductIteam 方法。详细代码如下：

```
package com.book.items.composite;

public abstract class AbstractProductItem {
    // 增加商品类目
    protected void addProductItem(AbstractProductItem item) {
            throw new UnsupportedOperationException("Not Support child
add!");
    }
    // 移除商品类目
    protected void delProductChild(AbstractProductItem item) {
            throw new UnsupportedOperationException("Not Support child
remove!");
    }
}
```

对于 AbstractProductIteam 抽象类的代码，有以下两个设计点需要读者特别留意。

- 对于 addProductIteam 方法和 delProductIteam 方法，都不强制子类进行实现，因此没有使用 abstract 修饰这两个方法。这样做的好处是提高需求变化的扩展性，子类可以根据需求自主选择实现哪些方法，只提供商品类目添加功能，子类仅需覆写 addProductIteam 方法即可（请读者回忆前文我们讲到的 JDK 源码，AbstartList 类对 Add 方法采用的就是这种扩展形式）。

- 对于 addProductIteam 方法和 delProductIteam 方法的参数，都传入的抽象类 AbstractProductIteam 本身，遵循里式替换原则。

2. 创建Composite树枝构件

请读者再次查阅图 3-4，Composite 树枝构件作为 AbstractProductIteam 的直接子类，我们可以很轻松地对树枝构件进行创建。首先笔者将展示详细代码，然后对其中细节进行说明。我们创建 ProductComposite 类，代码如下：

```
package com.book.items.composite;

@Data
@Builder
@NoArgsConstructor
@AllArgsConstructor
public class ProductComposite extends AbstractProductItem {
    private int id;
    private int pid;
    private String name;
    private List<AbstractProductItem> child = new ArrayList<>();
// 增加商品类目
    @Override
    public void addProductItem(AbstractProductItem item) {
```

```
            this.child.add(item);
        }
// 移除商品类目
    @Override
    public void delProductChild(AbstractProductItem item) {
        ProductComposite removeItem = (ProductComposite) item;
        Iterator iterator = child.iterator();
        while (iterator.hasNext()) {
                ProductComposite composite = (ProductComposite) iterator.
next();
// 移除 ID 相同的商品类目
            if(composite.getId() == removeItem.getId()) {
                iterator.remove();
                break;
            }
        }
    }
}
```

对于以上代码，有以下几点需要简单说明。

- 关于 @Data、@Builder、@NoArgsConstructor 和 @AllArgsConstructor 注解，均为 lombok 常用注解。由于后续数据需要从 Redis 缓存中进行读取，因此需要标注 @NoArgsConstructor 和 @AllArgsConstructor 注解，支持无参构造和有参构造，否则从 Redis 中取出数据时会显示异常信息，读者可自行尝试删除该注解，对错误信息进行查看。

- 因为我们的目的是将数据库中的商品类目数据封装成 ProductComposite 对象，因此该对象中需要包含 id、pid 和 name 属性。

- List<AbstractProductItem> 类型的 child 的属性用于展示商品类目的子类目，这一点是很容易理解的。唯独需要读者特别关注的是 List 的元素类型，我们使用的是 AbstractProductItem 类型，主要是为了后续扩展考虑，更重要的是，它完全遵循了我们图 3-4 的 UML 类结构。

特别说明：虽然 child 属性的元素选取了抽象父类 AbstractProductItem 作为元素类型能够提高扩展性，但商品类目管理模块单一，后续扩展的可能性极小，因此读者也可以直接使用实现类 ProductComposite 作为 child 的元素类型，虽然直接使用 ProductComposite 作为元素类型不符合图 3-4 所示的 UML 类图结构，但这正是设计模式的魅力所在，因需求制宜。

至此，我们完成了 UML 类结构的创建。最后的类结构对应如图 3-5 所示，通过图 3-5 中的一一对应，相信能够帮助读者对组合模式有更加清晰的认识。

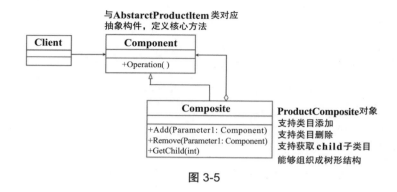

图 3-5

3.5 组合模式实战——获取商品类目

本章基于"商品类目管理"的需求，我们需要开发以下三个接口。

①前端获取商品类目的功能。该功能需要依靠组合模式，将商品类目信息组装成树形结构返回前端。先查询 Redis 缓存，如果 Redis 缓存没有数据（第一次查询），就去查询数据库，并将数据存储到 Redis 缓存。

②业务增加新的商品类目功能。该功能需要依靠访问者模式，对于访问者模式，我们将在后续 3.6 节和 3.7 节进行详细讲解。添加商品类目，先更新数据库，再更新 Redis 缓存（采用该设计的原因请参见 3.2 节的需求发布会）。

③业务删除商品类目功能。该功能依然需要依靠访问者模式。删除商品类目，先更新数据库，再更新 Redis 缓存（采用该设计的原因请参见 3.2 节的需求发布会）。

既然明确了需要开发的接口功能和数量，那么在本节，我们就依靠组合模式，实现功能①，即前端获取商品类目的功能。

1. 创建持久层ProductItemRepository

由于 JPA 框架自带 findAll() 方法，能够查询出所有的商品类目信息，因此该类仅需进行定义即可使用 findAll() 方法，十分方便，代码如下：

```
package com.book.repo;

@Repository
public interface ProductItemRepository extends JpaRepository<ProductItem,
Integer> {
}
```

2. 创建逻辑层ProductItemService

逻辑层主要负责数据查询的逻辑。先查询 Redis 缓存，如果 Redis 缓存没有数据（第一次查询），就去查询数据库，并将数据存储到 Redis 缓存。具体代码及注释如下：

```java
package com.book.service;

@Service
public class ProductItemService {
// 引入 Redis 处理类
    @Autowired
    private RedisCommonProcessor redisProcessor;
    // 引入商品类目查询的持久层组件
    @Autowired
    private ProductItemRepository productItemRepository;
    // 获取商品类目信息
    public ProductComposite fetchAllItems() {
// 先查询 Redis 缓存，如果不为 null，直接返回即可
        Object cacheItems = redisProcessor.get("items");
        if(cacheItems != null) {
            return (ProductComposite) cacheItems;
        }
// 如果 Redis 缓存为 null，则查询 DB，调用 findAll 方法获取所有商品类目
        List<ProductItem> fetchDbItems = productItemRepository.
findAll();
// 将 DB 中的商品类目信息拼装成组合模式的树形结构
        ProductComposite items = generateProductTree(fetchDbItems);
        if(items == null) {
                throw new UnsupportedOperationException("Product items
should not be empty in DB!");
        }
// 将商品类目信息设置到 Redis 缓存中，下次查询可直接通过 Redis 缓存获取到
        redisProcessor.set("items", items);
        return items;
    }
    // 将 DB 中的商品类目信息组装成树形结构：组合模式中的 ProductComposite
    private ProductComposite generateProductTree(List<ProductItem>
fetchDbItems) {
        List<ProductComposite> composites = new ArrayList<>(fetchDbItems.
size());
        fetchDbItems.forEach(dbItem -> composites.add(ProductComposite.
builder()
                .id(dbItem.getId())
                .name(dbItem.getName())
                .pid(dbItem.getPid())
                .build()));
        Map<Integer, List<ProductComposite>> groupingList =
            composites.stream().collect(Collectors.groupingBy(ProductCom
posite::getPid));
        composites.stream().forEach(item -> {
                List<ProductComposite> list = groupingList.get(item.
getId());
```

```
                    item.setChild(list == null ? new ArrayList<>() : list.
stream().map(x -> (AbstractProductItem)x).collect(Collectors.toList()));
        });
            ProductComposite composite = composites.size() == 0 ? null :
composites.get(0);
        return composite;
    }
}
```

对于代码中 private 修饰的 generateProductTree 方法，是将数据库的商品类目信息转化成组合模式树形结构的核心代码，较多地使用了 JDK 的 Stream 流操作及 Lamada 表达式，建议不熟悉用法的读者抽出一些时间对 Stream 流操作及 Lamada 表达式进行简单的学习，这是 Java 开发者的必备技能之一。

3. 创建控制层ProductItemController类

```
package com.book.controller;
// 商品类目查询接口
@RestController
@RequestMapping("/product")
public class ProductItemController {
    @Autowired
    private ProductItemService productItemService;
// 功能①：前端获取商品类目信息
    @PostMapping("/fetchAllItems")
    public ProductComposite fetchAllItems(){
        return productItemService.fetchAllItems();
    }
}
```

该类内容很少且逻辑十分简单，此处仅仅再次声明，全书的方法返回值类型并没有封装统一格式的返回值，为了将更多的笔墨留给设计模式实战，其他繁枝末节我们就从简而是，希望读者给予理解。

4. 接口调用测试

至此，我们基于组合模式的商品类目查询功能就开发完成了，读者可以将项目启动，并通过 postman 等工具测试 /product/fetchAllItems 接口，如果获得了如下树形结构的数据，则说明实战完美收官。接口返回值如下（部分展示）：

```
{
    "id" 1,
    "pid": 0,
    "name": " 商城 ",
    "child": [
        {
            "id": 2,
            "pid": 1,
```

```
            "name": " 电脑 ",
            "child": [
                {
                    "id": 4,
                    "pid": 2,
                    "name": " 台式电脑 ",
                    "child": [
                        ...
                    ]
                },
                {
                    "id": 5,
                    "pid": 2,
                    "name": " 笔记本电脑 ",
                    "child": []
                }
            ]
        },
        ...
    ]
}
```

3.6 访问者模式实战——UML 类结构分解及方法定义

访问者模式，一个旨在操作某对象结构中各个（各层级）元素的模式，在不改变元素整体结构的前提下，定义作用于这些元素的新操作。访问者模式的定义还是比较容易理解的，好比商品类目的树形结构来说，我们可以利用访问者模式，对树形结构的任意节点进行操作（添加、删除）。按照惯例，我们先对访问者模式的 UML 类图进行分析，如图 3-6 所示。

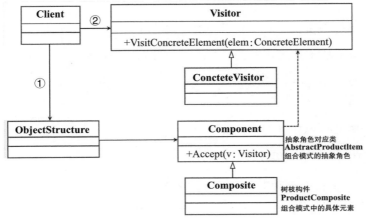

图 3-6

对于图 3-6 所示的访问者模式的 UML 类图，真的是喜忧参半。忧在除 Client 调用端以外，访问者模式包含 5 个角色；喜在其中两个角色属于组合模式，我仅仅需要搞定其他 3 个角色即可（相信读者已经感受到了，访问者模式与组合模式之所以能够进行如此精妙的配合，很大的原因在于"组合模式的 UML 类结构，属于访问者模式 UML 类结构的一部分"）。下面，我们对图 3-6 中的元素进行一一介绍。

- Visitor 抽象访问者。接口或抽象类均可，定义访问者能够访问的数据类型（请参见图 3-6 中最右侧的虚线箭头，说明 Vistor 即将访问的数据类型为 AbstractProductItem，即组合模式所呈现的商品类目数据结构）。

- ConcreteVistor 具体访问者。对于具体访问者，本章商品类目实战中，需要定义支持商品类目添加的具体访问者和支持商品类目删除的具体访问者。

- ObjectStructure 数据提供者（对本章而言，ObjectStructure 是商品类目树形数据的提供者）。请大家再次查看图 3-6 中标注的①和②，以本章商品类目需求为例：① Client 先通过 ObjectStructure 获取树形商品类目数据；②调用 Visitor 对第①步获取的树形商品类目数据进行访问操作。

- Component 被访问者抽象角色。同"组合模式"中的抽象角色，此处不再多作介绍。

- Composite 被访问者具体角色。同"组合模式"中的具体树枝角色，此处不再多作介绍。

通过对访问者模式的 UML 类图元素的说明，相信读者已经对访问者模式有了很深的认识，那么接下来，让我们对应 UML 类图，开始进行类创建和方法定义吧。

1. Vistor抽象访问者——ItemVisitor接口

对于 Vistor 抽象访问者，我们选用 interface 接口进行实战。对于抽象类和接口的选择问题，读者可以回看 2.7.2 小节内容的最后部分，我们已经作过详细介绍。Visitor 抽象访问者具体代码及注释如下：

```java
package com.book.items.vistor;
// 此处使用泛型 T 进行接口定义，提高代码的扩展性
public interface ItemVisitor<T> {
// 定义公共的 visitor 方法供子类实现
    T visitor(AbstractProductItem productItem);
}
```

2. ConcreteVistor 具体访问者——AddItemVisitor类

根据需求，我们需要定义两个具体访问者：一个是专门负责商品类目添加的访问者，另一个是专门负责商品类目删除的访问者。我们先来看看AddItemVisitor 类的代码及注释如下：

```
package com.book.items.vistor;

@Component
public class AddItemVisitor implements ItemVisitor<AbstractProductItem>{
// 注入 redisProcessor
    @Autowired
    private RedisCommonProcessor redisProcessor;
    @Override
    public AbstractProductItem visitor(AbstractProductItem productItem) {
// 从 Redis 中获取当前缓存数据（商品类目树形结构数据）
        ProductComposite currentItem = (ProductComposite)
redisProcessor.get("items");
// 需要新增的商品类目
    ProductComposite addItem = (ProductComposite) productItem;
// 如果新增节点的父节点为当前节点，则直接添加
        if(addItem.getPid() == currentItem.getId()) {
            currentItem.addProductItem(addItem);
            return currentItem;
        }
// 通过 addChild 方法进行递归寻找新增类目的插入点
        addChild(addItem, currentItem);
        return currentItem;
    }
    // 递归寻找新增类目的插入点
    private void addChild(ProductComposite addItem, ProductComposite
currentItem) {
        for(AbstractProductItem abstractItem : currentItem.getChild()) {
            ProductComposite item = (ProductComposite) abstractItem;
            if(item.getId() == addItem.getPid()) {
                item.addProductItem(addItem);
                break;
            } else {
                addChild(addItem, item);
            }
        }
    }
}
```

从上述代码来看，AddItemVisitor 类的逻辑十分清晰，先从 Redis 缓存中获取当前商品类数据，然后寻找新类目的正确插入位置，最后完成插入。

3. ConcreteVistor 具体访问者——DelItemVisitor类

接下来我们对另外一个具体访问者进行实现，DelItemVisitor 类主要提供删

除商品类目的功能。详细代码及注释如下：

```
package com.book.items.vistor;

@Component
public class DelItemVisitor implements ItemVisitor<AbstractProductItem>{
// 注入 RedisProcessor
    @Autowired
    private RedisCommonProcessor redisProcessor;
    @Override
    public AbstractProductItem visitor(AbstractProductItem productItem) {
// 从 Redis 中获取当前缓存数据（商品类目树形结构数据）
        ProductComposite currentItem = (ProductComposite)
redisProcessor.get("items");
// 需要删除的商品类目
        ProductComposite delItem = (ProductComposite) productItem;
// 不可删除根节点
        if(delItem.getId() == currentItem.getId()) {
            throw new UnsupportedOperationException(" 根节点不能删。");
        }
// 如果被删节点的父节点为当前节点，则直接删除
        if(delItem.getPid() == currentItem.getId()) {
            currentItem.delProductChild(delItem);
            return currentItem;
        }
// 通过 delChild 方法进行递归寻找被删除的类目位置
        delChild(delItem, currentItem);
        return currentItem;
    }
    // 进行递归寻找被删除的类目位置
    private void delChild(ProductComposite productItem, ProductComposite
currentItem) {
        for(AbstractProductItem abstractItem : currentItem.getChild()) {
            ProductComposite item = (ProductComposite) abstractItem;
            if(item.getId() == productItem.getPid()) {
                item.delProductChild(productItem);
                break;
            } else {
                delChild(productItem, item);
            }
        }
    }
}
```

4. ObjectStructure 数据提供者

请问，是谁提供了商品类目的树形结构数据？在 ConcreteVistor 具体访问者类中，我们通过 @Autowired 注解引入了 RedisCommonProcessor，从缓存中获取了当前的商品类目数据，毫无疑问，RedisCommonProcessor 就是我们的元素提供者。

对于访问者模式的 ObjectStructure 数据提供角色，没有特殊的规则，只要能

提供数据即可。无论你是从缓存中获取数据并提供，还是从数据库中获取数据并
提供，抑或是从磁盘文件中获取数据并提供等，都可以称之为数据提供角色。因
此，访问者模式最终的 UML 类图与项目中类的对应关系如图 3-7 所示。

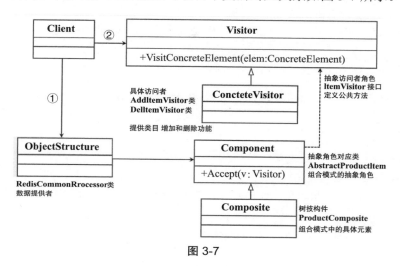

图 3-7

3.7 访问者模式实战——商品类目的增加与删除功能

3.7.1 功能开发实战

通过前几节的学习，我们对组合模式和访问者模式有了清晰的认知，并且完
成了组合模式的实战内容，完成了访问者模式的 UML 类图分解。终于，我们迎
来了本章的最后一部分实战内容，基于 3.6 节的前置内容，为业务部门开发商品
类目添加功能和商品类目删除功能。

1. 在持久层ProductItemRepository类中创建方法

关于持久层 ProductItemRepository 类，我们早已在 3.5 节开篇进行了类的创
建。我们需要向该类中增加以下三个方法。

①增加 addItem 方法，用于向数据库插入新的商品类目信息。

②增加 delItem 方法，用于从数据库中删除商品类目信息。

③增加 findByNameAndPid 方法，用于通过商品类目 name 和 pid 查询商品
类目信息。

本次持久层代码的实现，我采用了另外一种新的方式，使用 JPA 中的
@Query 注解和 @Modifying 注解，为大家扩展 JPA 的自定义 SQL 的用法（之前

已经使用过 JPA 的自带方法，这次为大家扩展自定义 SQL 的用法，不需要占用很大篇幅的情况下，笔者会尽量为大家进行知识延伸）。详细代码如下：

```java
package com.book.repo;
import com.book.pojo.ProductItem;
import org.springframework.data.jpa.repository.JpaRepository;
import org.springframework.data.jpa.repository.Modifying;
import org.springframework.data.jpa.repository.Query;
import org.springframework.stereotype.Repository;
@Repository
public interface ProductItemRepository extends JpaRepository<ProductItem,
Integer> {
// 向数据库中添加新的商品类目
    @Modifying
    @Query(value="INSERT INTO PRODUCT_ITEM (id, name, pid) " +
                 "values ((select max(id)+1 from PRODUCT_
ITEM),?1,?2)",nativeQuery=true)
    public void addItem(String name, int pid);
    // 删除商品类目及其直接子目录
    @Modifying
    @Query(value="DELETE FROM PRODUCT_ITEM WHERE " +
            "id=?1 or pid=?1",nativeQuery=true)
    public void delItem(int id);
    // 根据商品类目 name 和 pid 查询商品类目
    public ProductItem findByNameAndPid(String name, int pid);
}
```

关于 delItem 方法，为了简化数据库信息删除逻辑，仅支持删除当前商品类目及其直接子类目，也就是说删除商品类目数据的最大深度为 2（如果读者想要支持更大深度的商品类目删除，可自行进行实现）。

2. 在逻辑层ProductItemService中添加方法并添加@Transaction注解和具体Visitor依赖

关于 ProductItemService 类，我们依然早已在 3.5 节进行了创建，我们需要向该类中添加两个方法、一个注解和两个具体 Visitor 依赖。

①添加 addItems 方法和 delItems 方法，支持业务部门在线添加商品类目和删除商品类目。无论是 addItems 方法还是 delItems 方法，都需要遵循先更新数据库，再通过访问者模式更新 Redis 缓存的既定逻辑。

②在 ProductItemService 类上添加 @Transaction 注解。之所以添加该注解，是因为当我们使用 @Query 和 @Modifying 注解时，需要考虑数据库的事务问题。

③通过 @Autowired 注解，引入 AddItemVisitor 和 DelItemVisitor 依赖，利用访问者模式进行商品类目的添加和删除。

详细代码及注释如下（已在 3.5 节实现的代码以省略号表示）：

```
package com.book.service

@Service
@Transactional
public class ProductItemService {
    ...
    @Autowired
    private AddItemVisitor addItemVisitor;
    @Autowired
    private DelItemVisitor delItemVisitor;
    ...
// 添加商品类目
    public ProductComposite addItems(ProductItem item) {
        // 先更新数据库
        productItemRepository.addItem(item.getName(), item.getPid());
        // 通过访问者模式访问树形数据结构，并添加新的商品类目
        ProductComposite addItem = ProductComposite.builder()
                    .id(productItemRepository.findByNameAndPid(item.
getName(), item.getPid()).getId())
                .name(item.getName())
                .pid(item.getPid())
                .child(new ArrayList<>())
                .build();
            AbstractProductItem updatedItems = addItemVisitor.
visitor(addItem);
        // 再更新 Redis 缓存，此处可以做重试机制，如果重试不成功，可人工介入
        redisProcessor.set("items", updatedItems);
        return (ProductComposite) updatedItems;
    }
    // 删除商品类目
    public ProductComposite delItems(ProductItem item) {
        // 先更新数据库
        productItemRepository.delItem(item.getId());
        // 通过访问者模式访问树形数据结构，并删除商品类目
        ProductComposite delItem = ProductComposite.builder()
                .id(item.getId())
                .name(item.getName())
                .pid(item.getPid()).build();
            AbstractProductItem updatedItems = delItemVisitor.
visitor(delItem);
        // 再更新 Redis 缓存，此处可以做重试机制，如果重试不成功，可人工介入
        redisProcessor.set("items", updatedItems);
        return (ProductComposite) updatedItems;
    }
}
```

关于此部分代码，笔者需要额外说明的是，无论是商品类目添加还是商品类目删除，代码的实现逻辑并未涉及补偿机制以及极端场景。因为引入补偿机制和极端场景的代码（至少要引入 MQ 进行失败的重试，还要引入邮件通知人工介入的代码逻辑等），会偏离设计模式实战的主题，恳请读者给予足够的理解。此

部分代码的逻辑，已经勾勒出了整体的核心逻辑，能够完全满足大家对访问者模式实战的渴望。精益求精的读者，可以自行对代码逻辑进行更加严谨的加工。

3. 在控制层ProductItemController类中添加相应接口

ProductItemController 类依然在 3.5 节完成了创建，我们仅仅需要添加两个方法，即可完成代码的开发。代码如下：

```
package com.book.controller;

@RestController
@RequestMapping("/product")
public class ProductItemController {
...
// 业务部门添加商品类目的接口
    @PostMapping("/addItems")
    public ProductComposite addItems(@RequestBody ProductItem item){
        return productItemService.addItems(item);
    }
    // 业务部门删除商品类目的接口
    @PostMapping("/delItems")
    public ProductComposite delItems(@RequestBody ProductItem item){
        return productItemService.delItems(item);
    }
}
```

4. 在启动类DesignApplication上添加@EnableJpaRepositories注解

哈哈，大家不要惊讶，为了给大家扩展 JPA 的自定义 SQL 的使用方法，我们引入了 @Query 注解和 @Modifying 注解，并且在 ProductItemService 的类上添加了 @Transaction 注解进行事物的控制。为了能够使用 @Query 和 @Modifying 注解，在启动类上添加 @EnableJpaRepositories 注解也是必需的步骤，只有这样才能开启 @Query 和 @Modifying 注解的使用模式。

3.7.2　功能测试

至此，关于商品类目管理的所有功能实战就结束了。现在，我们可以对整体功能进行统一的测试了。由于测试过程有一些细节需要注意，因此笔者为大家简要总结了下测试过程以及需要注意的点。

（1）每次测试开始之前，需要通过 del items 命令，删除 Redis 中的商品类目数据缓存。Redis 缓存也是有持久化特性的，无论是 RDB 快照还是 AOF，只追加文件，每次重启项目或者服务器，都不会删除 Redis 缓存中的数据。可是我们的 h2 内存数据库却不是如此，每次重启项目都会清空数据库，然后加载初始化的 10 条商品类目数据，因此需要清空 Redis 数据，避免测试开始之前 Redis 缓存数据与数据库数据不一致的问题发生。

（2）先调用 /product/fetchAllItems 接口，初始化 Redis 的缓存数据。完成此步骤后，Redis 缓存和数据库数据均为初始的 10 条商品类目信息，为后续的商品类目添加和删除奠定数据一致性基础。

（3）新增商品类目功能的测试，RequestBody 中只需要包含商品类目名称（name）和父类 id（pid）即可，如添加商城一级类目"男鞋"，RequestBody 只需要这样写即可，即 {"name":" 男鞋 ", "pid":1}

（4）删除商品类目功能的测试，RequestBody 中只需要包含被删除类目的 id 及父类目 id（pid）即可，如删除商城类目"男鞋"，RequestBody 只需要这样写即可，即 {"id":11, "pid":1}

（5）另外，对于删除商品类目功能，请读者在测试过程中不要删除深度大于 2 的商品类目结构，因为我们在数据库删除的逻辑上只是进行了简单的实现。当然，有兴趣的读者可以自行实现无限深度的类目删除功能，此部分逻辑并不复杂。

3.8 章节回顾

本章我们通过商品类目功能的实战，逐步对组合模式和访问者模式进行了实战落地。通过组合模式，我们构建了商品类目树；通过访问者模式，我们能够访问商品类目树的各级节点，并为业务部门提供了商品类目在线添加和在线删除的功能，并且能够很好地避免缓存击穿。

当然，对于组合模式和访问者模式的配合使用，并不是唯一的选择，只能说组合模式与访问者模式在树形结构数据的处理场景上，能够打出几近完美的配合。如果没有业务部门的在线添加商品类目和删除商品类目，我们完全可以单独使用组合模式。而访问者模式，即便没有树形结构，哪怕只有单一的平面结构，我们依然可以使用访问者模式对平面结构进行增删操作。

从笔者的角度出发，每一种设计模式都是魅力十足的，人无完人，设计模式也没有十全十美的。关键在于，设计模式是否遇到了它的伯乐。实战之路还很长，做好准备，我们继续前行，迎接即将到来的新挑战，相信读完本书之后，你会成为它心目中最完美的伯乐。

第 4 章
商品订单状态转化与处理——状态模式 + 观察者模式 + 命令模式

4.1　本章要点

网络购物，已然成为当今热门的消费方式。从商品的"订单创建"，到"订单支付"，再到"物流配送"，以及到最后的"订单签收"，这一系列的订单状态转化过程，诠释了订单的整个生命周期。而本章，我们就要针对商品订单状态的转化展开我们的项目实战。通过状态模式，诠释订单状态；通过观察者模式，监听订单状态的转化；通过命令模式，为不同的订单状态封装订单的转发、存储等辅助逻辑。

遗憾的是，状态模式和观察者模式的通用 UML 类图，在真实的实战过程中已无用武之地，原因如下。

①从实战角度，直接使用状态模式的通用 UML 类图，需要根据订单状态的数量，相应地创建订单状态的子类，导致一定程度的类膨胀。

②从实战角度，直接使用状态模式的通用 UML 类图，会导致 @Service 逻辑层形同虚设。

③从实战角度，状态模式通用 UML 类图中的 Context 上下文角色是有状态的，因此每个订单都需要创建一个 Context 上下文角色。并且 Context 上下文角色需要伴随订单的整个生命周期。

④从实战角度，直接使用观察者模式通用 UML 类图，在 SpringBoot 框架下，无法在被观察者的抽象角色中"优雅"地注入观察者。

⑤从实战角度，既然有了 SpringBoot 框架，谁还会自己写观察者模式呢？

可能部分读者无法完全理解笔者提出的以上五点原因，请不必着急，后续我会为大家一一说明。

- 本章前半部分，笔者依然会为大家展示通用 UML 类图下的状态模式和监听者模式的实战过程，在实战过程中，为大家一一印证以上五点原因，带大家亲身体验通用 UML 类图存在的问题；同时，在整个实战过程中，读者也能够对"状态模式"和"观察者模式"有更深的理解。
- 本章后半部分，笔者会为大家展示企业开发过程中真实的状态模式（使用状态机 Spring StateMachine）和观察者模式（监听状态机）的实战过程，并在订单消息处理的过程中，引入命令模式进行订单的转发及存储。

笔者恳切建议，万不可跳过本章前半部分的内容。通过前半部分内容的学习，读者能够透彻地掌握状态模式通用 UML 类图和观察者模式通用 UML 类图，还能够发现通用 UML 类图在订单状态实战过程中存在的缺陷。更重要的是，本章前半部分内容，能够与本章后半部分状态机（State Machine）的使用形成对比，没有对比就没有"伤害"，只有在对比过程中，我们才能发现 State Machine 的美，才能明白真实的企业实战环境对设计模式的改造（因需求制宜）。本章要点内容如下：

|------------------------- 本章前半部分 不推荐但"必看"-------------------------|

- 状态模式实战——UML 类结构分解及方法定义（不推荐使用通用 UML 类图）。
- 状态模式实战——订单状态转化（不推荐使用通用 UML 类图）。
- 观察者模式实战——UML 类结构分解及方法定义（不推荐使用通用 UML 类图）。
- 观察者模式实战——订单事件监听（不推荐使用通用 UML 类图）。

|------------------------- 本章后半部分 推荐"更要必看"-------------------------|

- 状态机（State Machine）介绍（推荐）。
- 状态模式实战——使用 Spring 状态机（State Machine）（推荐）。
- 观察者模式实战——监听 Spring 状态机（监听 State Machine）（推荐）。
- 命令模式实战——UML 类结构分解及方法定义（推荐）。
- 命令模式实战——订单状态的辅助处理逻辑（推荐）。

订单状态转化，是一个非常大的需求模块，通过本章的学习，笔者为大家勾勒出核心代码结构和核心流程。掌握了本章内容，读者便可以根据工作中所面临的具体需求进行更加细节的代码填充和逻辑控制。诚待君，授以渔，望君意之，悟之，得之，用之不滞。

4.2 实战需求发布会

项目经理：目前咱们公司的网站，都是代销第三方商品，咱们只是一个入口，真正的商品下单、购买、发货、收货等核心流程，都是第三方公司操作。目前用户越来越多，仅仅做代销赚取提成的话，利润太少，养不起人了……所以，今年公司决定自己售卖商品。

王工：卖啥？代销还继续做吗？

项目经理：卖啥跟咱没关系，咱们就负责功能开发，把订单这块逻辑做出来。代销还是会继续做的，自己卖商品只是另外一条新的业务线。

王工：哦哦。这部分工作量可不小，订单状态管理→多种类支付→相关日志处理→业务投放→开发电子发票什么的，都得有。

项目经理：我知道工作量大，公司很重视，也给了比较宽裕的项目周期。咱一步一来，先把订单状态转化和一些订单处理逻辑搞出来，然后再做多种类支付和后续的所有相关功能，时间（章节）多的是，我们一步一步来。

李工：订单状态管理这部分我有经验，现在企业一般都使用状态机进行订单状态的转化。有一些公司自己研发状态机（或二次开发），也有直接使用 Spring 的状态机的，还有一些 GitHub 上开源的状态机。

项目经理：OK，王工有啥想法吗？

王工：不用状态机也行，状态模式＋观察者模式就能搞定这部分业务逻辑。状态变更后，通知观察者进行其他逻辑的处理，还可以引入命令模式处理不同的辅助逻辑。

李工：状态机，就是状态模式＋观察者模式的结合体，而且很多企业都有使用经验，你自己写状态模式＋观察者模式，会面临很多问题（见 4.1 节笔者提出的五个原因）。

王工：我倒是觉得自己写没啥问题，设计模式的 UML 类图都是先辈们打磨过的。

李工：我不是说设计模式有问题。按你所说，设计模式都是先辈们打磨过的不假，但你得考虑打磨的环境吧？他们那时候没有所谓的框架，创建对象就是 new 关键词，最多使用本地内存缓存一些对象，就像 Spring 源码中对单例 Bean 的三级缓存，无非也就是使用基本的数据结构进行的本地缓存，都是纯 Java Project。反观咱们现在的环境就不一样了，有 SpringBoot，有各种缓存，SpringBoot 又有自己的代码书写风格，总不能直接在 Controller 里 new 一个 Service 吧？

项目经理：好了好了，我说两句啊。技术讨论我很支持啊，大家一起进步嘛。这样，目前还是调研阶段，用状态机也好，直接自己写也罢，调研阶段嘛，就是需要我们进行细致的分析和研究。李工，你用状态机写一套；王工，你自己写一套，回头咱们一起总结下，对比下两个方案，择优选用，可以吗？

王工＋李工：没问题。

项目经理：那行，我说下需求细节，然后咱们评估一下开发时间。

- 订单状态目前只涉及四个：待支付、待发货、待收货、订单完成。其他状态暂时不考虑，咱们先把主流程做出来，退换货、取消订单什么的，二期再开发。

- 创建新订单后，订单状态为待支付；支付完成后，订单状态为待发货；发货后，订单状态为待收货；用户收货后，订单状态为订单完成。

- 用 Redis 缓存订单信息，待支付状态的订单，15 分钟内不支付自动取消，订单完成后，删除 Redis 缓存中的订单信息。

- 关于订单状态流转的存储和消息通知问题。

- 从订单创建到完成订单的整个流程，都记录到订单流程表中（关于这部分逻辑，很多企业会采用异步存储，如果订单量大，会引入中间件，如 Kafka 消息队列，一般都会存储到 ElasticSearch 中。此处我们简化流程，把更多的精力投放到设计模式实战之中）。

- 支付完成后，需要额外给财务部门发送一条 MQ 消息记录收入信息，并给物流部门发送一条 MQ 消息安排发货（此处不考虑 ACK 机制以及 MQ 消息的持久化等机制，依然把重点放到设计模式实战落地上，对于中间件的使用，笔者不能占用过多篇幅进行展开，请读者给予充分理解）。

- 支付功能，暂且不开发，本章实战使用示例代码即可（请读者不要着急，第 5 章我们会进行多种类支付功能的实战开发）。

差不多就这些吧，后续有什么问题，测试过程中可以再修改，3 天够吗？

王工：我自己写，我感觉得 4 ～ 5 天吧。

李工：我用状态机，3 天够了。

项目经理：那行，4 天吧，王工多辛苦辛苦，散了吧。

王工＋李工：OK。

4.3　状态模式实战——UML 类结构分解及方法定义

状态模式，旨在封装状态的内部变更，类的行为基于状态的变化而变化，不同的状态，有不同的操作行为。状态模式的定义稍微有一些抽象，但经过 UML

类结构分解之后，相信大家会对状态模式有更加清晰的认识。状态模式 UML 类图如图 4-1 所示。

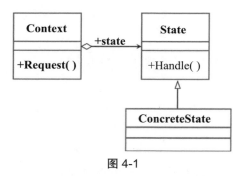

图 4-1

- **State 抽象状态角色**：该角色主要进行状态的定义和方法的定义。
- **ConcreteState 具体状态类**：不同的状态需要创建不同的状态类（订单有四个状态，就需要创建四个具体的状态类），并且实现抽象状态类定义的方法。
- **Context 上下文角色**（也称环境角色）：封装状态的转化逻辑，是状态的转化过程的容器，暴露给客户端使用。可以类比 Spring 框架的 ApplicationContext 角色。

通过对 UML 类图的简单介绍，其实状态模式并不复杂。虽然图 4-1 中有三个角色，但是从宏观角度看，其实只有两个角色，即状态角色（抽象和具体状态角色）和 Context 上下文角色。话不多说，接下来，我们基于状态模式的通用 UML 类图展开实战。

请读者注意：*直接使用状态模式的通用 UML 类图进行订单状态模块的开发并不推荐，因此，所有的代码会在 com.book.deprecated.* 路径下创建，通过 package 路径，与其他推荐使用的代码进行隔离。同时，此部分实战过程中所创建的所有类名称，都会以 Deprecated 开头。*

1. 创建State抽象状态角色

State 抽象状态角色负责状态的定义和方法的定义，我们选择使用 Abstract Class 进行该类的创建。

- **状态定义**：从 4.2 节的需求发布会可知，订单状态包含待支付、待发货、待收货、订单完成四种状态，如下代码中用 protected final String 修饰的四个成员变量就是这四种状态的定义。
- **方法定义**：订单状态的转化，是需要用户触发操作的。用户触发

createOrder 方法创建订单成功后，此时订单状态为待支付；用户触发 payOrder 方法支付成功后，此时订单状态为待发货；用户触发 sendOrder 方法成功后，此时订单状态为待收货；用户触发 receiveOrder 方法签收成功后，此时订单状态为订单完成。

创建 State 抽象状态类 DeprecatedAbstractOrderState，代码包含状态定义和方法定义，详细代码及注释如下：

```java
package com.book.dprecated.state;

public abstract class DeprecatedAbstractOrderState {
// 订单状态定义，待支付、待发货、待收货、订单完成
    protected final String ORDER_WAIT_PAY = "ORDER_WAIT_PAY";
    protected final String ORDER_WAIT_SEND = "ORDER_WAIT_SEND";
    protected final String ORDER_WAIT_RECEIVE = "ORDER_WAIT_RECEIVE";
    protected final String ORDER_FINISH = "ORDER_FINISH";
    // 订单方法定义——创建订单
    protected DeprecatedOrder createOrder(String orderId, String
productId, DeprecatedOrderContext context) {
        throw new UnsupportedOperationException();
    }
    // 订单方法定义——订单支付
    protected DeprecatedOrder payOrder(String orderId,
DeprecatedOrderContext context) {
        throw new UnsupportedOperationException();
    }
    // 订单方法定义——订单发送
    protected DeprecatedOrder sendOrder(String orderId,
DeprecatedOrderContext context) {
        throw new UnsupportedOperationException();
    }
    // 订单方法定义——订单签收
    protected DeprecatedOrder receiveOrder(String orderId,
DeprecatedOrderContext context) {
        throw new UnsupportedOperationException();
    }
}
```

特别说明：

①以上四个方法的最后一个参数，均为 *DeprecatedOrderContext*，该类代表状态模式通用 *UML* 类图中的 *Context* 上下文角色。该类将会在本节的第 *3* 步进行创建。为什么需要这个参数，我们将会在 *4.4* 节的实战中为大家揭晓。

②以上四个方法的返回值类型，均为 *DeprecatedOrder* 对象，该类仅仅代表了订单对象（订单属性 +get/set 方法），创建非常简单。该对象将会在本节的第 *4* 步进行创建。

2. 创建ConcreteState具体状态类

不同的状态需要创建不同的状态类，并且实现抽象状态类定义的方法。在第1步中的抽象状态类 DeprecatedAbstractOrderState 中，一共有四个状态和四种方法，分别代表了不同订单状态下的状态及方法。因此，我们需要创建四个具体状态类。

- 具体状态类：DeprecatedCreateOrder。实现 createOrder 方法，订单创建成功后，订单状态为待支付。
- 具体状态类：DeprecatedPayOrder。实现 payOrder 方法，订单支付成功后，订单状态为待发货。
- 具体状态类：DeprecatedSendOrder。实现 sendOrder 方法，订单创建、发货成功后，订单状态为待收货。
- 具体状态类：DeprecatedReceiveOrder。实现 receiveOrder 方法，订单签收成功后，订单状态为订单完成。

请读者回看 4.1 节中的不推荐原因①：*在 4.1 节中，有关不推荐直接使用通用 UML 类图的第①点原因：*"*从实战角度，直接使用状态模式的通用 UML 类图，需要根据订单状态的数量，相应地创建订单状态的子类，导致一定程度的类膨胀。*"*四个订单状态，创建四个具体状态类，随着订单状态的增加，具体状态类也需要随之创建。相信看到此处，读者已经对原因①有了很深的理解。*

既然已经清楚了需要创建的具体状态的类的方式，那么接下来，我们分别创建四个具体状态类。

（1）创建具体状态类——DeprecatedCreateOrder。

如前文所提，具体状态类 DeprecatedCreateOrder，负责实现 createOrder 方法，订单创建成功后，订单状态为待支付。代码如下：

```java
package com.book.dprecated.state;

@Component
public class DeprecatedCreateOrder extends DeprecatedAbstractOrderState {
// 订单方法——创建订单
    @Override
    protected DeprecatedOrder createOrder(String orderId, String productId, DeprecatedOrderContext context) {
// 创建订单成功后，将订单状态设置为待支付
        return null;
    }
}
```

（2）创建具体状态类——DeprecatedPayOrder。

如前文所提，具体状态类 DeprecatedPayOrder，实现 payOrder 方法，订单支

付成功后，订单状态为待发货。代码如下：

```
package com.book.dprecated.state;

@Component
public class DeprecatedPayOrder extends DeprecatedAbstractOrderState {
    // 订单方法——订单支付
    @Override
    protected DeprecatedOrder payOrder(String orderId, DeprecatedOrderContext
context) {
        // 订单支付成功后，将订单状态设置为待发货
        return null;
    }
}
```

（3）创建具体状态类——**DeprecatedSendOrder**。

如前文所提，具体状态类 DeprecatedSendOrder，实现 sendOrder 方法，订单
发货成功后，订单状态为待收货。代码如下：

```
package com.book.dprecated.state;

@Component
public class DeprecatedSendOrder extends DeprecatedAbstractOrderState {
    // 订单方法——订单发送
    @Override
    protected DeprecatedOrder sendOrder(String orderId, DeprecatedOrderContext
context) {
        // 订单发货成功后，将订单状态设置为待收货
        return null;
    }
}
```

（4）创建具体状态类——**DeprecatedReceiveOrder**。

如前文所提，具体状态类 DeprecatedReceiveOrder，实现 receiveOrder 方法，
订单签收成功后，订单状态为订单完成。代码如下：

```
package com.book.dprecated.state;

@Component
public class DeprecatedReceiveOrder extends DeprecatedAbstractOrderState {
    // 订单方法——订单签收
    @Override
    protected DeprecatedOrder receiveOrder(String orderId,
DeprecatedOrderContext context) {
        // 订单签收成功后，将订单状态设置为订单完成
        return null;
    }
}
```

3. 创建Context上下文角色（环境角色）

Context 上下文角色，也称环境角色，旨在封装状态的转化逻辑，是状态的转化过程的容器，暴露给客户端使用。任何调用者都只能通过 Context 角色进行方法的调用，因此，Context 上下文角色也需要具备四个方法入口：createOrder、payOrder、sendOrder 和 receiveOrder，这四个方法不需要其他额外的逻辑，直接调用状态角色的方法即可。详细代码及注释如下：

请读者格外注意代码中的 @Component 注解：*@Component 注解在此处的使用会带来极大的问题，后续 4.4.2 小节，会对此处注解的使用展开深入的分析。届时，读者会对 4.1 节提出的不推荐使用通用 UML 类图的原因②和原因③有更加详细的理解。*

```
package com.book.dprecated.state;
//@Component 注解问题，会在 4.4.2 小节展开说明
@Component
public class DeprecatedOrderContext {
    // 引入抽象状态角色，用于状态方法的调用
    private DeprecatedAbstractOrderState currentState;
    // 新创建订单的初始状态
@Autowired
private DeprecatedCreateOrder deprecatedCreateOrder;
// 设置当前的订单状态
public void setCurrentState(DeprecatedAbstractOrderState currentState) {
    this.currentState = currentState;
}
// 创建订单的方法入口，直接调用状态类的 createOrder 方法
public DeprecatedOrder createOrder(String orderId, String productId) {
this.currentState = this.deprecatedCreateOrder;
        DeprecatedOrder order = currentState.createOrder(orderId,
productId, this);
        return order;
    }
// 支付订单的方法入口，直接调用状态类的 payOrder 方法
    public DeprecatedOrder payOrder(String orderId) {
        DeprecatedOrder order = currentState.payOrder(orderId, this);
        return order;
    }
// 发送订单的方法入口，直接调用状态类的 sendOrder 方法
    public DeprecatedOrder sendOrder(String orderId) {
        DeprecatedOrder order = currentState.sendOrder(orderId, this);
        return order;
    }
// 接收订单的方法入口，直接调用状态类的 receiveOrder 方法
    public DeprecatedOrder receiveOrder(String orderId) {
        DeprecatedOrder order = currentState.receiveOrder(orderId, this);
        return order;
    }
}
```

4. 创建DeprecatedOrder对象

订单对象的创建是最为简单的一步，编写订单属性，并生成 getter/setter 方法，当然，我们直接使用 lombok 注解即可。代码如下：

```
package com.book.dprecated.state;
@Data
@Builder
@AllArgsConstructor
@NoArgsConstructor
public class DeprecatedOrder {
// 订单唯一编号
    private String orderId;
// 商品信息
    private String productId;
// 订单状态
    private String state;
}
```

至此，状态模式通用 UML 类图中的所有角色就创建完成了。关于状态模式的 UML 类图与实战类的对应关系，如图 4-2 所示。

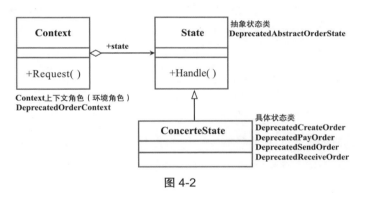

图 4-2

整体实现并不复杂，唯一让人苦恼的是需要创建四个具体状态子类。请读者不要着急，让你更加苦恼的事情还在后边；当然，也不必灰心，笔者承诺，关于直接使用状态模式通用 UML 类图的所有苦恼，会在 4.4 节进行终结，因为在4.5 节和 4.6 节，我们还需要迎接直接使用观察者模式通用 UML 类图的新苦恼……放松心情，学习本就是如此的过程，不砸电脑不撕书，啃下去就不饿了。

4.4　状态模式实战——订单状态转化

在 4.3 节，我们完成了对状态模式通用 UML 类图的类创建及方法定义。本节，我们完成核心代码逻辑的实战，并在实战过程中将所有的苦恼一一点出。当然，最终这些苦恼带给我们的，是对状态模式的透彻理解和掌握。闲话少叙，我们继续实战。

4.4.1　订单状态转化

请读者再次回看 4.3 节的类结构创建和方法定义，我们首先需要明确哪些类和方法需要填充实战代码，然后再针对性地进行代码实战内容的填充。在 4.3 节中，我们一共创建了七个类，有些类已经成型，不需要做任何改动；有些类未成形，需要填充核心实战代码；还有一些类，存在肉眼无法发现的问题，需要在 4.4.2 小节的测试过程中暴露问题（苦恼）、分析问题（苦恼），然后修正问题（苦恼的背后是透彻的理解和掌握）。接下来，我们先对 4.3 节的七个类分类如下。

①（**已完善类**）抽象状态类——**DeprecatedAbstractOrderState**：该类仅仅定义了订单状态和方法，是抽象的存在。该类已经完善，后续实战中无须修改。

②（**已完善类**）订单实体类——**DeprecatedOrder**：该类仅仅定义了订单的属性和 get/set 方法。该类已经完善，后续实战无须修改。

③（**未成形类**）具体状态类——订单创建类——**DeprecatedCreateOrder**：作为具体状态类，该类需要承担订单创建的任务。该类未成形，需要进行实战代码的填充。

④（**未成形类**）具体状态类——订单支付类——**DeprecatedPayOrder**：作为具体状态类，该类需要承担订单支付的任务。该类未成形，需要进行实战代码的填充。

⑤（**未成形类**）具体状态类——订单发货类——**DeprecatedSendOrder**：作为具体状态类，该类需要承担订单发送的任务。该类未成形，需要进行实战代码的填充。

⑥（**未成形类**）具体状态类——订单创建类——**DeprecatedReceiveOrder**：作为具体状态类，该类需要承担订单签收完成的任务。该类未成形，需要进行实战代码的填充。

⑦（**存在问题类**）Context 上下文类——**DeprecatedOrderContext**：Context上下文类，代码无须额外填充。但是，作为暴露给调用者的唯一入口类，在使用过程中会面临严重的问题（看到这里，细心的读者会回想起 4.3 节中的第 3 步关于创建 Context 上下文角色的内容，笔者当时提出了 @Component 存在的问题。关于此问题，在 4.4.2 小节，我们会展开细致分析）。

既然已经明确了有四个未成形的类，那么接下来我们分别对这四个未成形的类进行代码实战内容的填充。

1. 具体状态类——创建订单类——DeprecatedCreateOrder

作为具体状态类，该类需要承担订单创建的任务。该类未成形，需要进行实战代码填充。具体的填充逻辑为：创建订单→订单状态设置为待支付→存入 Redis，未支付 15 分钟过期→发送订单创建的 Event（4.5 节和 4.6 节的观察者模式完成此部分逻辑）→设置 Context 上下文角色的 CurrentState 为 DeprecatedPayOrder。具体代码实战及注释如下：

```
package com.book.dprecated.state;

@Component
public class DeprecatedCreateOrder extends DeprecatedAbstractOrderState {
    // 引入 Redis，将新生成的订单存放到 Redis
    @Autowired
    private RedisCommonProcessor redisCommonProcessor;
    // 订单创建完成后的下一个状态：待支付
    @Autowired
    private DeprecatedPayOrder deprecatedPayOrder;

    @Override
    protected DeprecatedOrder createOrder(String orderId, String productId, DeprecatedOrderContext context) {
        // 创建订单对象，设置状态为 ORDER_WAIT_PAY
        DeprecatedOrder order = DeprecatedOrder.builder()
                .orderId(orderId)
                .productId(productId)
                .state(ORDER_WAIT_PAY)
                .build();
        // 将新订单存入 Redis 缓存，15 分钟后失效
        redisCommonProcessor.set(orderId, order, 900);
        // 观察者模式：发送订单创建 Event（4.5 节和 4.6 节进行实现）
        // 订单创建完成，设置 Context 上下文角色的 CurrentState 为待支付状态
        context.setCurrentState(this.deprecatedPayOrder);
        return order;
    }
}
```

此处代码的实战，需要读者格外注意以下两点内容。

- 新订单创建完成后，15 分钟内未支付，则自动取消订单。此处，我们使用的是 Redis 中的 **redisCommonProcessor**.set(orderId, order, 900) 方法，其中 900 代表 900 秒，换算后为 15 分钟。对于此处的设计，一些企业会使用第三方的消息中间件（如 RabbitMq），将新创建的订单发送到 Queue 中，并设置 TTL（Time To Live，过期时间）为 15 分钟，15 分钟过期后，该消息会转发至死信队列，监听死信队列的消息，进行相关判断和处理（别急，TTL＋死信队列会在第 7 章为大家展示，面包和牛奶都会有的）。总之，实现方式千万种，或简或繁，目标一致，希望读者不要

把本书中的设计当作唯一的实现方式，本书中的实现方式仅仅是沧海一粟，非常简易。

- 订单创建完成后，订单状态会转为待支付状态，DeprecatedCreateOrder 类的下一个状态类为 DeprecatedPayOrder，因此此处通过 @Autowired 注入 DeprecatedPayOrder 对象，并在订单创建完成后，将最新的 State 状态设置到 Context 上下文中。

2. 具体状态类——订单支付类——DeprecatedPayOrder

作为具体状态类，该类需要承担订单支付的任务。该类未成形，需要进行实战代码的填充。具体的填充逻辑为：支付订单（支付逻辑在第 5 章实现）→订单状态设置为待发货→更新 Redis→发送订单支付的 Event（4.5 节和 4.6 节的观察者模式完成此部分逻辑）→设置 Context 上下文角色的 CurrentState 为 DeprecatedSendOrder。具体代码实战及注释如下：

```java
package com.book.dprecated.state;

@Component
public class DeprecatedPayOrder extends DeprecatedAbstractOrderState {
    // 引入 Redis，存储订单
    @Autowired
    private RedisCommonProcessor redisCommonProcessor;
    // 订单支付完成后的下一个状态：待发货
    @Autowired
    private DeprecatedSendOrder deprecatedSendOrder;
    @Override
    protected DeprecatedOrder payOrder(String orderId,
DeprecatedOrderContext context) {
        // 从 Redis 中取出当前订单，并判断当前订单状态是否为待支付状态
        DeprecatedOrder order = (DeprecatedOrder) redisCommonProcessor.
get(orderId);
        if(!order.getState().equals(ORDER_WAIT_PAY)){
            throw new UnsupportedOperationException("Order state should
be ORDER_WAIT_PAY" +
                    ".But now it's state is : " + order.getState());
        }
        // 支付逻辑（第 5 章讲解）
        // 支付完成后，修改订单状态为待发货，并更新 Redis 缓存
        order.setState(ORDER_WAIT_SEND);
        redisCommonProcessor.set(orderId, order);
        // 观察者模式：发送订单支付 Event（4.5 节和 4.6 节进行实现）
        // 订单支付完成，设置 Context 上下文角色的 CurrentState 为待发货状态
        context.setCurrentState(this.deprecatedSendOrder);
        return order;
    }
}
```

此处代码的实战，需要读者格外注意以下两点内容。

- 关于订单支付的核心逻辑，此处以注释的形式展示给大家，并不代表笔者违背了实战的初衷，因为我们将于第 5 章进行"多种类支付"的实战。牛奶和面包都会有的。

- 订单支付完成后，订单状态会转为待发货状态，DeprecatedPayOrder 类的下一个状态类为 DeprecatedSendOrder，因此此处通过 @Autowired 注入 DeprecatedSendOrder 对象，并在订单支付完成后，将最新的 State 状态设置到 Context 上下文中。

3. 具体状态类——订单发货类——DeprecatedSendOrder

作为具体状态类，该类需要承担订单发送的任务。该类未成形，需要进行实战代码的填充。具体的填充逻辑为：订单状态设置为待收付→更新 Redis →发送订单发货的 Event（4.5 节和 4.6 节的观察者模式完成此部分逻辑）→设置 Context 上下文角色的 CurrentState 为 DeprecatedReceiveOrder。具体代码实战及注释如下：

```java
package com.book.dprecated.state;

@Component
public class DeprecatedSendOrder extends DeprecatedAbstractOrderState {
    // 引入 Redis，存储订单
    @Autowired
    private RedisCommonProcessor redisCommonProcessor;
    // 订单发货后的下一个状态：待收货
    @Autowired
    private DeprecatedReceiveOrder deprecatedReceiveOrder;
    @Override
    protected DeprecatedOrder sendOrder(String orderId, DeprecatedOrderContext context) {
        // 从 Redis 中取出当前订单，并判断当前订单状态是否为待发货状态
        DeprecatedOrder order = (DeprecatedOrder) redisCommonProcessor.get(orderId);
        if(!order.getState().equals(ORDER_WAIT_SEND)){
            throw new UnsupportedOperationException("Order state should be ORDER_WAIT_SEND" +
                ".But now it's state is : " + order.getState());
        }
        // 点击发货后，修改订单状态为待收货，并更新 Redis 缓存
        order.setState(ORDER_WAIT_RECEIVE);
        redisCommonProcessor.set(orderId, order);
        // 观察者模式：发送订单发货 Event（4.5 节和 4.6 节进行实现）
        // 订单发货后，设置 Context 上下文角色的 CurrentState 为待收货状态
        context.setCurrentState(this.deprecatedReceiveOrder);
        return order;
    }
}
```

此处代码的实战，需要读者格外注意以下内容。

订单发货后，订单状态会转为待收货状态，DeprecatedSendOrder 类的下一个状态类为 DeprecatedReceiveOrder，因此此处通过 @Autowired 注入 DeprecatedReceiveOrder 对象，并在订单发货后，将最新的 State 状态设置到 Context 上下文中。

4. 具体状态类——订单创建类——DeprecatedReceiveOrder

作为具体状态类，该类需要承担订单签收完成的任务。该类未成形，需要进行实战代码的填充。具体的填充逻辑为：订单状态设置为订单完成→删除 Redis 订单→发送订单创建的 Event（4.5 节和 4.6 节的观察者模式完成此部分逻辑）。具体代码实战及注释如下：

```java
package com.book.dprecated.state;

@Component
public class DeprecatedReceiveOrder extends DeprecatedAbstractOrderState {
    // 引入 Redis，存储订单
    @Autowired
    private RedisCommonProcessor redisCommonProcessor;
    @Override
      protected DeprecatedOrder receiveOrder(String orderId,
DeprecatedOrderContext context) {
        // 从 Redis 中取出当前订单，并判断当前订单状态是否为待收付状态
        DeprecatedOrder order = (DeprecatedOrder) redisCommonProcessor.
get(orderId);
        if(!order.getState().equals(ORDER_WAIT_RECEIVE)){
            throw new UnsupportedOperationException("Order state should
be ORDER_WAIT_RECEIVE" +
                    ".But now it's state is : " + order.getState());
        }
        // 用户收货后，修改订单状态为订单完成状态，并删除 Redis 缓存
        order.setState(ORDER_FINISH);
        // 观察者模式：发送订单收货 Event（4.5 节和 4.6 节进行实现）
        redisCommonProcessor.remove(orderId);
        return order;
    }
}
```

此处代码的实战，需要读者格外注意以下两点内容。

- 订单收货后，订单完成，不会再有下一个状态类型。因此，我们仅仅通过 @Autowired 注入了 Redis 的处理类。
- 订单收货后，需要删除 Redis 中的订单数据，因此我们需要在 RedisCommonProcessor 类中添加 Remove 方法，代码如下：

```
package com.book.utils;
@Component
public class RedisCommonProcessor {
    ...
// 根据 key 删除 Redis 缓存数据
    public void remove(String key) {
        redisTemplate.delete(key);
    }
}
```

至此，我们完成了核心实战逻辑的填充，并且在具体状态类的实战过程中，完成了状态的变更。接下来，我们创建 Controller 类和 Service 类，进行功能测试，最重要的是，在功能测试过程中，体会并抚平苦恼。

4.4.2 订单状态功能测试

前文已经提及，在本节我们要终结直接使用状态模式通用 UML 类图的苦恼。最终这些苦恼带给我们的，是对状态模式的透彻理解与掌握。让我们开始吧。

4.4.2.1 订单API代码实战

创建 Controller 和 Service 类是十分简单的（请读者格外关注 Service 类的创建，笔者会在此处进行额外内容的说明），我们仅仅需要定义四个接口，为用户提供订单创建、订单支付、订单发送和订单签收功能。

1. 创建 DeprecatedOrderController

此处 Controller 类的创建并无复杂逻辑，直接为大家展示笔者代码及注释如下：

```
package com.book.dprecated.controller;

@RestController
@RequestMapping("/deprecated/order")
public class DeprecatedOrderController {
// 注入 DeprecatedOrderService
    @Autowired
    private DeprecatedOrderService deprecatedOrderService;
    // 订单创建
    @PostMapping("/create")
    public DeprecatedOrder createOrder(@RequestParam String productId) {
        return deprecatedOrderService.createOrder(productId);
    }
    // 订单支付
    @PostMapping("/pay")
    public DeprecatedOrder payOrder(@RequestParam String orderId){
        return deprecatedOrderService.pay(orderId);
```

```
    }
    // 订单发送
    @PostMapping("/send")
    public DeprecatedOrder send(@RequestParam String orderId) {
        return deprecatedOrderService.send(orderId);
    }
    // 订单签收
    @PostMapping("/receive")
    public DeprecatedOrder receive(@RequestParam String orderId) {
        return deprecatedOrderService.receive(orderId);
    }
}
```

2. 创建 DeprecatedOrderService

关于 DeprecatedOrderService 类的创建，笔者需要进行一些说明。前文已经提到过，对于状态模式来说，Context 上下文角色是暴露给调用者的唯一入口。那么对于当前的 DeprecatedOrderService 类来说，必然要通过 @Autowired 注解引入 DeprecatedOrderContext 上下文角色。

可是，笔者想要在此处说明的并不只这些，还有其他要点内容的说明，但前提是，需要展示完 DeprecatedOrderService 类的代码后才能展开。话不多说，DeprecatedOrderService 类的代码及注释如下：

```
package com.book.dprecated.service;

@Service
public class DeprecatedOrderService {
    @Autowired
    private DeprecatedOrderContext orderContext;

    public DeprecatedOrder createOrder(String productId) {
        // 订单 ID 的生成逻辑，笔者有话要说 ...
        String orderId = "OID" + productId;
        return orderContext.createOrder(orderId, productId);
    }
    // 以下四个方法的代码，怎么与 Context 的代码差不多呢？
    public DeprecatedOrder pay(String orderId) {
        return orderContext.payOrder(orderId);
    }

    public DeprecatedOrder send(String orderId) {
        return orderContext.sendOrder(orderId);
    }

    public DeprecatedOrder receive(String orderId) {
        return orderContext.receiveOrder(orderId);
    }
}
```

以上代码，笔者仅仅添加了两条注释。这两条注释，就是我们要展开的要点内容。要点内容如下。

关于全局唯一订单 ID 的生成逻辑，与设计模式的实战逻辑没有太大关系，因此笔者采用了极为简单的方式进行了书写，请广大读者给予理解。但是，笔者依然想要对全局唯一订单 ID 的生成方式进行引申，在不偏离本书主题以及篇幅控制的前提下，尽笔者最大的努力为大家进行知识的引申。曾虑多情损梵行，入山又恐别倾城。世间安得两全法，不负如来不负卿。

（1）**数据库自增长序列**。优点是实现简单，能够保证唯一性且能够保证递增性。缺点是扩展性差，数据库性能有上限，可用性难以保证，有单点故障的风险。

（2）**随机 UUID**。优点是实现简单，性能高，本地即可生成，不会有网络开销。缺点是没有排序，无法保证趋势递增，且可读性差。更为可怕的是，UUID 过长，往往用 32 或 48 位字符串表示，作为主键建立索引，查询效率低。

（3）**Redis 生成全局唯一 ID**。优点是不依赖于数据库，性能优于数据库。硬说缺点的话，可能就是需要熟悉 Redis 组件，必要时可能需要 Lua 脚本配合。

（4）**雪花算法**。推特开源的分布式 ID 生成算法，用于在不同的机器上生成唯一 ID 的算法。该算法生成一个 64 位的数字作为分布式 ID，保证这个 ID 自增并且全局唯一。雪花算法是非常优秀的，至于缺点，就是需要我们保证每台数据库的本地时间都要设置相同，否则会导致全局不递增。

（5）**Zookeeper 的节点特性**……等等。

请读者回看 4.1 节中的不推荐原因②：*在 4.1 节中，有关不推荐直接使用通用 UML 类图的原因的第②点，"从实战角度，直接使用状态模式的通用 UML 类图，会导致 @Service 逻辑层形同虚设"。*

大家是否注意到，DeprecatedOrderService 类和 DeprecatedOrderContext 类中的代码极其相似。状态模式的上下文角色 DeprecatedOrderContext 已经对订单的状态转化做了非常好的封装，所以 DeprecatedOrderService 已经是形同虚设。可是话说回来，即便没有 DeprecatedOrderContext 上下文角色，DeprecatedOrderService 依然能够完全担负状态模式通用 UML 类图中的 Context 上下文角色。可是，在状态模式 UML 类图已经根深蒂固的今天，在无数博客论坛、书籍文献中对状态模式进行 main 函数式调用的今天，谁又敢说"状态模式的 Context 上下文角色，已经不适用于当今的开发框架和模式"呢？不是亲眼所见，亲身实践，笔者如此的言论，可能会被很多技术友人排斥、唾弃，但笔者坚信，因地制宜，随发展变迁、优化、升级，才是设计模式光明的未来之路。

　　至此，Controller 类和 Service 类创建的完成，标志着基于状态模式通用 UML 类图实战的完成。

　　但是你确定代码好用吗？笔者很负责任地告诉你："代码能用，但一个订单从创建到签收的整个过程中，不能有其他订单的创建。白骨级 main 函数式的调用，从来不考虑并发，因为我们接触到的几乎所有的资料，都是如此，设计模式的文化环境即是如此。"

　　那么我们能进行一定的修复，支持并发吗？笔者很负责任地告诉你："能，每个订单都需要对应一个 Context 上下文 DeprecatedOrderContext 对象，存储到 Redis，不同的订单不能使用同一个 DeprecatedOrderContext 对象，因此不能直接使用 @Autowired 注入 DeprecatedOrderContext 类，而需要为每笔订单用 new 关键字创建 DeprecatedOrderContext 对象。如果通过 new 关键字创建 DeprecatedOrderContext 类，那么与该类关联的所有的类，都需要使用 new 关键词进行创建，因为没有 @Component 注解的类，无法使用 @Autowired 注入其他的被 SpringBoot 托管的 Bean 对象。简单来说，我们通用状态模式实战中，所有涉及 @Autowired 的属性，都需要通过 new 关键字进行创建。"

　　那为什么不同的订单不能共享一个 Context 上下文对象呢？笔者一针见血地告诉你："因为 Context 上下文 DeprecatedOrderContext 类，是一个有状态的类，每个订单的状态不同，currentState 属性的值不同，因此不能共用。"

　　那也不能使用这么多 new 对象的操作啊！有其他修复方法吗？笔者仍然会告诉你："有，只要让 DeprecatedOrderContext 成为无状态的类，就能够修复问题。但是，这样的改动，违背了状态模式的通用 UML 类图的结构……"

　　笔者不确定，大家是否能够完全理解以上四段内容，可能对于经验稍浅的读者来说，理解起来略有难度。但是笔者确定，大家都体会到了直接使用状态模式通用 UML 类图的苦恼。接下来，我们用实际测试，证实苦恼，让大家做到通透的理解；然后再用实际代码修复，消除苦恼，让苦恼变成提升；最终，完成状态模式的全方位理解和掌握。

4.4.2.2　功能测试与修复

　　进行测试之前，请读者务必确保自己本机的代码与笔者的实战代码一致，否则将会出现不同的测试结果，最终导致无法与笔者共同进行代码的测试、分析与修复。我们的测试步骤很简单，请读者跟随笔者的步骤进行测试。

------------------ *创建订单 OID01，整个状态流转正常，均成功* ------------------

　　①调用 http://localhost:8081/deprecated/order/create 接口创建订单，productId

入参 "01"; 返回成功, 订单状态为 "ORDER_WAIT_PAY"。

②调用 http://localhost:8081/deprecated/order/pay 接口支付订单, orderId 入参 "OID01"; 返回成功, 订单状态为 "ORDER_WAIT_SEND"。

③调用 http://localhost:8081/deprecated/order/send 接口发送订单, orderId 入参 "OID01"; 返回成功, 订单状态为 "ORDER_WAIT_RECEIVE"。

④调用 http://localhost:8081/deprecated/order/receive 接口接收订单, orderId 入参 "OID01"; 返回成功, 订单状态为 "ORDER_FINISH"。

------------------------ *创建订单 OID02, 并支付 , 均成功* ------------------------

⑤调用 http://localhost:8081/deprecated/order/create 接口创建订单, productId 入参 "02"; 返回成功, 订单状态为 "ORDER_WAIT_PAY"。

⑥调用 http://localhost:8081/deprecated/order/pay 接口支付订单, orderId 入参 "OID02"; 返回成功, 订单状态为 "ORDER_WAIT_SEND"。

------------------------ *创建订单 OID03, 成功* ------------------------

⑦调用 http://localhost:8081/deprecated/order/create 接口创建订单, productId 入参 "03"; 返回成功, 订单状态为 "ORDER_WAIT_PAY"。

------------------------ *订单 OID02 发货, 报错* ------------------------

⑧调用 http://localhost:8081/deprecated/order/send 接口发送订单, orderId 入参 "OID02"; 报错。

从以上的测试步骤中可以看出, 如果仅仅是一个订单的创建、支付、发货、签收, 是不会有任何问题的, 如测试步骤①～步骤④。

但是, 当我们创建并支付订单 OID02 后 (步骤⑤和步骤⑥), 如果在订单 OID02 发货之前, 先创建订单 OID03 成功 (步骤⑦) 后, 再对订单 OID02 发货, 程序会发生异常。因为 OID03 创建成功后, DeprecatedOrderContext 上下文的 currentState 属性会被设置为待支付状态类——DeprecatedPayOrder, 而订单 OID02 发货所需要的是 DeprecatedSendOrder 类。因此, 同的订单不能共享一个 Context 上下文对象。既然 Context 上下文对象不能共享, 那么 @Component 也就没有了它的用处, 除非, 我们将 Context 上下文对象变成一个没有任何状态的对象。

请读者回看 *4.1* 节中的不推荐原因③: *在 4.1 节中, 有关不推荐直接使用*

通用 UML 类图的原因的第③点，"*从实战角度，状态模式 UML 通用类图中的 Context 上下文角色是有状态的，因此每个订单都需要创建一个 Context 上下文角色。并且 Context 上下文角色需要伴随订单的整个生命周期*"。

请读者回看 4.3 节中的第 3 步：在 4.3 节中，关于创建 Context 上下文角色的内容，笔者当时提出了 @Component 存在的问题，相信此时读者都有了深入的理解。

关于对此问题的修复，相信所有的读者都不会选择去掉 Deprecated-OrderContext 类上的 @Component 注解转而使用 new 关键字创建对象，所有的读者都会选择将 DeprecatedOrderContext 类变为一个无状态类，哪怕违背状态模式通用 UML 类图的结构，毕竟设计模式的使用需要因地制宜、因需求制宜、因场景制宜。

如果想要将 DeprecatedOrderContext 类变成没有状态的类，就需要移除 currentState 属性，同时移除 setCurrentState 方法，然后通过 @Autowired 注解将四个具体状态类引入，修改后的 DeprecatedOrderContext 代码及注解如下：

```
package com.book.dprecated.state;

@Component
public class DeprecatedOrderContext {
    // 移除 currentState 并移除 set 方法，转而引入四个具体状态类
    @Autowired
    private DeprecatedCreateOrder deprecatedCreateOrder;
    @Autowired
    private DeprecatedPayOrder deprecatedPayOrder;
    @Autowired
    private DeprecatedSendOrder deprecatedSendOrder;
    @Autowired
    private DeprecatedReceiveOrder deprecatedReceiveOrder;

    public DeprecatedOrder createOrder(String orderId, String productId) {
        // 创建订单，使用 deprecatedCreateOrder
        DeprecatedOrder order = deprecatedCreateOrder.createOrder(orderId, productId, this);
        return order;
    }
    public DeprecatedOrder payOrder(String orderId) {
        // 支付订单，使用 deprecatedPayOrder
        DeprecatedOrder order = deprecatedPayOrder.payOrder(orderId, this);
        return order;
    }
    public DeprecatedOrder sendOrder(String orderId) {
        // 订单发货，使用 deprecatedSendOrder
```

```
            DeprecatedOrder order = deprecatedSendOrder.sendOrder(orderId,
this);
        return order;
    }
    public DeprecatedOrder receiveOrder(String orderId) {
        // 订单签收, 使用 deprecatedReceiveOrder
            DeprecatedOrder order = deprecatedReceiveOrder.
receiveOrder(orderId, this);
        return order;
    }
}
```

除此之外，由于我们删除了 DeprecatedOrderContext 类中的 setCurrentState 方法，因此调用此方法的相关代码也需要被移除，由于移除代码逻辑十分简单，因此笔者仅列出调用位置，请读者自行删除（即便笔者不列出调用位置，相信所有的读者也都能够完成相关代码的删除，因为开发工具，如 IDEA、Eclipse 等都有错误提示）。

- DeprecatedCreateOrder 中的 createOrder 方法。
- DeprecatedPayOrder 中的 payOrder 方法。
- DeprecatedSendOrder 中的 sendOrder 方法。
- 细心的读者，也可以将以上三个方法的第二个无用参数（Deprecated OrderContext context）删除。

所有代码修改完毕后，请读者再次按照本节开头的测试步骤（①～⑧）进行测试，代码即可流畅运行，修复完毕。

但是这样的修复真的好吗？状态模式的通用 UML 类图，被我们修改成了如图 4-3 所示的样子。

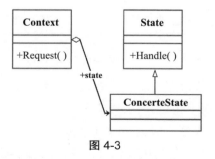

图 4-3

将图 4-3 与状态模式的通用 UML 类图（图 4-1）进行对比，我们直接将 Context 角色与具体状态类 ConcreteState 进行了关联，弃所谓的设计模式原则不顾，弃所谓的里氏替换原则不顾，弃接口隔离原则不顾……无奈之举，因为状态模式的通用 UML 类图，已经不适合当今基于微服务框架的开发场景。

　　幸，此时所有的读者对状态模式的通用 UML 类图都有了深入的理解和绝对的掌握。

　　望，此后所有的读者对任何设计模式的 main 函数式的代码都不要盲目跟从。

　　虽，此刻的状态模式通用 UML 类图并不能够完美地与微服务架构相容。

　　但，此处的实战、分析与修复却让我们彻底掌握、理解了状态模式。

　　卒，此致，致设计模式，致先辈程序员！伟山育琪（B 站 @ 河北王校长）及所有读者敬上。

4.5　观察者模式实战——UML 类结构分解及方法定义

　　观察者模式（Observer Pattern），很多时候我们也称之为发布 / 订阅模式。当然了，称之为监听者模式也是一种正确的说法。从本质上来说，以上三种说法，都能够展现从事件的发生到事件的发送，再到事件的接收处理的整个过程，名称只是浮云。当然了，从设计模式的知识脉络来说，我们更推荐称之为观察者模式。接下来，让我们先对观察者模式的通用 UML 类图进行学习，如图 4-4 所示。

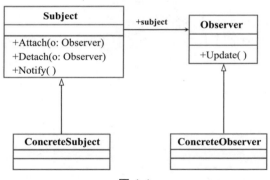

图 4-4

　　从图 4-4 中可以看到，观察者模式有四个角色，但从更加宏观的角度来看，观察者模式仅仅只有两个角色：图左侧的被观察者结构体（抽象 Subject 及其 Concrete 子类）和右侧的观察者结构体（抽象 Observer 及其 Concrete 子类）。

- **Subject 被观察者抽象角色**：该类负责定义用于通知观察者的方法（被观察者，是自愿被观察的，会主动通知观察者进行相关操作），并且能够动态地增加、移除观察者。

- **ConcreteSubject 具体被观察者角色**：具体被观察者，实现通知观察者的具体方法逻辑。

- **Observer 观察者抽象角色**：定义观察者的职责方法，观察者的职责是什么，"当观察者接收到被观察者的通知后，会展开一系列的处理逻辑"，因此需要定义观察者的职责方法。

- **ConcreteObserver 具体观察者角色**：具体观察者，实现观察者职责方法的代码逻辑。

了解了观察者模式中的角色含义，接下来我们首先需要思考的是，在整个订单状态的需求中谁是"被观察者"。为了确定"被观察者"，我们需要明白此处引入观察者模式的意义，在于"观察订单状态的流转"，一旦观察到订单状态发生变化，就进行一系列相关的操作，因此"被观察者"就是我们已经在 4.4 节实战完成的 DeprecatedAbstractOrderState 类。DeprecatedAbstractOrderState 类在状态模式中充当抽象状态角色，在观察者模式中充当抽象被观察者角色。状态模式与观察者模式的链接纽带，就是 DeprecatedAbstractOrderState 类。

因此，我们的观察者模式 UML 类图中的 Subject 被观察者角色和 ConcreteSubject 具体被观察者角色，就不需要我们重新创建了。本节的实战，我们仅仅需要添加一些有关观察者模式的代码即可。我们更新一下观察者模式 UML 类图与实战类的对应结构，如图 4-5 所示。

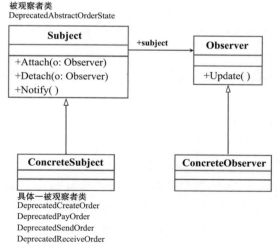

图 4-5

顿时感觉轻松了许多，毕竟已经确定了被观察者的类，虽然我们还需要一些代码上的调整，但是总比从零创建要强很多。接下来，我们从 UML 类图的右侧部分的"观察者"角色开始创建类结构和方法定义，然后再调整"被观察者"的代码（请读者注意图 4-5 的 Subject 角色与 Observer 角色之间的关联操作，被观察者需要将观察者关联进来，并且支持动态地添加观察者和移除观察者，因此被观察者代码依然需要进行修改）。

1. 创建抽象观察者——DeprecatedAbstractObserver类

抽象观察者，仅仅定义观察者的职责方法即可。当被观察者发生状态变更时，会调用该方法通知观察者。代码并不复杂，展示如下：

```
package com.book.dprecated.observer;

public abstract class DeprecatedAbstractObserver {
// 订单状态发生变更时，调用此方法
    public abstract void orderStateHandle(String orderId, String orderState);
}
```

2. 创建四个具体观察者

相信读者看到"四"这个数字的时候，已然知道是哪四个具体观察者。

- **DeprecatedCreateObserver**：订单创建观察者，订单创建成功后，观察者执行相关操作。
- **DeprecatedPayObserver**：订单支付观察者，订单支付成功后，观察者执行相关操作。
- **DeprecatedSendObserver**：订单发货观察者，订单发货成功后，观察者执行相关操作。
- **DeprecatedReceiveObserver**：订单签收观察者，订单签收成功后，观察者执行相关操作。

部分读者可能对此设计及描述有两个疑问。

①**读者**："可不可以只创建一个具体观察者子类呢？在这个子类中，可以对订单的不同状态进行判断，然后执行相关操作呢？"

笔者："当然可以。事物都是有两面性的，没有绝对完美的设计。从辩证的角度，我可以说，创建一个具体子类不行，因为我们要遵循单一职责原则，而且通过 if/else 或者 case 判断订单状态的话，代码会很臃肿；我也可以说，使用四个具体子类，能够将职责明细化，修改一个类的同时不会影响其他的子类。反之，依然从辩证的角度，我可以说，创建四个具体子类，增加代码的维护量，有类膨胀的嫌疑；我也可以说，创建一个具体子类，所有的代码逻辑都可以统一管理，很容易维护，而且感觉项目很'干净'……让人不禁感叹，横看成岭侧成峰，远近高低各不同。"

②**读者:** "描述里所说的观察者执行相关操作,这个相关操作是什么操作呢? "

笔者: "请读者回看我们 4.2 节的需求发布会,项目经理在叙述关于订单状态流转的持久化和日志问题的时候,提出了不同的订单状态下,后续操作有所不同。例如,支付完成后,需要额外给财务部门发送一条 MQ 消息记录收入信息;并给物流部门发送一条 MQ 消息安排发货。这就是相关操作。"

此处具体观察者类的创建也十分简单,代码如下:

```java
package com.book.dprecated.observer;
@Component
public class DeprecatedCreateObserver extends DeprecatedAbstractObserver {
    @Override
    public void orderStateHandle(String orderId, String orderState) {
    }
}
```

```java
package com.book.dprecated.observer;
@Component
public class DeprecatedPayObserver extends DeprecatedAbstractObserver {
    @Override
    public void orderStateHandle(String orderId, String orderState) {
    }
}
```

```java
package com.book.dprecated.observer;
@Component
public class DeprecatedSendObserver extends DeprecatedAbstractObserver {
    @Override
    public void orderStateHandle(String orderId, String orderState) {
    }
}
```

```java
package com.book.dprecated.observer;
@Component
public class DeprecatedReceiveObserver extends DeprecatedAbstractObserver {
    @Override
    public void orderStateHandle(String orderId, String orderState) {
    }
}
```

3. 调整被观察者抽象类 DeprecatedAbstractOrderState 代码

前文多多少少已经提及关于 DeprecatedAbstractOrderState 类的代码调整,具体的调整内容及原因如下。

- 添加抽象观察者 DeprecatedAbstractObserver 类的关联属性。从观察者模式的 UML 类图中,我们可以看到抽象被观察者与抽象观察者之间的关系。
- 支持动态地添加新的观察者。需要新增 addObserver 方法。
- 支持动态地移除观察者。需要新增 removeObserver 方法。

- 需要定义通知观察者的方法。一旦订单状态发生改变，需要通知观察者进行后续的相关操作，调用观察者的 orderStateHandle 方法。

以上四点调整，都是新增代码，没有任何代码的修改和删除，所以笔者仅仅展示新增的代码，已经存在的代码将以省略号表示。代码如下：

```
package com.book.dprecated.state;

public abstract class DeprecatedAbstractOrderState {
    ...
// 关联抽象观察者。以 list 的形式进行关联，因为要支持观察者的添加和移除操作
    protected final List<DeprecatedAbstractObserver> observersList = new
Vector<>();
...
    // 新增观察者
    public void addObserver(DeprecatedAbstractObserver observer){
        this.observersList.add(observer);
    }
    // 移除观察者
    public void removeObserver(DeprecatedAbstractObserver observer) {
        this.observersList.remove(observer);
    }
// 通知观察者进行相关操作，并调用 orderStateHandle 方法
public void notifyObserver(String orderId, String orderState) {
        for(DeprecatedAbstractObserver observer : this.observersList) {
            observer.orderStateHandle(orderId, orderState);
        }
    }
}
```

以上代码并不复杂，但是却存在一个非常严重的问题。请读者仔细观察我们定义的 protected final List<DeprecatedAbstractObserver> observersList 属性，我们对此属性进行了 new Vector<>() 的赋值，初始状态下没有任何观察者。那问题来了，我们有四个具体的观察者，如何将这四个观察者添加到 observersList 中呢？方式多种多样，但很难"优雅"，这也是我们不推荐直接使用观察者模式通用 UML 类图的原因。当然，笔者依然会找到一个尽可能"优雅"的方式，在 4.6 节的实战内容中，展现给大家。

请读者回看 4.1 节中的不推荐原因④：*在 4.1 节中，有关不推荐直接使用通用 UML 类图的原因的第④点，"从实战角度，直接使用观察者模式通用 UML 类图，在 SpringBoot 框架下，无法在被观察者的抽象角色中'优雅'地注入观察者"。*

4. 调整4个具体被观察者类的代码

具体被观察者类的代码调整十分简单，只要在每个具体被观察者类的方法中

加入一行代码 super.notifyObserver(orderId, orderState) 即可。已经实现的代码依然

以省略号表示。笔者代码如下：

```
package com.book.dprecated.state;
@Component
public class DeprecatedCreateOrder extends DeprecatedAbstractOrderState {
    ...
    @Override
      protected DeprecatedOrder createOrder(String orderId, String
productId, DeprecatedOrderContext context) {
...
        // 观察者模式: 发送订单创建 Event（4.5 节和 4.6 节进行实现）
        super.notifyObserver(orderId, ORDER_WAIT_PAY);
        return order;
    }
}
```

```
package com.book.dprecated.state;
@Component
public class DeprecatedPayOrder extends DeprecatedAbstractOrderState {
...
    @Override
      protected DeprecatedOrder payOrder(String orderId,
DeprecatedOrderContext context) {
        ...
        // 观察者模式: 发送订单支付 Event（4.5 节和 4.6 节进行实现）
        super.notifyObserver(orderId, ORDER_WAIT_SEND);
        return order;
    }
}
```

```
package com.book.dprecated.state;
@Component
public class DeprecatedSendOrder extends DeprecatedAbstractOrderState {
    ...
    @Override
      protected DeprecatedOrder sendOrder(String orderId,
DeprecatedOrderContext context) {
...
        // 观察者模式: 发送订单发货 Event（4.5 节和 4.6 节进行实现）
        super.notifyObserver(orderId, ORDER_WAIT_RECEIVE);
        return order;
    }
}
```

```
package com.book.dprecated.state;
@Component
public class DeprecatedReceiveOrder extends DeprecatedAbstractOrderState {
    ...
    @Override
    protected DeprecatedOrder receiveOrder(String orderId,
```

```
DeprecatedOrderContext context) {
        ...
        // 观察者模式：发送订单收货 Event（4.5 节和 4.6 节进行实现）
        super.notifyObserver(orderId, ORDER_FINISH);
        redisCommonProcessor.remove(orderId);
        return order;
    }
}
```

至此，观察者模式通用 UML 类图的类结构分解及方法定义就完成了，整个实战过程并不复杂，相信读者能够彻底理解并掌握观察者模式。最终观察者模式 UML 类图与实战类的对应关系如图 4-6 所示。

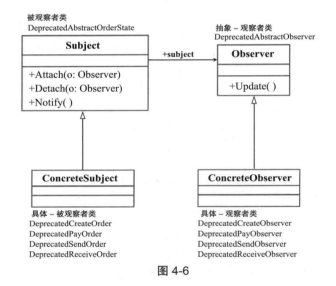

图 4-6

4.6 观察者模式实战——观察订单状态的变更处理

通过 4.5 节观察者模式 UML 类图的分解及方法定义，我们可以很清晰地看到，需要进行实战代码填充的类有四个具体观察者类；需要进行代码调整的只有一个 DeprecatedAbstractOrderState 类，即需要对该类中的 protected final List<DeprecatedAbstractObserver> observersList 进行"优雅"的初始化，具体描述如下。

- **DeprecatedCreateObserver**：订单创建观察者，订单创建成功后，观察者执行相关操作。
- **DeprecatedPayObserver**：订单支付观察者，订单支付成功后，观察者执行相关操作。

- **DeprecatedSendObserver**：订单发货观察者，订单发货成功后，观察者执行相关操作。
- **DeprecatedReceiveObserver**：订单签收观察者，订单签收成功后，观察者执行相关操作。
- **DeprecatedAbstractOrderState**：初始化 observersList 属性。为了尽可能地优雅，对 observersList 属性的初始化过程中，我们需要引入一个用 fianl static 修饰的 Vector 数据结构，并通过 @PostConstruct 注解初始化 Vector 中的元素（读者是否还记得在 2.7.3 小节，我们已然使用过 @PostConstruct 注解，该注解可以在完成 Bean 注入后，立即调用标注有 @PostConstruct 的方法，十分优雅）。

接下来，我们开始进行代码的调整及实战代码填充。

1. 创建全局final static的Vector数据结构

在开发过程中，如果我们想要创建全局的 final static 常量，一般会创建一个类或者接口，专门存放全局的常量。此处对 Vector 的创建，也是采用此种方式。代码如下：

```
package com.book.dprecated;

public class DeprecatedConstants {
    public final static List<DeprecatedAbstractObserver> OBSERVER_LIST =
new Vector<>();
}
```

此处的代码，部分读者可能会有三个疑问。

①**读者**：这个 OBSERVER_LIST 谁会使用？

笔者：DeprecatedAbstractOrderState 类的 observersList 属性的值会使用 OBSERVER_LIST。

②**读者**：现在 DeprecatedAbstractOrderState 类的 observersList 代码，写的是 observersList = new Vector<>()；即便改成 observersList =OBSERVER_LIST，OBSERVER_LIST 的值也是 new Vector<>() 啊，有区别吗？

笔者：单纯从赋值的效果来看没有区别，但是使用 observersList = OBSERVER_LIST 的方式更加灵活。我们可以在程序启动的时候，向 OBSERVER_LIST 中初始化四个具体观察者。

③**读者**：怎么初始化？

笔者：使用 @PostConstruct。

如果部分读者没有完全理解以上三点疑问的描述及解答，也无须着急。我们继续进行代码实战，当所有的代码呈现到眼前的时候，相信读者能够彻底理解这部分内容。

2. 调整DeprecatedAbstractOrderState类的属性赋值

上文已然提及，我们需要将 DeprecatedAbstractOrderState 类 observersList 属性的赋值方式修改为在第一步创建的 OBSERVER_LIST。十分简单，代码如下：

```java
package com.book.dprecated.state;
public abstract class DeprecatedAbstractOrderState {
    ...
     protected final List<DeprecatedAbstractObserver> observersList =
DeprecatedConstants.OBSERVER_LIST;
    ...
}
```

3. 具体观察者代码实战

笔者先为大家展示一个具体观察者的实战代码，然后再对代码中需要说明的点进行细致的描述和解释。当我们理解了其中一个具体观察者的代码内容后，其他三个具体观察者的代码直接展示给大家即可。我们先来看看具体观察者 DeprecatedCreateObserver，代码如下：

```java
package com.book.dprecated.observer;
@Component
public class DeprecatedCreateObserver extends DeprecatedAbstractObserver {
    // 将自己添加到 OBSERVER_LIST 中
    @PostConstruct
    public void init() {
        DeprecatedConstants.OBSERVER_LIST.add(this);
    }

    @Override
    public void orderStateHandle(String orderId, String orderState) {
// 订单创建成功后，订单状态必须为待支付状态，否则不予处理
        if(!orderState.equals("ORDER_WAIT_PAY")) {
            return;
        }
        // 通过命令模式进行后续处理
        System.out.println(" 监听到：订单创建成功。通过命令模式作后续处理。");
    }
}
```

上述代码中，笔者需要进行两点说明。

① 请 读 者 特 别 关 注 @PostContruct 注 解 修 饰 的 方 法。 该 方 法 能 够 在 DeprecatedCreateObserver 类初始化完成后，将自己添加到 OBSERVER_LIST 中。

② 笔者在代码中，使用了 System.**out**.println。这部分代码，会使用命令模式进行封装，后续 4.10 节中会对命令模式进行讲解和实战，因此此处使用示意代码。

其他三个具体观察者的代码也是相同的结构，无须再多花费篇幅进行重复的说明，笔者此处仅为大家展示代码，代码如下：

```java
package com.book.dprecated.observer;
@Component
public class DeprecatedPayObserver extends DeprecatedAbstractObserver {

    @PostConstruct
    public void init() {
        DeprecatedConstants.OBSERVER_LIST.add(this);
    }
    @Override
    public void orderStateHandle(String orderId, String orderState) {
        if(!orderState.equals("ORDER_WAIT_SEND")) {
            return;
        }
        // 通过命令模式进行后续处理
        System.out.println("监听到：订单支付成功。通过命令模式作后续处理。");
    }
}
```

```java
package com.book.dprecated.observer;
@Component
public class DeprecatedSendObserver extends DeprecatedAbstractObserver {

    @PostConstruct
    public void init() {
        DeprecatedConstants.OBSERVER_LIST.add(this);
    }
    @Override
    public void orderStateHandle(String orderId, String orderState) {
        if(!orderState.equals("ORDER_WAIT_RECEIVE")) {
            return;
        }
        // 通过命令模式进行后续处理
        System.out.println("监听到：订单发送成功。通过命令模式作后续处理。");
    }
}
```

```java
package com.book.dprecated.observer;
@Component
public class DeprecatedReceiveObserver extends DeprecatedAbstractObserver {

    @PostConstruct
```

```java
    public void init() {
        DeprecatedConstants.OBSERVER_LIST.add(this);
    }
    @Override
    public void orderStateHandle(String orderId, String orderState) {
        if(!orderState.equals("ORDER_FINISH")) {
            return;
        }
        // 通过命令模式进行后续处理
        System.out.println(" 监听到：订单签收成功。通过命令模式作后续处理。");
    }
}
```

至此，我们基于观察者模式通用 UML 类图的实战就结束了，读者可以通过
Postman 等相关工具进行订单的创建、支付、发货和签收测试，读者能够看到，
每次订单状态的变更，都会触发相应的观察者进行相关操作。

至此，我们也完成了本章的"前半部分"且"不推荐"但"必读"的内容。
必读，是因为，我们可以完全理解和掌握状态模式和观察者模式的通用 UML 类
图和设计，为后续的状态机使用奠定好扎实的知识基础；对于不推荐的原因，相
信读者已经完全理解了，因为我们在整个实战过程中，一一印证了开篇 4.1 节提
出的不推荐理由。

至此，Deprecated 路径下的代码实战，也就画上了圆满的句号。笔者建议读
者保留此部分代码，即便它是不推荐使用的。从 4.7 节开始，我们进入本章的下
半部分内容，笔者会带领读者体会如何基于 Spring 状态机完成订单的状态流转。

4.7　Spring 状态机介绍及引入

从本节开始，我们进入本章的下半部分内容。对比直接使用通用的状态模式
UML 类图和观察者模式 UML 类图，多数企业项目更倾向于使用状态机来进行
复杂的状态转化场景。状态机是状态模式的一种应用，相当于上下文角色的一个
升级版，在工作流状态转化、订单状态转化等各种系统中有大量使用，封装状态
的变化规则。

对此，Spring 提供了一个很好的解决方案。Spring 中的组件名称就叫作状态
机（StateMachine）。状态机帮助开发者简化状态控制的开发过程，让状态机的
结构更加层次化。

当然，在一些复杂程度不高，状态转化规则简单的后端项目开发中，状态机
模式的使用其实没有那么常见。但是电商领域中，订单状态多且转化复杂，如果

仍然在业务代码中维护状态的转化过程，会十分困难（我们本章仅仅基于四种订单状态进行的实战，但是这四种订单状态并不是全部，其中还会有很多其他的状态，如订单超时、订单支付失败、订单出库中、订单在某某中转站等）。因此，我们依然需要掌握如何使用 Spring 状态机进行订单状态的转化。

状态机的全称是有限状态自动机，自动两个字也是包含重要含义的。给定一个状态机，同时给定它的当前状态以及输入，那么输出的状态是可以明确运算出来的。状态机中有几个术语（也可称之为状态机要素）：state（状态）、transition（转移）、transition condition（转移条件）和 action（动作）。

- **state(状态)**：如订单的不同状态。

- **transition(转移)**：一个状态接收一个输入，执行了某些动作到达了另外一个状态的过程就是一个 transition（转移）。例如，订单状态在 ORDER_WAIT_PAY 的情况下，接收到了一个支付动作，那么订单状态就会从 ORDER_WAIT_PAY 状态 transition（转移）到 ORDER_WAIT_SEND 状态。

- **transition condition（转移条件）**：也叫作 Event（事件），在某一状态下，只有达到了 transition condition(转移条件)，才会按照状态机的转移流程转移到下一状态，并执行相应的动作。例如，订单状态在 ORDER_WAIT_PAY 的情况下，接收到了一个支付动作，并且支付成功了，此处的支付成功就是 transition condition（转移条件）。

- **action（动作）**：在状态机的运转过程中会有很多种动作，此处的动作是一个统称，如进入动作——在进入状态时、退出动作——在退出状态时、输入动作——依赖于当前状态和输入条件进行、转移动作——在进行特定转移时进行。

以上对 Spring 状态机的所有介绍，可能令读者感到十分抽象，难以理解。没有使用过状态机的读者，很难想象到状态机到底是如何使用的，也很难理解我们前文提到的状态机的术语（要素）。请读者不要着急。当我们将状态机的实战代码及使用方法呈现给大家后，相信大家会对状态机有更加清晰的认识。

接下来，我们在项目中引入 Spring 状态机，只需要在 pom 文件中，添加 Spring 状态机的依赖即可，笔者的 dependency 信息及版本如下：

```xml
<dependency>
    <groupId>org.springframework.statemachine</groupId>
    <artifactId>spring-statemachine-core</artifactId>
    <version>2.1.3.RELEASE</version>
</dependency>
```

对于 Spring 状态机在实战中的使用，笔者有以下两点说明。

① Spring 状态机体量非常大，属于重量级的状态机。仅仅直观地从源码体量上看，Spring 状态机就包含了 14 个模块，如 spring-statemachine-core、spring-statemachine -kryo、spring-statemachine-data-jpa、spring-statemachine-zookeeper、spring-s tatemachine-cluster 等。请读者给予充分的理解，笔者并不能够对 Spring 状态机展开深入的讲解和说明，虽然笔者很想尽最大程度进行扩展引申，但依然要保持限度，不能够偏离本书的主旨。本着劝学的心，希望有兴趣的读者，可以去 Spring 的官方网站进行 Spring 状态机的细致学习和研究，Spring 状态机官网地址可扫描右侧二维码获取。

Spring 状态机官网

②实战过程中，笔者会将 Spring 状态机的核心实战代码展示给大家，并为这部分代码添加详尽的注释，便于读者对代码内容进行理解和消化。对于部分读者，如果在项目中使用过状态机进行开发，可能会认为笔者的代码并不健壮，缺少一些判断和辅助逻辑，缺少一些重试机制……请这部分读者也给予充分的理解，辅助逻辑和重试机制大多是基于业务需求进行的，只要核心代码逻辑出来，其他逻辑都可以在日后的工作中按需添加，授之以渔而非鱼。

4.8　状态模式实战——使用 Spring 状态机

读者是否还记得，我们在 4.3 节和 4.4 节使用状态模式的通用 UML 类图进行实战时，一共创建了七个类，其中有五个状态类（一个抽象状态类，四个具体状态类）；还有一个 Context 上下文环境类（经过分析，有 Service 层存在，其实不需要 Context 环境类）；最后一个类，是必不可少的订单对象类（属性、getter/setter 方法）。

我们可以大胆地猜测一下，如果使用 Spring 状态机，我们需要创建几个类呢？请跟着笔者的思路，我们先来数一数，基于 Spring 状态机进行实战需要创建的类的个数。

① 一个必不可少的订单对象类（属性、getter/setter 方法）。

② 0 个 Context 上下文环境类。Spring 状态机，就是整个订单状态转化的环境，因此无须创建 Context 上下文环境类。

③ 一个代表订单状态的枚举类（enum）。订单状态，仅仅需要一个简单的枚举类进行呈现即可，在这个枚举类中，定义四个订单状态即可。

④ 一个代表订单操作的枚举类（enum）。可能没有接触过状态机的读者，对该枚举类创建的原因不甚理解。为了彻底理解该枚举类的创建原因，请读者务必

仔细阅读笔者接下来的这句话："目前我们确定需要创建一个订单对象类、一个代表订单状态的枚举类。那问题来了，'订单状态转化'这六个字，包含了几个信息？前四个字'订单状态'是第一个信息，我们已经确定了需要创建一个代表订单状态的枚举类；后两个字'转化'是第二个信息，我们需要针对'转化'这个信息做什么？是不是应该创建一个枚举类专门代表'转化'的操作呢？"如果你还未明白创建此类的原因，请参考图 4-7。

图 4-7

图 4-7 中，非常直观地展示了代表订单操作的枚举类和代表订单状态的枚举类之间的关系。图 4-7 中的关系可以翻译为：订单状态待支付 ORDER_WAIT_PAY →收到订单支付操作 PAY_ORDER →订单状态变为待发货 ORDER_WAIT_SEND →收到订单发货操作 SEND_ORDER →订单状态变为待收货 ORDER_WAIT_RECEIVE →收到订单签收操作 RECEIVE_ORDER →订单状态变为订单完成 ORDER_FINISH。

⑤将图 4-7 的转化过程配置到 Spring 状态机中。如果我们想为 Spring 状态机进行配置，我们就需要创建基于 @Configuration 注解的配置类，就像我们早已实战过的 RedisConfig.java 那样，此处不再过多说明。

接下来，我们展开这部分的代码实战。对于此部分代码实战，我们分为 4.8.1 小节和 4.8.2 小节进行说明。Spring 状态机的配置类创建，会单独在 4.8.2 小节进行详细说明。

4.8.1 枚举类及订单对象创建

经过前文的分析，如果使用 Spring 状态机，那么我们仅仅需要创建四个类。笔者在此冒昧猜测，当部分读者看到"仅仅需要创建四个类"的描述方式时，会产生一定的怀疑情绪，甚至对笔者如此描述感到一丝可笑，四个类和七个类之间的较量，能有多大区别？笔者是否有刻意放大使用 Spring 状态机的简便性呢？其实，笔者并未刻意描述，因为我们所说的这四个类中，有两个类是枚举类，枚举类的创建，几乎是没有代码书写量的。另外，当笔者展示完所有的代码实战内容后，你会发现 Spring 状态机的代码维护性及可读性是通用状态模式 UML 类图无法比及的。接下来，在本小节请先跟随笔者进行两个枚举类和订单对象类的创建。

1. 创建订单状态枚举类——OrderState

四种订单状态，我们依然沿用 4.3 节和 4.4 节的状态名称，看了下边的代码，"简单"两个字，定会出现在你的脑海中。代码如下：

```java
package com.book.ordermanagement.state;

public enum  OrderState {
    ORDER_WAIT_PAY,      // 待支付
    ORDER_WAIT_SEND,     // 待发货
    ORDER_WAIT_RECEIVE,  // 待收货
    ORDER_FINISH;        // 完成订单
}
```

2. 创建订单操作枚举类——OrderStateChangeAction

请读者再次回看图 4-7，订单操作枚举类仅有三个元素：PAY_ORDER、SEND_ORDER、RECEIVE_ORDER。依然"简单"，代码如下：

```java
package com.book.ordermanagement.state;

public enum OrderStateChangeAction {
    PAY_ORDER,           // 支付操作
    SEND_ORDER,          // 发货操作
    RECEIVE_ORDER;       // 收货操作
}
```

至此，我们已经完成了两个类的创建，虽然我们需要创建四个类，但是这四个类，华而不实，因为接下来第三个类的创建，依然简单至极。

3. 创建订单对象类——Order

此处仅仅是创建订单对象类，请读者格外关注最后一个 price 属性，该属性的添加，是为了第 5 章进行多种类支付实战时进行支付操作。本章可以无须关心这个属性。代码如下（关于订单状态，此处直接使用 OrderState 枚举类即可）：

```java
package com.book.pojo;

@Data
@Builder
@NoArgsConstructor
@AllArgsConstructor
@ToString
public class Order {
    private String orderId;
    private String productId;
    private OrderState orderState;  // 订单状态
    private Float price;            // 商品价格
}
```

我们用如此简单的代码逻辑，已经完成了三个类的创建。接下来，对于 Spring 状态机配置类的创建，请读者做好准备，此部分内容为本小节的核心实战内容，因此，笔者将这部分内容，单独规划到了 4.8.2 小节。当然，笔者也会尽自己最大能力，为大家提供通俗易懂的讲解方式。

4.8.2 Spring状态机配置类实战

在对 Spring 状态机配置类进行创建之前，我们需要先思考一下，如果想要创建一个配置类，需要做些什么呢？ Spring 状态机的配置类中需要做些什么呢？在 4.8.1 小节，我们虽然创建了三个类，但是这个三个类非常的空洞乏味，没有任何逻辑处理，仅仅是一些枚举类和实体对象类，这样的三个类，只能被组织、被使用。那谁来进行核心逻辑的承载，谁来组织和使用在 4.8.1 小节创建的这三个类呢？很明显，是 Spring 状态机。

通过对上一段话的阅读，读者是否对 Spring 状态机的角色有了更加深入的理解？ Spring 状态机，是核心逻辑的提供者、相关类的组织者和使用者。这也是笔者将 Spring 状态机的实战内容单独放在 4.8.2 小节的另外一个原因，不单单因为这部分内容是核心内容，还因为 Spring 状态机在实战过程中所扮演的角色与 4.8.1 小节中创建的那三个类相比，完全不是一个层面的。

既然我们从宏观层面理解了 Spring 状态机所扮演的不同角色，那么我们到底需要在 Spring 状态机的配置类中做什么呢？核心逻辑实现、组织者、使用者，都是描述性的空话，细节呢？搞定细节，才能展开实战开发。那接下来，即便我们没有接触过 Spring 状态机的配置类实战，也依然能够依靠当前订单状态转化的需求和我们目前的知识储备，列举出以下 Spring 状态机配置类的书写方式和功能点。

①作为配置类，需要通过 @Configuration 注解标识该类的作用。

② Spring 状态机配置类，需要为新创建的订单设置初始状态。订单创建成功后，订单的状态为 ORDER_WAIT_PAY，并且将 Spring 状态机与订单状态枚举类 OrderState 进行关联。

③ Spring 状态机配置类，需要配置订单状态的转化流程。需要将前文中图 4-7 的转化流程配置到状态机上，即"订单状态待支付 ORDER_WAIT_PAY →收到订单支付操作 PAY_ORDER →订单状态变为待发货 ORDER_WAIT_SEND →收到订单发货操作 SEND_ORDER →订单状态变为待收货 ORDER_WAIT_RECEIVE →收到订单签收操作 RECEIVE_ORDER →订单状态变为订单完成 ORDER_FINISH。"

④ Spring 状态机配置类，可以根据需求，支持状态机自身的存储和读取。

以上四点内容，是基于目前我们的需求，基于 Spring 状态机所扮演的角色，必须要实现的逻辑。如果，你认同了以上四点内容，那么接下来，我们对以上四点内容，一步一步地进行实现。将一个类的创建，分为 4 个步骤逐步进行代码逻辑的完善，让读者更加细致地体会整个配置类的创建过程、细节及原因。相比于直接给大家展示笔者全部的代码和注释，分步骤逐步实现更有利于读者对此部分内容的理解。

1. 创建Spring状态机配置类——OrderStateMachineConfig

对于 OrderStateMachineConfig 配置类的创建，需要继承 Spring 中的状态机适配类——StateMachineConfigurerAdapter<S, E>，其中泛型 S 代表我们的订单状态，也就是 OrderState 枚举类；泛型 E 代表订单操作，也就是 OrderStateChangeAction 枚举类。因此，我们可以很快地创建出状态机的配置类 OrderStateMachineConfig，代码如下：

```
package com.book.ordermanagement.statemachine;

@Configuration
@EnableStateMachine(name="orderStateMachine")
public class OrderStateMachineConfig extends StateMachineConfigurerAdapter
<OrderState, OrderStateChangeAction> {
}
```

对于以上代码，除了 @Configuration 注解的使用之外，笔者有两点说明。

①泛型 S 和泛型 E，直接将我们的订单状态枚举类和订单操作枚举类进行了关联，这是一个开端，为后续的订单状态转化逻辑奠定了良好的基础。

②读者是否注意到，除了 @Configuration 注解外，笔者还添加了另外一个注解——@EnableStateMachine。从字面意义上我们就可以很容易理解，该注解的作用是开启状态机。

2. 为新创建的订单设置初始状态

我们继续进行第 2 步的实战开发，为新创建的订单设置初始状态 ORDER_WAIT_PAY。笔者为大家展示这部分的代码，然后对此部分代码进行细致的说明。代码如下：

```
package com.book.ordermanagement.statemachine;

@Configuration
@EnableStateMachine(name="orderStateMachine")
public class OrderStateMachineConfig extends StateMachineConfigurerAdapter
```

```
<OrderState, OrderStateChangeAction> {
// 覆写 configure 方法，进行状态机的初始化操作
    @Override
    public void configure(StateMachineStateConfigurer<OrderState,
OrderStateChangeAction> states) throws Exception {
// 设置订单创建成功后的初始状态为待支付 ORDER_WAIT_PAY
        states.withStates().initial(OrderState.ORDER_WAIT_PAY)
// 将订单状态类 OrderState 中所有的状态，加载配置到状态机中
                .states(EnumSet.allOf(OrderState.class));
    }
}
```

关于此部分代码，笔者有以下两点说明。

①状态机初始化订单状态，需要覆写 configure 方法，configure 方法的参数是 Spring 提供的状态机配置类 StateMachineStateConfigurer<S,E>，泛型 S 和泛型 E 分别为 OrderState 枚举类和 OrderStateChangeAction 枚举类。

② 为 configure 方 法 的 参 数 states 设 置 订 单 创 建 后 的 初 始 状 态， 并 将 OrderState 类中所有的订单状态加载到状态机中。

3. 配置订单状态的转化流程

对订单状态转化流程的配置是该类中最为核心的一个环节。我们依然需要覆写另外一个重载的 configure 方法，对订单的转化流程进行配置。依然先为大家展示代码，然后对代码进行说明。代码如下（已存在的代码，用省略号表示）：

```
package com.book.ordermanagement.statemachine;

@Configuration
@EnableStateMachine(name="orderStateMachine")
public class OrderStateMachineConfig extends StateMachineConfigurerAdapter
< OrderState, OrderStateChangeAction> {
...
    @Override
    public void configure(StateMachineTransitionConfigurer<OrderState,
OrderStateChangeAction> transitions) throws Exception {
        transitions.withExternal()
// 从 ORDER_WAIT_PAY 状态转化为 ORDER_WAIT_SEND 状态，需要 PAY_ORDER 操作
.source(OrderState.ORDER_WAIT_PAY)
                .target(OrderState.ORDER_WAIT_SEND)
                .event(OrderStateChangeAction.PAY_ORDER)
                .and()
// 从 ORDER_WAIT_SEND 状态转化为 ORDER_WAIT_RECEIVE 状态，需要 SEND_ORDER 操作
                .withExternal().source(OrderState.ORDER_WAIT_SEND)
                .target(OrderState.ORDER_WAIT_RECEIVE)
                .event(OrderStateChangeAction.SEND_ORDER)
                .and()
```

```
// 从 ORDER_WAIT_RECEIVE 状态转化为 ORDER_FINSIH 状态，需要 RECEIVE_ORDER 操作
                .withExternal().source(OrderState.ORDER_WAIT_RECEIVE)
                .target(OrderState.ORDER_FINISH)
                .event(OrderStateChangeAction.RECEIVE_ORDER);
    }
}
```

请读者仔细查看以上代码，虽然代码的行数很多，但是仔细观察代码之后，发现这部分代码并不复杂，有规律可循。此处笔者依然有两点需要进行说明。

①配置订单流程的转化，需要覆写另外一个 configure 方法，不同的是，该 configure 方法的入参，是 Spring 提供的状态转化配置类：StateMachineTransition Configurer<S, E>，是 configure 方法的重载方法，专门用于配置不同状态间的转化逻辑。

②从 configure 方法的逻辑上看，一共有三组配置，每组配置都包含 source（表示当前订单状态）、target（表示要转化为的订单状态）、event（表示需要执行的操作）。按照中国人说汉语的习惯，对于这部分代码，我们应该先读 source，再读 event，然后读 target。因此这部分代码的逻辑翻译为："当前订单状态下（source），通过订单的某个操作（event），将订单的状态修改为目标状态（target）"。

至此，我们完成了状态机的核心逻辑，如此清晰的配置链条，不仅可读性高，还能够非常容易地进行代码维护。

4. 状态机自身的存储（持久化）及读取

部分读者可能无法理解对状态机进行存储和读取的原因，为了让大家能够完全了解此处进行持久化的意义，请允许笔者模拟以下情景对话。

读者：为什么要对状态机进行持久化呢？

笔者：对状态机进行持久化，是为了保证管理同一个订单的不同状态，只需要创建一个状态机。一个订单，对应一个状态机；订单状态改变，意味着状态机的状态也需要改变，它们两个是共生体。

读者：订单状态改变，我们用订单类 Order 中的 setOrderState 方法，对吧？

笔者：完全正确。

读者：OK，那状态机状态的改变，我也可以使用 Spring 状态机提供的 set 状态方法。每次订单状态改变，我也会手动调用 Spring 状态机的 set 状态方法，保证订单状态和 Spring 状态机的状态一致。那这样看来，我也是一个订单对应一

个 Spring 状态机，每次状态改变，不需要重新创建 Spring 状态机，即便不持久化，也能保证一个订单只创建一个 Spring 状态机，对吗？

笔者：不对。很遗憾，Spring 状态机没有 set 状态的方法，是自动进行状态切换的。所以，当一个订单状态改变后，Spring 状态机的状态会自动改变，你需要存储当前状态下的 Spring 状态机，不然下次你就找不到当前状态的状态机了。

读者：那我可以使用一个 Map 存储订单和 Spring 状态机的对应关系吗？直接利用 Jvm 的内存进行缓存，下次直接从 Map 中获取当前订单对应的状态机，可以吗？

笔者：单机环境，完全可以。但是，如果你的项目是分布式项目怎么办呢？一个订单的不同状态，可能会由不同的分布式节点执行，存储到本地 Jvm 内存中的 Map，没有办法在分布式环境中发挥作用。

读者：那么，我们用 Redis？

笔者：完全正确。

读者：我明白了，只要调用咱们的 RedisCommonProcessor 类中的 set 和 get 方法，就能够完成 Spring 状态机的存储和读取了，对吗？

笔者：不完全正确。使用 RedisCommonProcessor 类中的 set 和 get 方法固然可以，但是那样太复杂了，因为我们还需面临 Spring 状态机的序列化问题，实现过程非常复杂。为了解决这个问题，Spring 状态机专门提供了 spring-statemachine-redis 供我们直接使用。

读者：了解了，很期待这部分的实战。

笔者：可能会让你失望，因为代码量太少了，算上注解和方法结束的中括号，一共就 6 行代码。spring-statemachine-redis 都已经将很多逻辑为我们封装完成了。哦哦，差点忘了，pom 文件引入 spring-statemachine-redis 依赖，还需要通过熟练的 Ctrl+C/Ctrl+V 操作，复制粘贴 5 行代码，这个操作，对咱们程序员来说，不陌生吧？

读者：……

请读者不要介怀，情景对话结束时，跟大家开了一个小小的玩笑。从技术学习的角度而言，与其称之为玩笑，笔者更倾向于称之为"学习心态的调整"。当我们面对自己不熟悉的技术时，多少会有一定的畏惧，部分读者可能会选择逃避。我想用 6 行代码 +5 行 pom 依赖的描述，留住你们的目光，不就 11 行代码吗？它有什么可豪横的？东风吹醒英雄梦，笑对青山万重天。开搞！

（1）5 行代码，引入 spring-statemachine-redis 依赖。

```
<dependency>
      <groupId>org.springframework.statemachine</groupId>
      <artifactId>spring-statemachine-redis</artifactId>
      <version>1.2.9.RELEASE</version>
</dependency>
```

（2）6 行代码，通过 @Bean 注解，初始化 RedisStateMachinePersister。

我们在 OrderStateMachineConfig 类中添加代码如下（已存在代码用省略号表示）：

```
package com.book.ordermanagement.statemachine;

@Configuration
@EnableStateMachine(name="orderStateMachine")
public class OrderStateMachineConfig extends StateMachineConfigurerAdapter
<OrderState, OrderStateChangeAction> {
    ...
    @Bean(name = "stateMachineRedisPersister")
     public RedisStateMachinePersister<OrderState, OrderStateChangeAction>
getRedis Persister() {
    RedisStateMachineContextRepository<OrderState, OrderStateChangeAction>
repository
                = new RedisStateMachineContextRepository<>(redisConnecti
onFactory);
    RepositoryStateMachinePersist persist
                = new RepositoryStateMachinePersist<>(repository);
    return new RedisStateMachinePersister<>(persist);
    }
}
```

应该不会有读者认为这是 9 行代码吧？从 @Bean 开始到方法结尾，一共 6 行代码，只不过考虑书写美观，笔者将"等于号"进行了换行。对于此部分代码，笔者有四点需要说明。

①对于泛型 <OrderState, OrderStateChangeAction> 的设置，此处与前文所述原因一致，将订单状态枚举类和订单操作枚举类进行关联。

②方法体的第一行代码，通过 new 关键字，创建 RedisStateMachineContextRepository，从该类的名称可以看出，RedisStateMachineContextRepository 是 StateMachine 存储的 DAO 层（与我们之前使用的 JPA 的命名一样）。

③方法体第二行代码，通过 new 关键字，创建 RepositoryStateMachinePersist 类，该类的入参是第（2）步创建的 repository，是 DAO 层的封装层。

④方法体最后一行代码，return 一个 RedisStateMachinePersister，该类的入参是第（3）步创建的封装层 persist，我们 return 的是暴露给使用者的工具类，因

此将该类命名为 persister（名字最后的两个字母是 er，很多开源代码都习惯这样命名，带 er 的类通常为暴露给使用者的调用入口。）

至此，我们基于 Spring 状态机的、有关状态模式的实战部分就完成了。如果读者一直在跟随笔者进行亲身实战，那么此时有关状态模式的代码结构应该如图 4-8 所示。

图 4-8

是不是比直接使用状态模式的通用 UML 类图清晰很多，容易很多呢？接下来，我们继续实战，接入观察者模式。我相信，观察者模式定不会让你失望，因为我们只需要创建一个类，就能基于 Spring 状态机，完成观察者模式的接入。

4.9 观察者模式实战——基于 Spring 状态机

请读者回看 4.1 节中的不推荐原因⑤：在 4.1 节中，有关不推荐直接使用通用 UML 类图的原因的第⑤点，"从实战角度，既然有了 SpringBoot 框架，谁还会自己写观察者模式呢？"

前文埋下的伏笔会一一兑现。现实工作中，真的很少有人手动实现观察者模式了，这并不是设计模式的遗憾，而是对设计模式的改革、升华和致敬。当然，即便没有人手写观察者模式了，笔者依然在 4.5 节和 4.6 节，带大家基于通用 UML 类图的观察者模式进行了实战，毕竟知识还是要学的。

4.9.1 观察者类创建实战

本节我们基于 Spring 状态机，进行观察者模式的融入。在进行观察者模式引入之前，我们依然需要提前进行一番基于理论的分析，或者说基于理论进行合理的猜测，到底如何引入观察者模式呢（此处笔者想要着重说明的是，基于理论的分析和猜测是非常有意义的一件事情，随着开发经验的增加和第三方工具类使用种类的增加，你会发现，很多设计都有相通之处。基于理论进行分析和猜测，就好比我们自己就是 Spring 状态机的研发者，即便我们的分析和猜测有些许出入，也无伤大雅，因为这是两种思想的碰撞，是你的思想与 Spring 状态机研发者的思想碰撞，碰撞完了，看看谁"疼"，自己"疼"了，就吸收融汇 Spring 状态机开发者的思想，抚平疼痛，下次接着碰，疼了、悟了，学习本如是，应如是）。

我们分析和猜测如下。

①观察者模式，其实就类似于一个监听器，可能需要类似 @xxxListener 注解进行监听。

②需要指定被监听的对象，我们需要监听 Spring 状态机的变化，因此需要在 @xxxListener 注解中，指定一个监听对象，大概写法是 @xxxListener ("orderStateMachine")。

③观察者模式中的观察者有两个任务：一个任务是观察 Spring 状态机；另外一个任务是，当监听到不同的状态变化后，采取不同的行动，需要实现这部分的代码逻辑。

经过了一系列基于理论的分析和猜测，接下来，我们一一印证以上三点分析和猜测，与 Spring 状态机的开发者碰一碰。

1. 创建OrderStateListener类，并添加用于监听的注解

代码如下：

```
package com.book.ordermanagement.listener;

@Component
@WithStateMachine(name="orderStateMachine")
public class OrderStateListener {
}
```

@Component 注解不必多言。我们主要来看看 @WithStateMachine 注解，这个注解与我们猜测的 @xxxListener 注解的意义是完全一样的，该注解，就是开启对 orderStateMachine 的监听。我们的分析和猜测中的①和②，基本与开发者一致。

2. 根据不同的状态变化，实现不同的处理逻辑

看看我们第 1 步创建的类，仅仅确定了观察目标。但是，如何监听到状态的变化呢？ OrderStateListener 类，就是一个普通的类，也没有特殊的父类，难道我随便写一个方法就行吗？那么方法的入参是什么呢？

这个时候的碰撞，我们可能需要"疼"一下了。Spring 状态机的状态变化

监听，也是通过注解完成的，这个设计非常"优雅"。笔者先为大家展示监听
ORDER_WAIT_PAY 状态→ ORDER_WAIT_SEND 状态的代码逻辑，然后对代码
进行细致分析，相信你最终能够完全明白。代码逻辑如下：

```java
package com.book.ordermanagement.listener;
@Component
@WithStateMachine(name="orderStateMachine")
public class OrderStateListener {
    @Autowired
    private RedisCommonProcessor redisCommonProcessor;

    @OnTransition(source = "ORDER_WAIT_PAY", target = "ORDER_WAIT_SEND")
    public boolean payToSend(Message<OrderStateChangeAction> message){
        // 从 Redis 中获取订单，并判断当前订单状态是否为待支付
        Order order = (Order) message.getHeaders().get("order");
        if(order.getOrderState() != OrderState.ORDER_WAIT_PAY) {
                throw new UnsupportedOperationException("Order state
error!");
        }
        // 支付成功后修改订单状态为待发货，并更新 Redis 缓存
        order.setOrderState(OrderState.ORDER_WAIT_SEND);
        redisCommonProcessor.set(order.getOrderId(), order);
        // 命令模式进行相关处理（4.10 节和 4.11 节进行实现）
        return true;
    }
}
```

请读者仔细查阅以上代码，代码逻辑并不复杂，并且包含详细的注释。唯独
需要笔者进行说明的，有以下四点。

①通过 @OnTransition 注解，标注 source 和 target 属性，代表了该方法专
门用于监听订单状态从 ORDER_WAIT_PAY 到 ORDER_WAIT_SEND 的转化。
至于 source 和 target 我们并不陌生，虽然 @OnTransition 注解是第一次接触，
但是通过字面意思就能够理解，@OnTransition 声明状态转移条件为 source to
target。

② payToSend 方法的命名没有任何限制，可以根据自己的喜好进行命名。

③ PayToSend 方法的参数 Message<OrderStateChangeAction> message，此处
使用 org.springframework.messaging.Message 类，对 OrderStateChangeAction 订单
操作枚举类进行了封装，从字面意义来说，这个参数代表了一条订单操作的消
息。我们可以根据这个消息，获取订单的信息，并进行后续处理。

④请读者格外留意以上有关"命令模式"的注释，对于命令模式，我们将
会在 4.10 节和 4.11 节进行实现，此处的注释会在 4.10 节和 4.11 节进行实战代码
填充。

对于以上四点的说明，可能部分读者会对第③点说明存在疑问，这个 Message 消息，是谁发送的？这个 Message 消息，是我们的 Service 层发送给 Spring 状态机，然后 Spring 状态机发送给 OrderStateListener 的。如果读者仍然不能够完全理解，也不必着急，因为在 4.9.2 小节，你会看到 Message 的相关代码，届时，你就会完全明白 Message 的传播路径。

既然我们了解了如何监听 ORDER_WAIT_PAY 到 ORDER_WAIT_SEND 的状态变化，举一反三，我们能够很快地写出监听 ORDER_WAIT_SEND 到 ORDER_WAIT_RECEIVE 和 ORDER_WAIT_RECEIVE 到 ORDER_FINISH 的代码逻辑，代码如下（已存在代码用省略号表示）：

```java
package com.book.ordermanagement.listener;

@Component
@WithStateMachine(name="orderStateMachine")
public class OrderStateListener {
    ...
    @OnTransition(source = "ORDER_WAIT_SEND", target = "ORDER_WAIT_
RECEIVE")
    public boolean sendToReceive(Message<OrderStateChangeAction>
message){
        Order order = (Order) message.getHeaders().get("order");
        if(order.getOrderState() != OrderState.ORDER_WAIT_SEND) {
                throw new UnsupportedOperationException("Order state
error!");
        }
        order.setOrderState(OrderState.ORDER_WAIT_RECEIVE);
        redisCommonProcessor.set(order.getOrderId(), order);
        // 命令模式进行相关处理（4.10 节和 4.11 节进行实现）
        return true;
    }
    @OnTransition(source = "ORDER_WAIT_RECEIVE", target = "ORDER_
FINISH")
    public boolean receiveToFinish(Message<OrderStateChangeAction>
message){
        Order order = (Order) message.getHeaders().get("order");
        if(order.getOrderState() != OrderState.ORDER_WAIT_RECEIVE) {
                throw new UnsupportedOperationException("Order state
error!");
        }
        order.setOrderState(OrderState.ORDER_FINISH);
        redisCommonProcessor.remove(order.getOrderId());
        // 命令模式进行相关处理（4.10 节和 4.11 节进行实现）
        return true;
    }
}
```

至此，我们完成了观察者的实战开发。一个类，三个注解，三个监听方法，代码逻辑十分清晰。接下来，我们将在 4.9.2 小节实现 Controller 和 Service，并对基于 Spring 状态机的订单转化需求进行测试。

4.9.2　测试基于Spring状态机的订单转化

本小节我们展开基于 Spring 状态机的订单转化流程测试。本小节的实战部分仅仅需要创建 Controller 和 Service 类。需要特别注意的是：关于 Service 类的实战过程，我们需要在 Service 中引入 Spring 的状态机以及 Spring 状态机的 Redis 持久化工具类。接下来，我们直接进入代码的实战。

1. 创建Controller类——OrderController

Controller 层的代码十分简单，代码如下：

```java
package com.book.controller;

@RestController
@RequestMapping("/order")
public class OrderController {
    @Autowired
    private OrderService orderService;

    @PostMapping("/create")
    public Order createOrder(@RequestParam String productId) {
        return orderService.createOrder(productId);
    }

    @PostMapping("/pay")
    public Order payOrder(@RequestParam String orderId){
        return orderService.pay(orderId);
    }

    @PostMapping("/send")
    public Order send(@RequestParam String orderId) {
        return orderService.send(orderId);
    }

    @PostMapping("/receive")
    public Order receive(@RequestParam String orderId) {
        return orderService.receive(orderId);
    }
}
```

2. 创建 Service 层——OrderService（此处埋了一颗巨大的"雷"）

在 Service 层，我们需要完成与 Spring 状态机的交互工作，并且将 Spring 状态机持久化到 Redis 中。为了更好地帮助读者理解 Service 层的实战代码，在展示 Service 层的代码之前，笔者有以下说明。

　　① Service 层需要通过 @Autowired 依赖注入 orderStateMachine。还记不记得 orderStateMachine 是在哪里定义的呢？我们在 4.8.2 小节的实战过程中，创建了 Spring 状态机的配置类 OrderStateMachineConfig.java，并且，我们使用 @EnableStateMachine（name="orderStateMachine"）注解标注了这个类，name 属性指的就是我们依赖注入的 orderStateMachine。这样，我们就能够在 Service 层中使用 Spring 状态机。

　　② Service 层需要通过 @Autowired 依赖注入 stateMachineRedisPersister。还记不记得 stateMachineRedisPersister 是在哪里定义的呢？依然是在 4.8.2 小节的 Spring 状态机配置类 OrderStateMachineConfig.java 中，我们通过 @Bean 注解，指定 name 属性为 stateMachineRedisPersister。这样，我们就能够在 Service 中对 Spring 状态机进行存储和读取。

　　③还记不记得，在 4.9.1 小节的实战类——OrderStateListener。我们在该类中创建了三个方法，每个方法的入参，都是 org.springframework.messaging. Message 类型，当时笔者就已经点明："这个 Message 消息，是 Service 层发送给 Spring 状态机，然后 Spring 状态机发送给 OrderStateListener 的"。因此，Service 中还需要有这部分逻辑。

　　④当然，我们仍然需要通过 @Autowired 注解引入 RedisCommonProcessor 类，用于订单对象的存储及读取。

　　明白了 Service 类的具体工作，再来看笔者提供的实战代码，就会容易很多。代码及详细注释如下：

```
package com.book.service;

@Service
public class OrderService {
    // 依赖注入 Spring 状态机，与状态机进行交互
    @Autowired
      private StateMachine<OrderState, OrderStateChangeAction>
orderStateMachine;
    // 依赖注入 Spring 状态机的 RedisPersister 存取工具，持久化状态机
    @Autowired
      private StateMachinePersister<OrderState, OrderStateChangeAction,
String> stateMachineRedisPersister;
    // 依赖注入 RedisCommonProcessor，存取订单对象
    @Autowired
    private RedisCommonProcessor redisCommonProcessor;
    // 订单创建
    public Order createOrder(String productId) {
// 此处 orderId，需要生成全局的唯一 ID，在 4.4.2 小节，笔者已经作过详细引申
        String orderId = "OID"+productId;
        // 创建订单并存储到 Redis
```

```
            Order order = Order.builder()
                    .orderId(orderId)
                    .productId(productId)
                    .orderState(OrderState.ORDER_WAIT_PAY)
                    .build();
        redisCommonProcessor.set(order.getOrderId(), order, 900);
        return order;
    }
    // 订单支付（雷点）
    public Order pay(String orderId) {
        // 从 Redis 中获取订单
        Order order = (Order) redisCommonProcessor.get(orderId);
        // 包装订单状态变更 Message，并附带订单操作 PAY_ORDER
        Message message = MessageBuilder
                    .withPayload(OrderStateChangeAction.PAY_ORDER).
setHeader("order", order).build();
        // 将 Message 传递给 Spring 状态机
        if(changeStateAction(message,order)) {

            return order;
        }
        return null;
    }
    // 订单发送
    public Order send(String orderId) {
        // 从 Redis 中获取订单
        Order order = (Order) redisCommonProcessor.get(orderId);
        // 包装订单状态变更 Message，并附带订单操作 SEND_ORDER
        Message message = MessageBuilder
                    .withPayload(OrderStateChangeAction.SEND_ORDER).
setHeader("order", order).build();
        // 将 Message 传递给 Spring 状态机
        if(changeStateAction(message,order)) {
            return order;
        }
        return null;
    }
    // 订单签收
    public Order receive(String orderId) {
        // 从 Redis 中获取订单
        Order order = (Order) redisCommonProcessor.get(orderId);
        // 包装订单状态变更 Message，并附带订单操作 RECEIVE_ORDER
        Message message = MessageBuilder
                    .withPayload(OrderStateChangeAction.RECEIVE_ORDER).
setHeader("order", order).build();
        // 将 Message 传递给 Spring 状态机
        if(changeStateAction(message,order)) {
            return order;
        }
        return null;
    }
```

```java
    // 状态机的相关操作
    private boolean changeStateAction(Message<OrderStateChangeAction> message, Order order) {
        try {
            // 启动状态机
            orderStateMachine.start();
// 从 Redis 缓存中读取状态机，缓存的 Key 为 orderId+"STATE"，这是自定义的，读者
可以根据自己喜好定义
            stateMachineRedisPersister.restore(orderStateMachine, order.getOrderId()+"STATE");
            // 将 Message 发送给 OrderStateListener
            boolean res = orderStateMachine.sendEvent(message);
            // 将更改完订单状态的 状态机 存储到 Redis 缓存
            stateMachineRedisPersister.persist(orderStateMachine, order.getOrderId()+"STATE");
            return res;
        } catch (Exception e) {
            e.printStackTrace();
        } finally {
            orderStateMachine.stop();
        }
        return false;
    }
}
```

请读者务必仔细阅读本段内容。笔者在此处，需要提前向所有的读者致歉："笔者不得已在 **OrderService** 类中，为我们的支付 **pay** 方法埋下了一颗大'雷'，明知有'雷'，却不能在此处进行排除，我们只能够在第 5 章的 5.4.3 小节进行排雷操作。可能你会认为 **pay** 方法的逻辑清晰，完全没有问题，但是，所有的第三方平台的支付操作，都是两段式的：第一段向第三方支付平台提交订单支付请求；第二段第三方支付平台回调我们平台的接口。只有在第二段的时候，我们才能确认订单支付是否成功，才能确认是否需要将订单状态转为待发货状态。而第三方支付的内容是第 5 章的内容。因此，我们只能在彻底完成了第 5 章的多种类支付实战后，才能对此处进行'排雷'，读者才能明白，此处为何有'雷'，请再给一点耐心，定不负君。"

以上代码，笔者已经提供了详细的注释，相信大部分读者能够完全理解。当然，对于经验稍浅的读者，可以通过 Postman 等工具进行实际的订单创建、支付、发货和签收，并通过 Debug 模式，对代码进行一一追踪，相信一轮调试下来，也能够完全明白代码的全部逻辑。测试过程需要注意的点中，笔者有以下四点进行说明。

①订单存储到 Redis 中，是以 orderId 作为 key 的。创建完订单后，可以打开 Redis 客户端，通过 get 具体的 orderId 命令查看当前存储的订单信息。当订单签收成功后，Redis 中的订单信息就会被删除。

②状态机存储到 Redis 中，是以具体的 orderId+STATE 为 key 的。当我们支付订单后，可以通过 get 具体的 orderId+STATE 命令查看当前存储的状态机信息。比如说，订单的 orderId 为 "OID01"，我们可以通过 "get OID01" 命令查看订单信息，通过 "get OID01STATE" 命令查看状态机的信息。需要注意的是，如果订单仅仅是 ORDER_WAIT_PAY 状态，则 Redis 中是没有状态机的信息的，因为新订单创建的接口逻辑中，并没有对状态机进行存储。

③订单签收成功后，我们仅仅删除了 Redis 缓存中的订单信息，并没有删除 Redis 缓存中的状态机信息，读者可以自行添加一行代码进行删除。在哪里进行删除呢？在 OrderStateListener 类中的 receiveToFinish 方法中添加一行代码，添加代码如下：

```
redisCommonProcessor.remove(order.getOrderId()+"STATE");
```

④本节的实战，展示了 Spring 状态机的核心使用逻辑，有兴趣的读者可以基于本节实战的内容，自行进行个性化或基于定制需求的扩展。

至此，我们完成了基于 Spring 状态机的订单转化流程的实战，并且融合了状态模式和观察者模式。对比基于通用 UML 类图的实战代码，使用 Spring 状态机显得更加专业，更加 "优雅"。尤其是在了解 Spring 状态机的使用方式之后，越发显得简洁明了。本章接下来的内容，我们将会进行命令模式的引入，通过命令模式，处理不同订单状态下的相关操作。

4.10　命令模式实战——UML 类结构分解及方法定义

命令模式，是一个高内聚的模式，通过将请求封装到一个命令（Command）对象中，实现了请求调用者和具体实现者之间的解耦。我们依然先对命令模式的通用 UML 类图进行说明，然后对应 UML 类图中的元素，一一进行实战类的创建和方法定义。命令模式 UML 类图如图 4-9 所示。

首次接触命令模式的读者，可能会认为命令模式十分复杂，因为单纯看命令模式的通用 UML 类图，比之前章节讲解的其他设计模式的 UML 类图都复杂一些。我们不要被命令模式的 UML 类图唬住，其实命令模式的使用非常简单。我们先来对命令模式类图中的角色进行一一介绍。

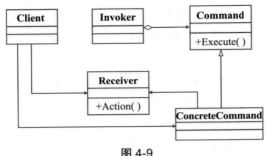

图 4-9

- **抽象命令（Command）角色**：一般定义为接口，用于定义执行命令的接口。
- **具体命令（ConcreteCommand）角色**：与命令接收者进行关联，调用命令接收者的方法。
- **接收者（Receiver）角色**：真正执行命令的对象。订单转化流程的相关逻辑，都在此处进行实现。接收者可以有多个，主要根据业务需求而定。
- **调用者（Invoker）角色**：接收客户端正确的命令，并触发命令的执行。
- **客户端（Client）角色**：创建 Invoker 和命令，并通过 invoker 触发命令。

虽然我们了解了命令模式中每个元素的角色，但还是感到有些许抽象，毕竟文字描述还是显得有些乏力。不要着急，实战过程中，我们会对每个角色进行创建，待实战完成，相信你能够对命令模式有很好的理解。

1. 创建接收者角色——OrderCommandReceiver

命令接收者，也可以称为命令实际的执行者，当它接收到命令后，OrderCommandReceiver 会展开相关逻辑的执行。代码如下：

```
package com.book.ordermanagement.command.receiver;

@Component
public class OrderCommandReceiver {
// 接收命令后执行
    public void action(Order order){
    }
}
```

代码如此简单吗？是的，此处我们仅仅创建了一个 OrderCommandReceiver 类，在该类的 action 方法中，会根据订单 order 的不同状态，执行不同的相关处理逻辑。

部分读者可能会有疑问，是否可以创建多个 Receiver，比如说为订单创建、订单支付、订单发货和订单签收分别创建 Receiver 呢？答案是肯定的，我们当然可以根据需求创建多个 Receiver 类，遵从单一职责原则，每个 Receiver

只需要专注于自己负责的逻辑，不同的 Receiver 之间不会互相影响。此处笔者并不作硬性要求，无论是创建多个 Receiver 还是一个 Receiver，都有优点和缺点，从辩证的角度来看，没有对错之分。本章的实战，我们仅创建一个 OrderCommandReceiver 类。

2. 创建抽象命令角色——OrderCommand

抽象命令角色，可以是接口，也可以是抽象类，此处我们无须定义其他的公共方法和成员变量，因此，我们选择接口进行该角色的创建。代码如下：

```java
package com.book.ordermanagement.command;

public interface OrderCommandInterface {
// 执行命令
    void execute(Order order);
}
```

3. 创建具体命令角色

对于具体命令角色的创建，我们依然仅仅创建一个具体命令类。当然，笔者并不反对创建多个具体命令类，之所以笔者依然选择创建一个具体命令类，原因有二。

①命令模式最显著的缺点，就是随着命令种类的增加，产生的类膨胀问题。因此，没有特殊扩展需求的场景，笔者会选择使用单一的类，去操作不同的命令。

②命令模式中的命令角色是不需要写核心逻辑的，命令角色唯一的核心职责就是调用命令接收者 Receiver 的 action 方法，因此，对于订单状态变化的需求，笔者选择仅仅创建一个具体命令类。

其实"类膨胀"并不是什么缺点，一切问题，都需要从辩证的角度进行思考，类的个数多了，你会想到类膨胀问题；类的个数少了，你会想到代码耦合，且违反单一职责原则……站在开发者的角度来说，我们只能基于实际需求，尽可能地权衡利弊。代码如下：

```java
package com.book.ordermanagement.command;

@Component
public class OrderCommand implements OrderCommandInterface{
    // 注入命令接收者
    @Autowired
    private OrderCommandReceiver receiver;

    @Override
    public void execute(Order order) {
        // 调用命令接收者的 action 方法，执行命令
        this.receiver.action(order);
    }
}
```

　　针对以上代码，笔者仅有一点需要说明：我们通过 @Autowired 注解注入我们的接收者 OrderCommandReceiver 类，是为了调用 receiver 的 action 方法，进行命令的最终执行。另外，以上代码还展现了命令模式中命令角色与命令接收者角色的关系，即命令角色需要关联命令接收者角色。

　　4. 创建命令调用者Invoker类——OrderCommandInvoker

　　OrderCommandInvoker 类，主要进行命令的 execute 方法的调用。此部分代码依然非常简单，代码如下：

```
package com.book.ordermanagement.command.invoker;

public class OrderCommandInvoker {
    public void invoke(OrderCommandInterface command, Order order) {
// 调用命令角色的 execute 方法
        command.execute(order);
    }
}
```

　　至此，我们完成了命令模式的 UML 类结构的创建和方法定义。从以上代码中可以看出，命令模式的整体调用链条是：Invoker 调用 Command 角色的 execute 方法，Command 角色调用 Receiver 的 action 方法。核心处理逻辑是在 Receiver 的 action 方法中进行的。最终的 UML 类图与实战类的对应关系如图 4-10 所示。

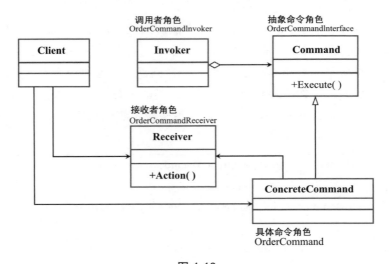

图 4-10

　　接下来，我们继续实战，将命令模式融入我们订单状态转化的流程之中，为本章的实战内容画上圆满的句号。

4.11　命令模式实战——订单转化相关扩展操作

本小节将命令模式融入订单转化流程的代码之中，完成本章的实战内容。你是否还记得，我们在 4.9.1 小节创建的 OrderStateListener 类，里面的三个方法分别添加了有关命令模式融入的注释，因此我们实战的第一步，就是将这三个方法的注释替换成命令模式的调用。

1. 在OrderStateListener类中添加命令模式相关调用

命令模式的调用方式十分简单，只需要将我们三个方法中的注释部分，替换成两行代码即可。代码如下：

```
OrderCommandInvoker invoker = new OrderCommandInvoker();
invoker.invoke(orderCommand, order);
```

唯一需要说明的是：对于 invoke 方法的第一个参数 orderCommand，需要通过 @Autowired 注解，将 OrderCommand 注入到 OrderStateListener 类中。代码如下：

```
@Autowired
private OrderCommand orderCommand;
```

2. 在OrderService类中添加命令模式相关调用

部分读者可能会遗漏这一步操作，需要在 OrderService 类的 createOrder 方法中添加命令模式的调用代码。并且需要通过 @Autowired 注解将 OrderCommand 注入到 OrderService 类中。

之所以需要对 createOrder 方法进行单独处理，是因为订单初始创建过程并没有被 Spring 状态机管理，OrderStateListener 类中也没有对订单创建初始过程进行监听，因此 createOrder 方法需要单独进行命令模式的融入。

3. 填充OrderCommandReceiver类的action方法逻辑

在 4.10 节创建 OrderCommandReceiver 类的时候，笔者就提出了，action 方法需要根据订单的不同状态进行不同的扩展逻辑处理。因此，action 方法中需要对订单状态进行判断。

对于 action 方法的相关逻辑处理，需要回顾 4.2 节项目需求发布会中的内容。关于订单状态流转的相关操作，项目经理提出以下要求。

①不同的订单状态需要入库。

②订单支付成功后需要通知财务部门和物流部门。

对于这部分逻辑的实现，我们采用示例代码进行，不会再花费大量的篇幅进行 Elastic Search 和 Queue（如 kafka、rabbitMq）的引入，即便我们引入了 Queue，也无非是在 SpringBoot 中添加一些链接信息，然后用一行代码将消息发送到 queue 中，也不会有真正的财务部门和物流部门进行消息的消费，此时引入 RabbitMq 并不合时宜，花费大量篇幅，却不会让读者有太多的提高，性价比很低。反观 Redis 的引入、JPA 的使用、HttpClient 的引入、第三方 Gitee 平台登录授权的引入以及本章 Spring 状态机的引入，虽然花费了一定篇幅，但能够使读者有所收获。

读者是否注意到，在上一段话中，笔者提到"此时引入 RabbitMq 并不合时宜"，意味着我们会在最合时宜，最能够体现 RabbitMq 性价比的时候进行引入。我们在第 7 章进行积分更新和红包发放的实战时，在服务三层降级的"延迟服务"场景时，会高调地引入 RabbitMq。此处，我们以示例代码进行展示。代码如下：

```
package com.book.ordermanagement.command.receiver;

@Component
public class OrderCommandReceiver {
    public void action(Order order){
        switch(order.getOrderState()) {
            case ORDER_WAIT_PAY:
                System.out.println(" 创建订单: order = " + order);
                System.out.println(" 存入 DB!");
                return;
            case ORDER_WAIT_SEND:
                System.out.println(" 支付订单: order = " + order);
                System.out.println(" 存入 DB!");
                System.out.println(" 通过 queue 通知财务部门 ");
                System.out.println(" 通过 queue 通知物流部门 ");
            case ORDER_WAIT_RECEIVE:
                System.out.println(" 订单发货: order = " + order);
                System.out.println(" 存入 DB!");
                return;
            case ORDER_FINISH:
                System.out.println(" 接收订单: order = " + order);
                System.out.println(" 存入 DB!");
                return;
            default:
                    throw new UnsupportedOperationException("Order state
error");
        }
    }
}
```

读者可以通过 Postman 或其他工具进行订单状态流转的测试，如果能够看到相关操作的打印信息，则证明代码实战无误。

4.12　章节回顾

本章关于订单状态转化需求的实战开发，内容量相对较多。本章前半部分，笔者为大家展示了通用 UML 类图下的状态模式和监听者模式的实战过程。在实战过程中，我们看到了通用 UML 类图下的一些弊端，但是却能够让我们更好地理解状态模式和观察者模式。

本章后半部分，笔者为大家展示了企业开发过程中，真实的状态模式（状态机 State Machine 使用）和观察者模式（监听状态机）的实战过程，并在订单消息处理的过程中，引入命令模式进行实战。

本章关于订单支付的过程，我们用注释进行了标注，这部分内容，我们会在接下来的第 5 章进行实战——多类型支付功能。你准备好了吗？继续前行之前，分享一首七言乐府《金缕衣》与君共品。

劝君莫惜金缕衣，

劝君惜取少年时。

花开堪折直须折，

莫待无花空折枝。

第 5 章
多种类第三方支付——策略模式 + 门面模式 + 工厂模式 + 享元模式

5.1　本章要点

随着互联网经济的发展，通过网络进行支付已经成为我们生活中不可或缺的一部分。几乎所有的购物网站或 APP，为了满足绝大多数消费者的支付习惯，都能够支持多种支付方式，如常见的支付宝支付、微信支付、银行卡支付等。多种类支付需求，也是每个购物网站或 APP 必不可少的核心功能模块之一。本章就针对多种类支付需求进行深入的代码实战。

为了满足读者的好学心和实战欲望，笔者承诺，会带大家体验真实的支付宝支付实战，绝不会以示例代码敷衍读者，同时，笔者会为大家讲解第三方支付的通用流程原理，让没有接触过第三方支付的读者也能对此部分功能有深刻的理解。

请读者给予笔者充分的理解，由于本书主题以及篇幅的限制，笔者仅能够带大家在繁多的支付方式中选择一种热门方式进行实战，笔者会在本章带大家进行支付宝支付的真实实战，对于其他支付方式，如微信支付等，请恕笔者无法为大家呈现，授之以渔而非鱼。本章要点内容如下。

- 策略模式实战——UML 类结构分解及方法定义。
- 策略模式实战——多种类第三方支付。
- 第三方支付原理。
- 第三方支付接入流程。
- 支付宝支付实战——真实代码。
- 门面模式实战——UML 类结构分解及方法定义。
- 门面模式实战——封装支付功能。
- 工厂模式实战——UML 类结构分解及方法定义。
- 工厂模式实战——策略工厂。
- 不知不觉的享元模式使用。
- Spring 框架 IOC，就是一个大型享元模式的应用。

5.2 实战需求发布会

项目经理：上次你们开发的订单状态转化的代码我都看了，相比之下，还是使用 Spring 状态机更合适。

王工：哈哈，是的。之前就应该听李工的，真没想到，自己写状态模式和观察者模式真的有好多坑……

李工：是的，厉害的是这么多坑，你还都能填平了，哈哈哈。

王工：嗨，费死劲了，下次我可得听劝了。

项目经理：行了，咱们聊聊正事儿吧。那个支付功能，得开始搞了。你们现在的支付功能，都是写的注释吧？

李工：对，随时能把支付功能加进代码，代码位置都留好了。支付功能可以放在 Service 层进行调用（OrderService 类的 pay 方法的注释位置，我们会添加支付代码的调用）。

项目经理：OK，那咱们就说一下多种类第三方支付的具体要求吧：

①目前需要支持支付宝支付和微信支付这两种支付方式。

②代码扩展性要好，随时都可能添加新的支付方式。

③代码封装性要好，具体的第三方支付类不能暴露给调用端。我不想在 Service 层的代码里看到任何具体支付类的引入。

王工：就这些要求吗？

项目经理：嫌少啊？

王工：没有没有，你一边儿说要求，我脑子里一边儿设计代码的实现思路，你说完了，思路也就出来了，所以问问你还有没有其他的要求。

项目经理：行，很不错，那你说说你的思路。

王工：其实也没什么高级的思路，就是觉得这部分代码可以使用策略模式进行开发，毕竟多种类支付相当于多种策略。策略模式的扩展性很好，多一种支付方式，多添加一个策略类，不会影响其他支付方式的代码。

项目经理：OK，没问题，策略模式可以用，符合预期。李工有其他要补充的吗？

李工：我也赞同王工说的策略模式，只不过基于你提出的第三点要求，提高代码封装性的话，还需要在策略模式的外层封装一层门面，引入门面模式，正符合你对封装性的要求。

项目经理：好，听着有点意思，还有其他的想法吗？

王工：我也赞同李工的说法，门面模式的封装性非常好，而且使用起来很

简单，我们可以在门面模式的类中，进行策略模式的调用。整体的调用逻辑是
Service 层用一行代码调用门面模式的类，门面模式获取具体的支付类，然后调
用策略模式。这样 Service 层的代码里就看不到任何具体支付类的引入了。

　　李工：王工，你刚才说的"门面模式获取具体的支付类"这句话，咋获取？

　　王工：在 Service 层传一个 String 类型的 type 或者 int 类型的 type，然后在
门面模式的代码里进行 if/else 判断呗，提前做好对应，比如 type = 1，就是支付
宝；type=2，就是微信。

　　李工：这部分用 if/else 判断的话太笨拙，扩展性会有问题。

　　王工：啥问题？

　　李工：如果新加一个支付类型的话，你是不是还得在门面模式的代码里添加
一个对应的判断？这样总修改门面模式的代码不太合适吧？门面模式是暴露给调
用者的唯一入口，我觉得频繁修改可能有风险，最好不在门面模式的代码里进行
频繁的修改。

　　王工：那你有啥办法？

　　李工：引入工厂设计模式，与策略模式进行配合，升级为策略工厂，这样每
次门面模式的代码就不用改了。

　　王工：技术水平问题，我现在想象不到为什么不用修改。

　　项目经理：王工，李工说得没错，添加策略工厂完全可行。

　　王工：好的，那我到时候看看代码，学习学习。

　　项目经理：OK，这部分代码，两天提交测试，有问题吗？

　　王工：两天够呛，三天行不？

　　项目经理：五天都行，月底给你少发 500 块钱行不？哈哈哈，辛苦一下吧，
这部分业务要得急，我压力也很大。

　　王工：两天倒是也差不多，嗯 ~~~~ 问题不大，就两天吧。

　　项目经理：争取两天吧，你和李工沟通一下工作分配，没别的事儿今天就散
了吧。

　　王工 + 李工：好的。

　　额外说明：可能经验尚浅的读者会有一个想法，"我不使用门面模式，策略
工厂我也不想用，感觉策略模式都没必要用，我直接用一个类，写两个方法，一
个方法叫 alipay，另一个方法叫 wechatpay，简单明了，搞定了"……笔者能够
理解这部分读者的感受，由于经验尚浅，可能并未体会过代码扩展性及封装性
为后续代码维护及扩展带来的好处，这些体会和经验，需要随着工作经验的增
加和见闻的增长慢慢积累。有此想法的读者，不妨试着思考笔者这句话："一个

Controller 就能解决所有逻辑，为什么还要有 Service 层和 DAO 层呢？创建一个 Controller，所有的逻辑都放在这里，是不是更加简单明了呢？之所以分层设计，就是为了后续更好地管理代码、扩展代码，将不同的层插件化，我们可以根据需求进行层次的组装，就好比一个 DAO 层能够被多个 Service 使用，一个 Service 可以被多个 Controller 使用。设计模式也是如此。"

5.3 策略模式实战——UML 类结构分解及方法定义

策略模式，指对象有某个行为，但是在不同的场景中，该行为有不同的实现逻辑，即不同的策略，实现方式不同。

按照惯例，进行类结构分解及方法定义之前，我们先来看看策略模式的 UML 类图，如图 5-1 所示。

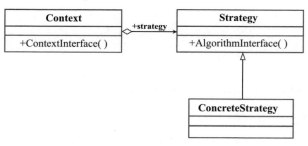

图 5-1

图 5-1 所示的策略模式的 UML 类图，怎么和状态模式的通用 UML 类图一模一样呢？请读者回看第 4 章的 4.3 节，我们在 4.3 节介绍了状态模式的通用 UML 类图（图 4-1），与我们马上要展开讲解的策略模式的 UML 类图结构完全一致。

一个 UML 类图，代表两种设计模式，这真的合理吗？很抱歉，对于是否，笔者无法直接给出准确的回答，就好比我们面对一个汉语拼音"jie du"，你可以翻译成"解读"，也可以翻译成"解毒"。之所以出现这种情况，就是因为"jie du"缺少了使用的上下文。如果我们面对的是"jie du 这篇文章"，我们必然能够确认此处的"jie du" = "解读"。

对策略模式和状态模式的通用 UML 类图来说，也是如此。直接给你一张脱敏的 UML 类图（不包含类似 states 和 strategy 的关键词），你必然也分不清。但是如果告诉你，我要用这张 UML 类图做控制状态的转化需求，那它就是状态模式；如果告诉你，我要用这张 UML 类图做策略选择的需求，那它就是策略模式。

其实，这样的设计是否合理并不重要，重要的是，我们在不同的场景中，能够准确地识别出这张 UML 类图代表什么，以及如何使用。接下来，我们对 UML 类图中的元素进行简单介绍（有了状态模式的基础，这部分就很容易了）。

- **Strategy 抽象策略角色**：该角色主要进行策略方法的定义。
- **ConcreteStrategy 具体策略类**：不同的策略需要创建不同的策略类（在多种类支付的实战中，支付宝支付策略和微信支付策略就是具体的策略类），并且实现抽象策略类定义的方法。
- **Context 上下文角色**（也称环境角色）：关联抽象策略类，并调用策略类的方法。

了解了策略模式通用 UML 类图中的角色后，接下来我们针对每个角色进行实战类的创建。

1. 创建抽象策略类——PayStrategyInterface

抽象策略类选择使用 Interface 进行创建，因为每个具体的策略类，都需要实现支付方法。此处 pay 方法的入参为对象类 Order。代码如下：

```
package com.book.pay.strategy;

public interface PayStrategyInterface {
// 定义公共的支付方法
    String pay(Order order);
}
```

此处笔者唯一需要说明的是，关于 pay 方法的返回值类型，我们将其定义为 String 类型，因为当我们访问第三方支付平台时，支付平台会为我们返回一个 URL 地址，使用这个 URL 地址，能够让用户进行支付以及后续的相关操作。待实战完毕，我们进行测试的过程中，你就会看到这个 URL 地址。

2. 创建具体策略类——AlipayStrategy和WechatStrategy

本章实战仅创建支付宝支付和微信支付的具体策略类，代码十分简单，代码如下：

```
package com.book.pay.strategy;
// 支付宝支付策略类
public class AlipayStrategy implements PayStrategyInterface{
    @Override
    public String pay(Order order) {
        return null;
    }
}
```

```
package com.book.pay.strategy;
// 微信支付策略类
public class WechatStrategy implements PayStrategyInterface{
    @Override
    public String pay(Order order) {
        return null;
    }
}
```

3. 创建策略环境类——PayContext

又是环境类，环境类不是会使 Service 层形同虚设吗？对于策略模式，我们还需要创建 Context 类吗？还有，Context 类不是有状态的类吗？我们需不需要把 Context 修改成无状态的类呢？要不要使用第 4 章的那种 @PostConstruct 注解进行"优雅"注入呢？使用状态模式的通用 UML 类图有问题，使用策略模式的通用 UML 类图是不是也有问题呢？

如果读者能够与笔者所描述的以上问题有所共鸣，会让笔者倍感欣慰，因为对以上问题有共鸣的读者，必然仔细阅读了第 4 章的前半部分内容，而且已经消化吸收。那接下来，笔者对以上问题进行一一解答。

问题 1：环境类不是会使 Service 层形同虚设吗？

解答：如果直接使用 Service 层调用策略模式，那就没有必要创建 Context 环境类。我们第 4 章的前半部分实战，就是使用 Service 层直接调用的状态模式。

问题 2：对于策略模式，我们还需要创建 Context 类吗？

解答：需要创建，因为本章实战，Service 层调用的是门面模式的封装层，门面模式调用策略工厂及策略模式的相关类。关于门面模式进行封装的意义，笔者此处想提前进行说明：支付模块，是一个整体，对于调用者来说，无须了解任何策略细节，调用者了解得越少，使用越方便，对我们的支付模块来说越安全（迪米特法则—最少知识原则）。对调用者而言，仅需一行简单的代码调用，即可完成支付，因此使用门面模式进行封装。

问题 3：Context 类不是有状态的类吗？我们需不需要把 Context 修改成无状态的类呢？

解答：策略模式和策略工厂的配合使用，就不需要修改成无状态类了。当我们进行策略工厂的实战时，笔者会对此进行说明。

对于后续的问题，相信前三个问题的解答，已经告诉我们答案（当然，笔者并不强制，代码设计无好坏之分，因需求制宜，因场景制宜）。代码如下：

```
package com.book.pay.strategy.context;

public class PayContext {
// 关联抽象策略类
    private PayStrategyInterface payStrategy;
    // 设计具体策略
    public PayContext(PayStrategyInterface payStrategy) {
        this.payStrategy = payStrategy;
    }
    // 执行策略
    public String execute(Order order) {
        return this.payStrategy.pay(order);
    }
}
```

至此，我们完成了策略模式的 UML 类结构分解及方法定义，实战类与
UML 类图的对应关系如图 5-2 所示。

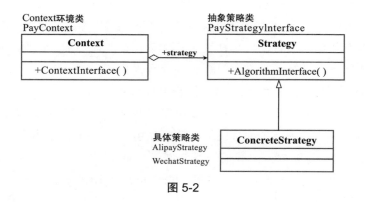

图 5-2

5.4　策略模式实战——多种类第三方支付

5.4.1　第三方支付原理

相信接触过第三方支付开发的读者，已经对原理性的知识有了一定的了解，
而没有接触过第三方支付开发的读者，可能会认为这部分知识"深不可测"，尤
其是听到"原理"二字，就不自然地把第三方支付的相关内容提升到了一定的
高度。

其实，第三方支付原理非常简单，即便是刚刚参加工作的读者，也能够立即
上手使用。在笔者看来，如果把第三方支付的原理总结为一句话，那就是：添加
pom 依赖，组装参数，然后调用接口。

大家是否还记得，我们在第 2 章进行第三方账号登录的实战过程中，引入了 Gitee 平台登录授权的实战代码，在那部分代码中，也无非是进行"接口的调用获取 code →接口调用获取 Token →携带 token，Gitee 平台回调我们的 Callback 接口"。此时来看第三方支付的原理，大体也是如此："用户发起支付，调用第三方平台的支付接口→支付完成，第三方平台回调我们的 Callback 接口"。以支付宝支付为例，图 5-3 所示为基本的第三方支付原理图。

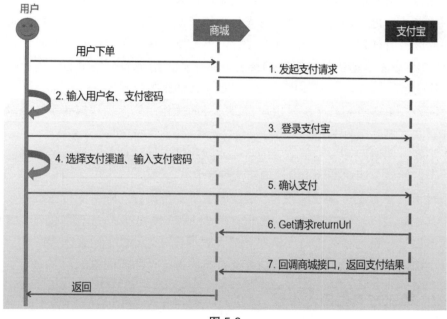

图 5-3

图 5-3 乍一看有些复杂，请读者静下心来，把视线放锁定到图 5-3，然后与笔者展开一轮引导性的情景对话。

笔者：上图的调用流程中，一共有几个角色？分别是什么？

读者：一共有三个角色，分别是用户、商城系统和支付宝平台。

笔者："商城系统"这个角色是什么？

读者：就是我们开发的项目啊，我们的后台代码逻辑都在商城系统这个角色里进行开发。

笔者：那就是说，我们只需要关注从商城系统发送请求到支付宝平台这部分代码对吗？

读者：对，商城系统到支付宝平台这部分交互是需要进行核心实现的。用户角色对商城系统的调用很简单，就是我们给用户开放的接口。你问点有"营养"

的问题行吗？

笔者：可以，既然核心代码都在商城系统发送请求到支付宝平台这部分，请问，图 5-3 中的第 1 步到第 7 步中，有几个调用是从商城系统到支付宝平台的呢？

读者：只有第 1 步。

笔者：那么有几个调用是从支付宝平台回调商城系统的呢？

读者：第 6 步和第 7 步……你到底想说什么啊？

笔者：请再给些耐心，对于有支付功能开发经验的读者来说，可能会觉得笔者的问题没有任何"营养"，10 个读者，仅需要了解一个我；而一个我，却需要顾及 10 个读者，请给经验尚浅的读者一些耐心，给笔者一些耐心。最后一个问题，第 2 步、第 3 步、第 4 步和第 5 步是在做什么呢？

读者：第 2 步和第 4 步是用户自己的界面操作；第 3 步和第 4 步是登录支付宝并发起支付。

笔者：谢谢回答和给予笔者的耐心，我相信，通过这轮对话，经验尚浅的读者，也能够完全明白图 5-3 中的调用流程了。

对于第三方支付流程，图 5-3 仅仅展示了支付流程。除了支付流程外，还有一些其他的接口，如退款接口、支付订单查询接口、退款信息查询接口、对账单下载接口等一系列相关接口，原理上都大同小异，无非就是组装入参，然后发起接口调用，部分接口（如支付接口）会有第三方平台的回调机制。

5.4.2 第三方支付接入流程

本章，我们仅对核心的支付流程展开实战，让读者深切地体会整个支付流程和调用细节。好学的读者可能想系统地了解第三方支付的全部内容，接下来，笔者仍以支付宝支付为例，教大家如何查看支付宝支付的接口文档以及接入流程。

着重申明：以下内容所提供的访问地址和截图，均出自支付宝的开放平台文档。支付宝的开放平台，是专门为企业或个人提供支付功能接入的完全开放的引导性平台，任何人都有权利访问该平台，不涉及任何隐私问题。

1. 想要接入第三方支付，首先要确定支付方式

以支付宝支付为例，支付宝提供了八种支付方式（开放平台地址可扫描右侧二维码获取），如图 5-4 所示。

开放平台地址

| 全部应用类型 ∨ | 支付 | 私域 | 公域 | 营销 | 资金 | 会员 | 信用 | 安全 |

当面付
扫码或出示付款码支付，资金马上到账

APP 支付
APP 轻松接入支付宝，享受全面支付服务

手机网站支付
手机网站接入支付宝，轻松收款

电脑网站支付
电脑网站付款，资金马上到账

周期扣款
周期内自动收款，省心省力，安全方便

刷脸付
无需携带手机，凭借刷脸完成支付

支付宝预授权
线上预授权，服务完成再结算扣款

新当面资金授权
当面预授权，服务完成再结算扣款

图 5-4

图 5-4 所示的八种支付方式，分别对应不同的支付方式。例如：APP 支付提供手机 APP 接入支付宝支付的接口文档；当面付提供以扫码或出示付款码进行支付宝支付的接口文档；刷脸付提供以人脸扫描进行支付宝支付的接口文档……不同企业和业务场景，可能会选择不同的支付方式。确定完支付方式后，单击该支付方式，即可获取详细的接口文档，如图 5-5 所示。

alipay.trade.refund.depositback.completed 收单退款中退完成通知	MsgAPI	退款存在退到银行卡场景时，收单会根据银行回执消息发送退款完成信息。仅当退款发起时，在 query_options 中传入：deposit_back_info 时会发送。	查看文档 去调试
alipay.trade.fastpay.refund.query 统一收单交易退款查询	OpenAPI	商户可使用该接口查询自已通过 alipay.trade.refund 提交的退款请求是否执行成功。	查看文档 去调试
alipay.trade.close 统一收单交易关闭接口	OpenAPI	用于交易创建后，用户在一定时间内未进行支付，可调用该接口直接将未付款的交易进行关闭。	查看文档 去调试
alipay.trade.query 统一收单交易查询	OpenAPI	该接口提供所有支付宝支付订单的查询，商户可以通过该接口主动查询订单状态，完成下一步的业务逻辑。需要调用查询接口的情况：当商户后台、网络、服务器等出现异常，商户系统最终...	查看文档 去调试
alipay.trade.refund 统一收单交易退款接口	OpenAPI	当交易发生之后一段时间内，由于买家或者卖家的原因需要退款时，卖家可以通过退款接口将支付款退还给买家，支付宝将在收到退款请求并且验证成功之后，按照退款规则将支付款按原路...	查看文档 去调试
alipay.data.dataservice.bill.downloadurl.query 查询对账单下载地址	OpenAPI	为方便商户快速查账，支持商户通过本接口获取商户离线账单下载地址	查看文档 去调试
alipay.trade.app.pay APP 支付接口 2.0	OpenAPI	外部商户 APP 唤起快捷 SDK 创建订单并支付	查看文档 去调试

图 5-5

2. 通过单击"查看文档"或"去调试"进行文档的查看或在线调试

相信读者可以看到，图 5-5 中的最右侧部分，有"查看文档"和"去调试"两个按钮，可以对支付宝提供的接口进行更加细致的了解。

3. 进入支付宝为开发者提供的"沙箱环境"，开通测试的商户账号

"沙箱环境"是支付宝开放平台为开发者提供的与生产环境完全隔离的联调测试环境，开发者在"沙箱环境"中完成的接口调用不会对生产环境中的数据产生任何影响。沙箱环境可以覆盖产品的绝大部分核心链路和对接逻辑，便于开发者快速学习、尝试、开发、调试。沙箱环境会自动完成或忽略一些场景的业务门槛。例如：开发者无须等待产品开通，即可直接在沙箱环境调用接口，使得开发集成工作可以与业务流程并行，从而提高项目整体的交付效率。

说直白些，"沙箱环境"就是一个测试环境，在开发和测试阶段，肯定不会用真实的支付宝账号进行支付测试，而是使用测试账号在"沙箱环境"中进行测试。我们本章的实战内容也不例外，也是在"沙箱环境"中进行实战开发。因此，读者需要依照笔者提供的以下步骤，进行沙箱环境的配置。

①**打开支付宝官方文档"沙箱环境"**。文档地址可扫描左侧二维码获取。

支付宝官方地址

②**单击图 5-6 中方框标记的"开放平台控制台"**。

图 5-6

单击"开放平台控制台"后，页面会跳转到支付宝的登录界面，如图 5-7 所示。读者需要使用自己的支付宝账号进行登录，因为你的"沙箱环境"只有自己能查看并配置。

图 5-7

③**登录成功后，在页面的最下边，找到如图 5-8 所示的"沙箱"，单击进入沙箱环境。**

开发工具推荐

沙箱	云监控
使用沙箱环境，真实测试／验证接口能力	实时监控业务稳定性，支持自定义监控和告警

图 5-8

④进入沙箱后，界面如下，其中有五部分需要我们进行记录和配置，具体如图 **5-9** 所示。

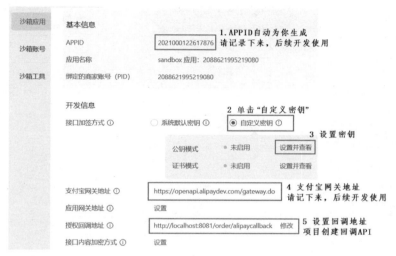

图 5-9

图 5-9 中，笔者共标记了五部分要点信息。第 1 部分 APPID 和第 4 部分支付宝网关地址，是沙箱环境自带的，我们需要将这两个信息记录下来，后续代码实战过程中，会使用这两个信息；第 5 部分，授权回调地址，需要填写项目中的回调接口地址，回调地址可设置为：http://localhost:8081/order/alipaycallback。后续我们进行实战开发时，将回调接口的 @RequestMapping 设置为"alipaycallback"即可。

图 5-9 中，对于第 2 部分和第 3 部分，我们需要配置公钥／私钥，并通过公钥获取支付宝公钥信息。具体的密钥获取及配置方式，请继续看下文。

⑤**下载密钥生成工具并生成密钥。**

扫描右侧二维码从支付宝开放平台可以下载密钥生成工具。如图 5-10 所示，请根据自己的操作系统，下载对应的版本。

支付宝开放平台

图 5-10

　　工具安装完成后，打开工具，选择"加签方式"为"密钥"，"加密算法"为"RSA2"，然后单击"生成密钥"按钮。详细信息如图 5-11 所示。

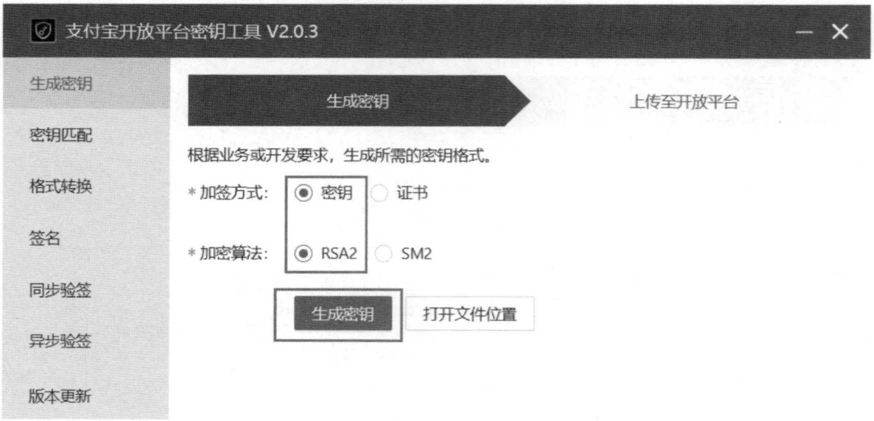

图 5-11

　　单击"生成密钥"按钮后，你会得到"应用公钥"和"应用私钥"，如图 5-12 所示。

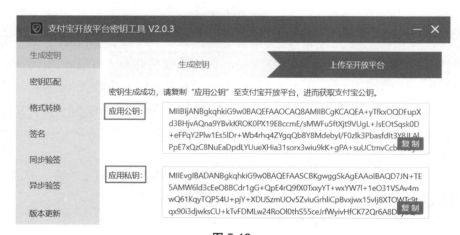

图 5-12

　　图 5-12 中，对于"应用私钥"，请读者记录下来，后续代码实战过程中，会使用到"应用私钥"，将"应用私钥"配置到代码中。

图 5-12 中，对于"应用公钥"，需要配置到图 5-9 的第 3 部分。请读者回看图 5-9 的第 3 部分，并单击图 5-9 第 3 部分所示的"设置并查看"，将"应用公钥"输入，支付宝平台会为你生成对应的"支付宝公钥"，如图 5-13 所示。

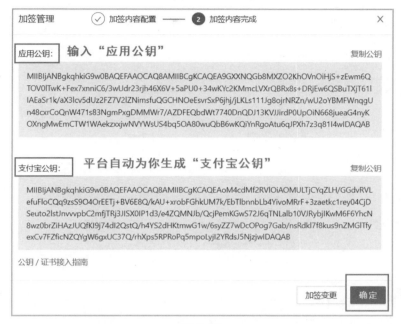

图 5-13

图 5-13 中，对于"支付宝公钥"，请读者记录下来，后续代码实战过程中，会使用到"支付宝公钥"，需要将"支付宝公钥"配置到代码中。记录完"支付宝公钥"后，单击"确定"按钮即可完成所有的配置。

至此，请读者核对一下，是否已经记录了以下四条信息。

- APPID（图 5-9 第 1 部分内容）。
- 支付宝网关地址（图 5-9 第 4 部分内容）。
- 应用私钥（图 5-12 中的应用私钥部分）。
- 支付宝公钥（图 5-13 的支付宝公钥部分）。

请读者务必确保以上四条信息已经记录无误，因为这四条信息，是我们实战过程中必不可少的配置，也是我们与支付宝平台进行交互的核心参数。

⑥查看并记录沙箱测试账号。

在测试环境中，我们不可能使用真实的支付宝账号进行支付，沙箱环境已经为我们提供了测试账号，请读者再次回看图 5-9 最左侧的"沙箱账号"选项，单击这个选项，会出现如图 5-14 所示的信息。

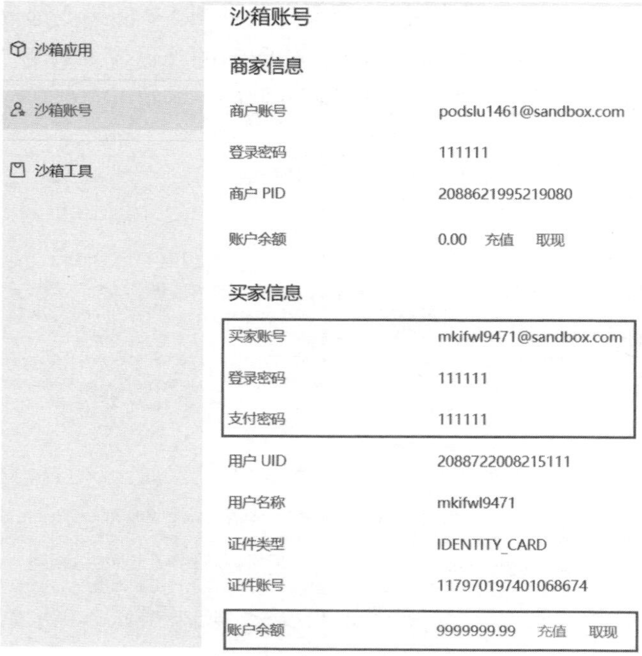

图 5-14

图 5-14 中，请读者记录"买家账号""登录密码"及"支付密码"，在实战的测试环节，我们需要使用这个测试账号进行支付宝支付操作。

图 5-14 中，"账户余额"默认为 0，请读者自行操作进行"充值"，别担心，这里的"充值"仅仅是数字的改变，都是测试数据。

图 5-14 中，"商家信息"在实战中是没有任何意义的，但是，当我们进行测试支付后，"商家信息"的余额也会相应地增加。

4. 沙箱环境配置成功，开始进行代码开发及测试

此部分内容，我们会在 5.4.3 小节进行实战。

5. 企业申请正式的支付宝平台账号，替换测试账号，进行预生产测试，然后进行上线发布

当所有的功能及测试在沙箱环境都测试通过之后，就可以申请正式的商户信息，在预生产环境进行相应测试成功后，就可以进行生产发布了。

本小节以支付宝接入为例，描述企业接入第三方支付的整体步骤，对于我们来说，需要额外关注本小节的前三个步骤，因为作为开发者，更加关心接口文档以及沙箱环境的申请。接下来，我们马上进入支付宝支付的实战内容，你准备好了吗？

5.4.3　支付宝支付实战

请读者务必仔细阅读本段内容：是否还记得，我们在 4.9.2 小节中提及，我们为 OrderService 中的 pay 方法埋下了一颗"雷"，只能在完成第三方支付实战后才能进行"排雷"操作，本小节我们会矫正代码，彻底"排雷"。

本节我们展开支付宝支付实战。相信本小节的内容，对于没有接触过第三方支付开发的读者，是最为期待的。在开始实战之前，我们需要先从宏观层面了解本小节的实战内容，整理好思路再出发，能够确保实战方向的正确性。本章涉及的代码实战内容如下。

- 在 pom 文件中引入 alipay 的依赖。
- 填充具体策略类 AlipayStrategy 的 pay 方法。此处为核心逻辑的实战。
- 开发回调接口。还记不记得我们在 5.4.2 小节，进行沙箱配置的时候，需要创建一个支付完成后的 Callback 接口：http://localhost:8081/order/alipaycallback。

厘清了整体的实战内容，接下来，我们对以上三点展开代码的实战落地。

1. 在pom文件中引入alipay依赖

支付宝平台为我们提供了相关的 SDK，能够支持个人或者企业接入支付宝支付功能，简化接入流程，具体依赖地址如下。

```
<dependency>
    <groupId>com.alipay.sdk</groupId>
    <artifactId>alipay-sdk-java</artifactId>
    <version>4.16.2.ALL</version>
</dependency>
```

2. 填充具体策略类AlipayStrategy的pay方法

具体策略类的 pay 方法，是整个实战的核心代码所在，我们需要在该方法中，实现与支付宝平台的交互。在 5.4.2 小节，我们提到的四个信息记录，马上要派上用场了，我们先将这部分信息，定义到我们的 Constants 类中，方便后续使用，代码如下（已存在代码使用省略号表示）：

```
package com.book.utils;

public class Constants {
    ...
    //appid
    public static final String APP_ID = "2021000122617876";
    // 应用私钥
    public static final String APP_PRIVATE_KEY = "MIIE.....JQ==";
```

```
// 支付宝公钥
public static final String ALIPAY_PUBLIC_KEY = "MIIBI.....IDAQAB";
// 沙箱接口路径
public static final String ALIPAY_GATEWAY ="https://openapi.
alipaydev.com/gateway.do";
// 签名方式
public static final String SIGN_TYPE = "RSA2";
// 接口回调地址
public static final String CALLBACK_URL = "http://localhost:8081/
order/alipaycallback";
}
```

对于以上代码中使用 static final String 修饰的成员属性，其中的 APPID、应用私钥、支付宝公钥以及支付宝平台网关地址，是我们在沙箱配置过程中保留下来的四点信息；至于签名类型，是我们在 5.4.2 小节生成公钥私钥过程中选择的加密类型 RAS2；关于支付完成后的 callback 地址，我们也早已在 5.4.2 小节配置到了支付宝开放平台的沙箱环境中。

我们回到正题，对 pay 方法进行实战填充。Alipay 所提供的 SDK 的封装性非常好，使用十分简便，因此代码逻辑并不复杂。笔者首先展示代码及注释，然后再为大家说明代码中的要点部分。代码及注释如下：

```
package com.book.pay.strategy;

public class AlipayStrategy implements PayStrategyInterface{
    @Override
    public String pay(Order order) {
        // 创建 AlipayClient
        AlipayClient alipayClient = new DefaultAlipayClient(Constants.
ALIPAY_GATEWAY,
                        Constants.APP_ID,Constants.APP_PRIVATE_
KEY,"JSON","UTF-8",
                Constants.ALIPAY_PUBLIC_KEY,Constants.SIGN_TYPE);
        // 设置请求参数
            AlipayTradePagePayRequest payRequest = new
AlipayTradePagePayRequest();
        payRequest.setReturnUrl(Constants.CALLBACK_URL);
            payRequest.setBizContent("{\"out_trade_no\":\"" + order.
getOrderId() + "\","
                + "\"total_amount\":\"" + order.getPrice() + "\","
                + "\"subject\":\"" + "伟山育琪" + "\","
                + "\"body\":\"" + "商品描述" + "\","
                + "\"product_code\":\"FAST_INSTANT_TRADE_PAY\"}");
        //请求
        try {
            String result = alipayClient.pageExecute(payRequest,"GET").
getBody();
            return result;
        } catch (Exception e) {
```

```
                    throw new UnsupportedOperationException("Alipay failed! " + e);
        }
    }
}
```

对于上述代码，整体逻辑是非常清晰的，笔者有以下三点进行说明。

- pay 方法中第一行代码，我们创建 AlipayClient，这是 alipay 的 SDK 为我们提供的，将对应的参数设置到 AlipayClient 的构造函数中。其中 "JOSN" 和 "UTF-8" 是我们定义的消息格式和编码，读者可以根据需求自行选择其他格式和编码。

- pay 方法中第 2 行到第 4 行代码，我们创建了 AlipayTradePagePayRequest 对象，并为该对象设置 Callback 地址。额外需要关注的是第 4 行代码，我们使用 setBizContent 设置了详细的请求参数：out_trade_no 为支付订单号，可以根据需求进行生成，不可重复；total_amount 为订单金额，即需要支付的金额；subject 为支付主题，根据具体购买商品信息确定；body 为商品描述，根据具体购买商品详情确定；product_code 为支付宝签约的产品码名称，必须填写 FAST_INSTANT_TRADE_PAY，否则无法与支付宝进行交互。

- 在 try/catch 中的第一行代码，通过 alipayClient.pageExecute 方法与支付宝平台进行交互，此处选择 "GET" 方式，会返回一个支付宝的 URL 支付链接。当然，读者也可以尝试使用 "POST" 方式进行调用，会返回一个 form 表单。无论以何种形式访问，我们都需要跳转到支付宝的支付界面（这部分由前端实现页面跳转，我们在测试过程中，会直接将 URL 地址输入到浏览器进行支付测试。）

3. 开发回调接口——http://localhost:8081/order/alipaycallback （排雷）

经过第 2 章的 Gitee 平台登录授权的实战，我们对 Callback 接口的含义及使用并不陌生。此处对第三方支付来说，用户支付完成后，支付宝平台也会回调我们的接口，为我们返回用户支付的最终结果及相关信息。

我们将回调接口定义在我们的 OrderController 中，并将 @RequestMapping 定义为 /alipaycallback。笔者依然先为大家展示代码及注释，然后再展开具体的说明，代码及注释如下（已存在代码用省略号表示）：

```
package com.book.controller;

@RestController
@RequestMapping("/order")
```

```java
public class OrderController {
    ...
    @RequestMapping("/alipaycallback")
    public String alipayCallback(HttpServletRequest request)
throws AlipayApiException, UnsupportedEncodingException,
UnsupportedEncodingException {
        // 获取回调信息
        Map<String, String> params = new HashMap<String, String>();
        Map<String, String[]> requestParams = request.getParameterMap();
        for (Iterator<String> iter = requestParams.keySet().iterator();
iter.hasNext();) {
            String name = (String) iter.next();
            String[] values = (String[]) requestParams.get(name);
            String valueStr = "";
            for (int i = 0; i < values.length; i++) {
                valueStr = (i == values.length - 1) ? valueStr +
values[i] : valueStr + values[i] + ",";
            }
            valueStr = new String(valueStr.getBytes("ISO-8859-1"),
"UTF-8");
            params.put(name, valueStr);
        }
        // 验证签名，确保回调接口真的是支付宝平台触发的
        boolean signVerified = AlipaySignature.rsaCheckV1(params,
Constants.ALIPAY_PUBLIC_KEY, "UTF-8", Constants.SIGN_TYPE);
        // 确定是支付宝平台发起的回调
        if(signVerified){
            String out_trade_no = new String(request.getParameter("out_
trade_no").getBytes("ISO-8859-1"), "UTF-8");
            String trade_no = new String(request.getParameter("trade_
no").getBytes("ISO-8859-1"), "UTF-8");
            float total_amount = Float.parseFloat(new String(request.
getParameter("total_amount").getBytes("ISO-8859-1"), "UTF-8"));
            // 进行相关的业务操作，修改订单状态为待发货状态
orderService.pay(out_trade_no);
            return "支付成功页面跳转，当前订单为：" + order;
        }else{
            throw new UnsupportedOperationException("callback verify
failed!");
        }
    }
}
```

　　对于上述代码，笔者仅仅添加了 4 行注释，并不是笔者敷衍大家，而是为了让大家准确地定位到笔者需要进行说明的四个要点。每一行注释，代表笔者要说明的一个要点，请大家务必格外关注第 4 行注释。

　　①第 1 行注释：获取回调信息。请读者观察该方法的入参，我们使用针对http 请求的、最大范围的 HttpServletRequest 作为该方法的入参，当用户支付完

成后，无论失败还是成功，支付宝平台都会回调我们的 Callback 接口，将用户相关的支付信息返回给我们，为了能够接收支付宝平台返回的全部信息，我们采用 HttpServletRequest 作为方法的入参。

获取回调信息这部分代码，是支付宝平台推荐的代码书写方式，我们通过 map 的迭代器，获取支付宝平台返回的全部参数。代码逻辑并不复杂，仅仅是数据结构的迭代以及组装。

②第 2 行注释：验证签名，确保回调接口真的是支付宝平台触发的。我们在第一步，组装了一个 Map<String, String> 类型的数据，通过 alipay 的 SDK 提供的 AlipaySignature.rsaCheckV1 方法，将我们组装的 params 参数、支付宝公钥、编码类型以及加签类型传给支付宝平台进行验证。这一步也是支付宝平台推荐的，因为我们必须确保，我们的 Callback 接口真的是支付宝平台触发的，这一步也是基于安全性的考虑，如果我们不去做验证，那么就无法拦截其他恶意调用者对回调接口的恶意访问。

③第 3 行注释：确定是支付宝平台发起的回调。如果我们验证成功，说明 Callback 接口是支付宝平台发起的回调，那么我就可以从入参中获取我们想要的各种信息，如商户订单号 out_trade_no、支付宝流水号 trade_no、支付金额 total_amount 等信息。

④第 4 行注释：进行相关的业务操作，修改订单状态为待发货状态。修改订单状态为待发货状态不是第 4 章的内容吗？在第 4 章，我们使用 OrderController 的 payOrder 方法调用 OrderService 的 pay 方法，为什么此处要在 alipay 的 Callback 接口中调用 OrderService 的 pay 方法呢？相信读者还记得，在第 4 章的 4.9.2 小节，笔者为大家埋下了一个"雷"，我们只有在了解了第三方支付的二段式原理后才能进行排雷操作。我们在第 4 章使用 OrderController 的 payOrder 方法调用 OrderService 的 pay 方法，着实是无奈之举，因为那时候的读者，还不了解第三方支付的原理。但今时不同往日，我们了解了第三方支付的原理，我们百分百确定，只有在 alipay 回调 Callback 接口时才意味着支付的完成，才意味着订单状态由待支付状态转为待发货状态，所以，订单状态从待支付状态转为待收货状态的代码逻辑，必须要写在 aplipay 的 Callback 接口中。

随之而来的另外一个问题是，我们 OrderController 的 payOrder 方法还需要保留吗？看似 payOrder 方法已经没有了用武之地，其实不然，我们会在 5.9 节将 payOrder 方法的入参进行扩充，修改返回值类型为 String，并且在 OrderService 方法中新创建一个方法，用该方法调用我们的门面模式，让我们拭目以待。

至此，我们完成了以支付宝支付为例的支付实战代码，可能部分读者已经迫不及待地想要进入测试环节了，但是很抱歉，现在还不是时候。请读者耐心一些，当我们完成门面模式和策略工厂的融入后，再展开最终的测试也不迟，届时，笔者会为大家提供详细的测试步骤。

5.5　门面模式实战——UML 类结构分解及方法定义

本节，是我们迎来的第一个 Happy Chapter！因为门面模式非常简单。包括笔者在内，编写本小节内容时也感到内心轻松了许多。当然，轻松不等于放松，笔者依然会保持对技术的严谨态度，也希望读者随笔者继续在这段实战之路上前行。

门面模式，旨在封装。可以封装一个需求模块，如本章我们的多种类支付模块，也可以封装一个复杂的系统，从设计模式的角度看 Spring Cloud Gateway，Gateway 就是一个门面，Spring Cloud Gateway 提供了所有请求的访问入口，为后续无数的微服务模块提供了门面。我们先来看看门面模式的 UML 类图，如图 5-15 所示。

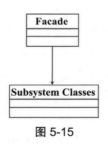

图 5-15

在所有的设计模式中，单例模式的 UML 类图是最简单的，只有一个角色。排名第二简单的，就是门面模式，只有两个角色。

- **Facade 门面角色**：该角色暴露给调用者进行调用。作为门面角色，它知道子系统的所有功能，门面角色会将客户端发来的请求转发到子系统中，转发之前，可以进行一定的类型转换和参数封装等辅助逻辑。
- **subsystem 子系统角色**：子系统角色可以简单到一个类，也可以复杂到多个系统。当然，针对本章的第三方支付需求来说，子系统角色就是策略模式的 Context 环境类——PayContext。

既然 subsystem 角色已经确定了，那么接下来我们只需要针对 Facade 门面角色进行类的创建及方法定义即可，创建 PayFacade 类，代码如下：

```
package com.book.pay.facade;

@Component
public class PayFacade {
    public String pay(Order order, Integer payType) {
        return null;
    }
}
```

以上代码十分简单，我们在门面类中定义了 pay 方法，该方法会提供给上层进行调用。请读者格外关注 pay 方法的第二个参数，我们使用 Integer 类型定义支付策略，后续会根据 payType 进行具体策略的判断和调用。此处我们定义"1"代表支付宝支付；"2"代表微信支付。最终门面模式的 UML 类图与实战类的对应关系如图 5-16 所示。

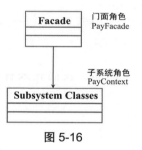

图 5-16

5.6　门面模式实战——调用支付策略

本节是我们迎来的第二个 Happy Chapter！笔者本考虑将 5.5 节和 5.6 节进行合并，但是考虑到讲解风格的统一性，依然还是将 5.5 节和 5.6 节分开进行编写。分开编写还有另外一个原因：我们需要暴露本节实战代码的问题，然后引出策略工厂模式。本节的实战代码是承上启下的角色。同时，我们还会通过情景对话的形式，说明为何不在策略模式中使用 @Component 注解。

笔者先为大家进行代码和注释的展示，然后对代码进行分析，引出当前代码存在的问题。代码及注释如下：

```
package com.book.pay.facade;

@Component
public class PayFacade {
    public String pay(Order order, Integer payType) {
        switch (payType) {
// 支付宝支付类型
```

```
                case 1:
                    AlipayStrategy alipayStrategy = new AlipayStrategy();
                            PayContext alipayContext = new
PayContext(alipayStrategy);
                    return alipayContext.execute(order);
// 微信支付类型
                case 2:
                    WechatStrategy wechatStrategy = new WechatStrategy();
                            PayContext wechatContext = new
PayContext(wechatStrategy);
                    return wechatContext.execute(order);
                default:
                        throw new UnsupportedOperationException("PayType not
supported!");
            }
        }
}
```

　　读者应该很容易发现以上代码的问题。每次进行支付操作，都需要通过 new 关键字创建 Context 类和具体的策略类，这样的代码设计，在用户支付访问量巨大的情况下，会对系统的内存产生很大的压力，导致频繁的 Minor GC。同时，频繁的 new 对象，会在一定程度上对性能产生影响。针对以上代码，我仿佛听到了部分读者的小埋怨。

　　读者：你应该一开始就用 @Component 标注 PayContext 类和具体的策略类啊！然后直接通过 @Autowired 注解将 PayContext 和具体的策略类引入，这样就能避免使用 new 关键字了，这是你教过我们的啊！

　　笔者：我明白你的意思。将 PayContext 类、AlipayStrategy 类和 WechatStrategy 类标注为 Component，然后将这三个类通过 @Autowired 注解注入到 PayFacade 类中，对吧？

　　读者：对啊，有什么问题吗？

　　笔者：如果我们新增加一个策略，比如说"银行卡支付策略"，是不是还需要在 PayFacade 类中通过 @Autowired 注入"银行卡支付策略"呢？

　　读者：对啊，有什么问题吗？

　　笔者：可是，对于门面模式，我们不能总这样频繁地修改门面代码，门面模式的代码需要做成通用的代码。

　　读者：OK，OK，行，用 @Component，新增策略需要修改门面代码，我承认。那总比你用 new 强吧？现在新增一个策略，你不也得修改门面代码吗？

　　笔者：在回答你这个问题之前，我先问你一个问题。如果使用 @Component，你有办法在新增策略的时候，不修改门面代码吗？

读者：貌似不太行……那你用 new 就行吗？

笔者：对，我用 new 就行，因为我要把 new 封装到策略工厂里。这样新增策略，不需要修改门面代码，而且我的 new 对象，只 new 一次。

读者：真的假的？

笔者：真的，笔者从不拿技术开玩笑。

我们通过以上的情景对话，达到了两个目的：第一个目的，此处不使用 @Component 的原因，是不想每次新增策略的时候修改门面代码；第二个目的就是引出策略工厂。笔者在这里想要多说两句，对于 SpringBoot 提供的 @Component 等注解，确实能够方便我们的开发，优化我们的内存，笔者建议能用则用。但是类似 @Component 等注解，在一些场景下也存在一定的缺陷，在一些有特别封装要求或出于安全考虑不想暴露细节类的场景下，@Component 等注解是不推荐使用的，因为如果完全暴露标注有 @Component 注解的类给调用端，就无法保证封装性和安全性了。

5.7 工厂模式实战——UML 类结构分解及方法定义

工厂模式，旨在对象的创建。对于工厂模式的作用，相信读者都烂熟于心，因为工厂设计模式和单例模式可能是我们最先接触的两个设计模式，依稀还记得十年前笔者面试的场景：你使用过工厂设计模式吗？工厂设计模式和抽象工厂设计模式有什么区别吗？你能手写单例模式的饿汉式、懒汉式吗？

笔者很遗憾地告诉大家，抽象工厂模式在互联网项目中，几乎已经没有用武之地了。笔者说出这样的话，其实也做好了被质疑的准备，因为笔者相信，必然会有一小部分读者正在从事"制造业相关软件开发""固定模式的保险产品模块开发"等，这部分读者可能正在使用抽象工厂模式。笔者坦诚接受质疑，但是在接受质疑之前，请给笔者一个解释的机会。之所以笔者会说抽象工厂模式在互联网项目中几乎已经没有用武之地了，原因有以下三个。

- 抽象工厂设计模式，存在一个致命的缺陷：产品族扩展非常难。大家都知道，抽象工厂模式，是专门进行产品族（产品线）对象创建的，之所以一些制造业可能使用抽象工厂模式进行对象的创建，就是因为它们的产品族不会进行扩展，包括一些固定模式的保险项目，都不会再进行产品族的扩展。但是反观互联网行业，无论是电商、医疗还是借贷金融行业，它们的产品族会随着市场需求的变化而变化，扩展和变更是非常频繁的事情。而抽象工厂模式固有的缺陷，无法满足当下多变的业务场景。

- 抽象工厂模式的诞生，是一件非常久远的事情。那时候的需求单一，成型的项目代码几乎几十年都不会改动。如果少部分读者所接触的项目正在使用抽象工厂模式进行对象的创建，请读者思考一下：你们的项目是否已经有十年甚至更长的历史？你们的产品线是否非常单一，无须扩展和变迁。

- 互联网企业，售卖的是虚拟产品，互联网行业的核心难点在于高并发、高可用、高安全性以及复杂多变的业务需求，而不是专注于产品族的创建过程。互联网行业的属性导致抽象工厂模式几乎无立足之地。

感谢读者给笔者机会进行解释，如果仍有少部分读者对笔者的话存在质疑，请把这份质疑当成与笔者思想的碰撞，请不要因这份质疑影响你我后续的技术交流，请把这份质疑当作阅读本书的小小瑕疵，不要影响其他美好的内容，请随笔者继续前行。

对于本小节实战，我们会采用工厂设计模式，用工厂模式，结合策略枚举，创建我们的策略对象。我们先来看看工厂模式的 UML 类图，如图 5-17 所示。

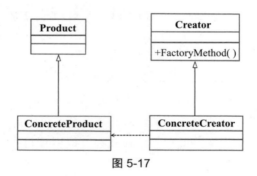

图 5-17

我们先对工厂模式 UML 类图中的角色进行简要的说明。

- Product：抽象产品角色。
- ConcreteProduct：具体产品角色。此处我们具体需要创建的对象是 PayContext 类。
- Creator：抽象工厂角色。
- ConcreteCreator：具体工厂角色。

目前，我们能够确定的是，对于需要创建的具体角色，是 PayContext 类。PayContext 类是一个有状态的类，因为类中有 set 具体策略的方法。而我们有两种具体支付策略，因此，PayContext 最多只有两种对象需要创建：一种是支付宝支付策略的上下文，另一种是微信支付策略的上下文。接下来，我们分别对其他三个角色进行实战类的创建及方法定义。

1. 创建抽象工厂类——AbstractPayContextFactory

此处笔者不作强制要求，读者可以选择不创建该角色。该角色的意义，只有在扩展新的具体工厂子类时才能发挥作用，而此处，我们仅仅针对多种类第三方支付这一需求进行一个工厂的创建，短时间内不会有扩展性问题，因此笔者对该角色的创建并不强制。

但是从笔者的角度出发，我希望将完整的知识体系呈现给大家，因此笔者会进行该类的创建。代码如下：

```
package com.book.pay.strategy.factory;

public abstract class AbstractPayContextFactory<T> {
    public abstract T getContext(Integer payType);
}
```

既然是本着扩展性进行该角色创建，那我们不妨把返回值设置成泛型 T，这样创建的抽象角色，能够达到最大的扩展性。

2. 创建具体工厂类——PayContextFactory

具体工厂类的创建也十分简单，继承抽象工厂角色，并将泛型 T 设置为 PayContext 即可完成创建。代码如下：

```
Package com.book.pay.strategy.factory;
@Component
public class PayContextFactory extends AbstractPayContextFactory<PayContext> {
    @Override
    public PayContext getContext(Integer payType) {
        return null;
    }
}
```

3. 创建抽象产品类——AbstractPayContext

我们已经确认了具体产品类，是我们策略模式中的 PayContext 类，可是 PayContext 类是没有父类的。我们需不需要创建一个抽象产品类呢？如果我们创建抽象产品类，我们还需要修改 PayContext 的代码，让 PayContext 继承这个抽象产品类。那么我们需要创建这个抽象类吗？它有用吗？

这个类是建议进行创建的，单纯从工厂模式的使用上来说，创建与否都不会有太大影响。但是从扩展性上来说，我们需要创建该抽象产品类。对于多种类支付模块来说，在实际开发工作中，会面临很多扩展性问题。当然，如果读者选择不进行创建，目前也没有大碍。基于笔者多年的从业经验，此处笔者会选择进行创建，代码如下：

```
package com.book.pay.strategy.context;

public abstract class AbstractPayContext {
    public abstract String execute(Order order);
}
```

同时，我们需要对 PayContext 的代码进行微调，让 PayContext 继承 AbstractPayContext 即可。细心的读者，也可以在 PayContext 类的 execute 方法上添加 @Override 注解，不添加该注解也不会报错。

至此，工厂设计模式的 UML 类结构分解和方法定义就完成了，实战类与 UML 类图角色的对应关系如图 5-18 所示。

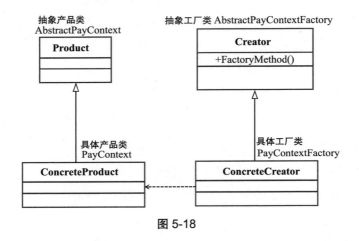

图 5-18

5.8　工厂模式实战——策略工厂

接下来，我们展开工厂模式的实战，我们通过策略工厂，获取 PayContext 对象。开始实战之前，我们需要先陈列出实战的具体内容如下。

- 需要对工厂类 PayContextFactory 的 getContext 方法进行实战代码的填充。没有接触过策略工厂的读者，可能想象不到 PayContextFactory 中代码的具体逻辑，此处笔者先进行实战逻辑的简单描述：我们通过 Integer 类型的参数 payType，定位具体的策略类；策略类的定位，会通过一个策略枚举类进行定位；定位到具体策略类之后，我们创建 PayContext 对象，并将该对象存入 PayContextFactory 的 Map 中，下次使用时，直接可以从 Map 中获取。如果读者仍不能完全理解笔者的以上描述也不必着急，待我们展示完实战代码，相信你就能够完全理解。

- 创建策略枚举类。该枚举类定义具体策略类的 package 全路径名。之所以定义该策略枚举类，是为了防止具体策略类直接暴露给工厂类，这是对具体策略类的封装。

- 填充 PayFacade 的调用代码。PayFacade 门面，通过工厂类获取 PayContext，然后再调用支付方法。

明确了本节需要进行的实战内容，我们就可以展开代码的书写了。

1. 创建策略枚举类——StrategyEnum

StrategyEnum 枚举类的主要作用是封装具体的支付策略类，避免工厂类直接调用 AlipayStrategy 和 WechatStragedy。工厂类无须知道具体的策略类是什么，仅仅知道 StrategyEnum 枚举类就可以根据反射定位到我们的具体策略类。StrategyEnum 代码如下：

```
package com.book.pay.strategy.factory;

public enum StrategyEnum {
    // 定义支付宝支付策略类
    alipay("com.book.pay.strategy.AlipayStrategy"),
    // 定义微信支付策略类
    wechat("com.book.pay.strategy.WechatStrategy");
    String value = "";
    StrategyEnum(String value) {
        this.value = value;
    }
    public String getValue() {
        return this.value;
    }
}
```

以上代码，唯一需要读者注意的是，我们对具体策略类的定义，是通过全 package 名进行的。当工厂类使用这个全 package 名时，会通过反射进行具体策略类的创建，不必担心反射的性能问题，因为每个具体策略，我们只进行一次反射创建，工厂类中的 Map 能够将创建的对象进行缓存，下次使用时，直接从 Map 中获取即可。

2. 具体工厂类——PayContextFactory实战代码填充

笔者先为大家展示工厂类的实战代码及注释，然后再进行要点的说明。代码如下：

```java
package com.book.pay.strategy.factory;

@Component
public class PayContextFactory extends  AbstractPayContextFactory<PayCon
text> {
    // 创建 Map 数据结构作为缓存存储 PayContext
     private static final Map<String, PayContext> payContexts = new
ConcurrentHashMap();
    @Override
    public PayContext getContext(Integer payType) {
        // 根据 payType 定位枚举类
        StrategyEnum strategyEnum =
                payType == 1 ? StrategyEnum.alipay :
                payType == 2 ? StrategyEnum.wechat :
                null;
        if(strategyEnum == null) {
            throw new UnsupportedOperationException("payType not
supported!");
        }
        // 尝试从 Map 中获取 PayContext
        PayContext context = payContexts.get(strategyEnum.name());
        // 第一次调用，Context 为空
        if(context == null) {
            try {
                // 通过反射，创建具体策略类
                PayStrategyInterface payStrategy = (PayStrategyInterface)
Class.forName(strategyEnum.getValue()).newInstance();
                // 将具体策略类作为入参，创建 PayContext 类
                PayContext payContext = new PayContext(payStrategy);
                // 将 PayContext 类存储 Map 缓存，下次可直接使用
                payContexts.put(strategyEnum.name(), payContext);
            } catch (Exception e) {
                throw new UnsupportedOperationException("Get payStrategy
failed!");
            }
        }
        return payContexts.get(strategyEnum.name());
    }
}
```

以上代码中，一共有 7 行注释，笔者仅对其中两行注释进行额外说明。

- 第 1 行注释：创建 Map 数据结构作为缓存，存储 PayContext。对于 Map 缓存的创建，相信大家都清楚创建的意义。最终 Map 缓存中，仅会存储两条信息：一条是支付宝支付策略的 Context 对象，另一条是微信支付策略的 Context 对象。此处笔者想额外说明的是，我们使用 ConcurrentHashMap 进行 Map 的创建，是为了避免并发状态下的线程不安全问题。当然了，这部分的性能也不必担心，因为当 Map 缓存存储了

两条数据后，剩下的就都是从 Map 中 get 数据了。

- 第 5 行注释：通过反射，创建具体策略类。之所以进行这样的创建，是因为 StrategyEnum 中，我们使用 package 全路径定义具体策略类，这样的代码操作，在使用策略工厂的过程中，是十分常见的。

以上的代码并不难理解，只要读者跟随笔者亲身进行实战代码的书写，便能够完全理解工厂类中的实战代码。即便不能够完全理解，待我们进行实战测试时，也可以通过 Debug 的形式，对代码逐行进行查看，相信一轮 Debug 调试下来，必然能够做到完全理解。

3. 完善PayFacade门面类

相信这部分的代码，对大多数读者来说是非常简单的。代码如下：

```
package com.book.pay.facade;

@Component
public class PayFacade {
// 注入工厂类
    @Autowired
    private PayContextFactory contextFactory;
    public String pay(Order order, Integer payType) {
// 获取 PayContext
        PayContext context = contextFactory.getContext(payType);
// 调用支付方法
        return context.execute(order);
    }
}
```

对于以上代码，笔者不作过多的解释，其内容只是简单的两行代码调用。笔者想要读者重点思考的是：基于目前的实战代码，如果你需要添加一个新的具体策略类，如银行卡支付策略，你需要改动门面模式的代码吗？如果添加一个新的策略，我们并不需要修改门面模式的代码，这就是笔者前文所提到的，门面模式的代码，需要做成通用的代码，不要对其进行频繁地修改。

至此，我们基于多种类第三方支付的实战内容就完成了。在此实战过程中，我们使用了策略模式、门面模式和工厂模式，我们将支付功能进行了完美的封装。如果你一直跟随笔者进行亲身的代码编写，那此时关于第三方支付功能的项目代码结构应该如图 5-19 所示。

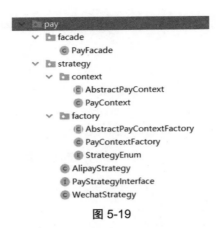

图 5-19

对于图 5-19 来说，读者是否有一种"通透"的感觉。门面有了，策略有了，工厂有了；有了良好的封装，有了良好的扩展性，也有了设计模式的既视感。

5.9　测试多种类第三方支付

是否还记得我们在 5.4.3 小节废弃的 OrderController 里的 payOrder 方法？是否还记得我们在 5.4.3 小节提到的扩充 payOrder 方法的入参，并且在 OrderService 类中新增一个调用门面模式的方法？本小节，我们就完成剩余的代码实战，并最终展开第三方支付的测试。

1. 为OrderController的payOrder方法扩充两个参数：price和payType修改返回值类型为String

相信大家都理解，price 参数代表了商品价格，这个价格会发送给支付宝平台，支付宝平台会根据价格设定支付页面，在 5.4.3 小节中，AlipayStrategy 类中的 pay 方法就使用 price 组装了 BizContent；payType 参数无须多言，代表了支付方式的选择。代码如下（已存在代码用省略号表示）：

```
package com.book.controller;

@RestController
@RequestMapping("/order")
public class OrderController {
...
    @PostMapping("/pay")
    public String payOrder(@RequestParam String orderId,
                           @RequestParam Float price,   // 商品价格
                           @RequestParam Integer payType // 支付方式
```

```
        ){
            return orderService.getPayUrl(orderId, price, payType);
        }
        ...
}
```

请读者仔细观察上述代码，我们调用了 orderService 的 getPayUrl 方法，这个方法就是我们即将在 OrderService 中创建的方法。

2. OrderService类方法的创建及门面类引入

接下来，我们对 OrderService 类进行微调，引入门面类 PayFacade，并在 OrderService 中添加 getPayUrl 方法，在 getPayUrl 方法中添加支付调用逻辑。对于 OrderService 类的代码调整，代码如下（已存在代码用省略号表示）：

```
package com.book.service;

@Service
public class OrderService {
...
    @Autowired
    private PayFacade payFacade;
    ...
     public String getPayUrl(String orderId, Float price, Integer
payType) {
        Order order = (Order) redisCommonProcessor.get(orderId);
        order.setPrice(price);
        return payFacade.pay(order, payType);
    }
}
```

上述代码中，有两处需要进行说明。

• 通过 @Autowired 注入 PayFacade 类。
• 调用门面模式的 pay 方法。

这样的调用方式，正是我们想要看到的，调用端不用关心具体的策略类，直接通过门面类调用支付方法即可。接下来，让我们启动项目，进行测试吧。具体测试步骤如下。

①**访问** http://localhost:8081/order/create，**创建一个新的订单。**

②**访问** http://localhost:8081/order/pay，**进行订单支付。**

支付接口的访问，请读者务必携带以下三个必要参数。

• orderId：订单号。
• price：商品价格。
• payType：支付类型，输入"1"代表支付宝支付。

　　笔者详细的 Postman 访问截图如图 5-20 所示。

图 5-20

　　③复制第②步访问所得到的 URL，并在浏览器中打开。在浏览器中打开支付宝平台返回的 URL 地址，你会得到如图 5-21 所示的结果。

图 5-21

在图 5-21 中，笔者标记了五处要点。

- 第 1 处："伟山育琪"。这部分信息来自我们的实战类——AlipayStrategy，我们在 AlipayStrategy 的 pay 方法中，定义了 "subject" 的信息为 "伟山育琪"。如果读者已经回忆不起来，请查看 AlipayStrategy 的代码即可。
- 第 2 处：这部分是收款方信息，是第三方支付宝平台自动关联的信息。请读者参见图 5-14。在图 5-14 中，支付宝平台为我们定义好了商家信息。
- 第 3 处：支付金额 100.00 元，是我们调用 pay 接口的入参 price。

- 第 4 处和第 5 处：请读者再次查看图 5-14，此处的账户名为买家信息，密码默认为 "111111"。笔者当时提醒过读者，将买家信息进行记录，此时就派上了用场。

账户名和密码填写完成后，单击"下一步"按钮，支付宝会跳转到支付页面，如图 5-22 所示。

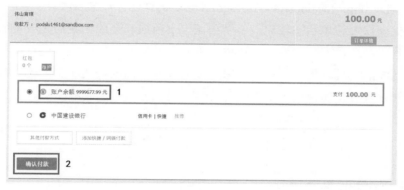

图 5-22

在图 5-22 中，笔者标记了两处要点。

- 第 1 处：一定要记得"充值"。我们在讲解图 5-14 时，提醒过读者进行"充值"，此处的"充值"是虚拟的功能，你可以任意指定金额，专为测试使用。
- 第 2 处：单击"确认付款"按钮。这部分会扣除你的测试余额，也是虚拟的功能。

④第三步支付完成后，耐心等待几秒钟，支付宝平台会发起 Callback 回调我们定义的 /alipaycallback 接口。读者可以在 /alipaycallback 接口中添加 Debug 断点，证明支付宝平台确实进行了 Callback 回调；也可以在 /alipaycallback 接口中添加一些 print 信息，如果 print 信息被打印了，说明 Callback 回调成功；也可以在确认付款后，等待浏览器的页面跳转，如果跳转后的页面如图 5-23 所示，也能够证明支付宝平台确实发起了回调。

图 5-23

图 5-23 中的"支付成功页面跳转"这几个字,是我们在代码中自己书写的。请读者回看 OrderController 类中的 /alipaycallback 接口,最后我们 return 的就是这几个字。

⑤读者可以继续进行订单状态转化的测试。

- 调用 http://localhost:8081/order/send 接口进行订单发送。
- 调用 http://localhost:8081/order/receive 接口进行订单签收。

支付操作 + 订单状态转化,整个测试一气呵成。至此,我们完成了所有的测试,并且成功地在支付宝的沙箱环境中进行了实战的开发演练。通过多种类第三方支付功能的实战,笔者相信,大家对策略模式、门面模式和工厂模式都有了深入的了解,同时,还积累了基于支付宝进行第三方支付的实战经验。

5.10　享元模式实战

5.10.1　隐藏的享元模式

诶?我们在 5.9 节不是已经完成全部的实战内容了吗?测试都跑完了,代码也成型了,怎么又冒出来一个享元模式呢?不是用了策略工厂吗?怎么又说享元工厂呢?是不是搞错了?

笔者并未搞错。的确,我们使用了工厂模式,是为了通过工厂模式获取 PayContext 对象,只要能获取对象的工厂,就是工厂模式,无论它内部是怎么实现的,这就是工厂模式的意义所在,只关心对象是否能够生成,不关心生成的方式。的确,我们还提到了策略工厂,但策略工厂仅仅关心策略与策略类的对应关系,通过我们传入的 payType,定位到 Enum.alipay 或者 Enum.wechat,然后定位到我们具体的支付类,通过反射的形式进行对象的创建。之所以称之为策略工厂,就是因为我们通过策略枚举类对应了具体策略类的全 package 路径名。相信大家对工厂模式和策略工厂都已经非常熟悉了。可读者们是否有考虑过,我们为什么要将对象缓存到 PayContextFactory 的 Map 中呢?难道没有这个 Map,就无法生成 PayContext 对象了吗?

相信大家都清楚,我们定义 Map 是为了缓存不同的 PayContext 对象,下次使用时,直接可以从 Map 中获取到 PayContext 对象,避免对象的多次创建,减小在高并发压力下的内存压力,实现对象的重复利用。如果读者同意笔者以上的话,那么就相当于你同意了 Map 的引入,就是使用了享元模式,因为享元模式的作用就是如此:享元模式解决重复对象内存浪费问题,当系统中有大量相似的对象并且已经完成了第一次初始化，下次再访问时，不需要创建新的对象，可以直接从缓冲池中获取，这样的设计降低了系统内存，提高了效率。而此处，我们在 PayContextFactory 中定义的 Map 就是对象的缓冲池，无形中，我们完成了享元模式的融入。

是的，不知不觉中，我们已经使用了享元模式，而且使用得恰到好处，非常精准。可能部分读者会有所疑问，为何不在 PayContextFactory 实战的时候点明享元模式呢？的确，我们在 5.8 节进行了 PayContextFactory 的实战开发，当时并未提及享元模式的使用，笔者并非有意戏耍大家，也并非有意卖关子，之所以笔者在测试结束后为大家讲解享元模式，原因有以下三个。

- 如果在 5.8 节介绍享元模式，笔者担心，部分经验稍浅的读者无法分清工厂模式、策略工厂、享元工厂这三个关键词。而现在却不同，我们已经完全掌握了 5.1 节到 5.9 节的全部内容，已经理解了工厂模式和策略工厂的引入，那么此处再添加一个新的知识点，会更加容易理解，不会造成知识混淆。

- "不知不觉地使用 ＝ 常识"，我们为了减少内存的压力，为了对象复用，用我们的技术常识，不知不觉地应用了享元模式，说明设计模式并不神秘。笔者想以此提升读者的自信心，让读者感受到自己的强大，学习就是这样，是需要自我肯定和崇拜的。

- 本章关于第三方支付的实战，是全书唯一使用四个设计模式的章节，此外，本章还涉及了第三方支付的原理以及支付宝平台沙箱环境实战的新内容，内容已经很多了。所以笔者想通过这种方式，让读者"顺便"学习享元模式，这是完全不同的体验。知识，需要的是传输，而不是倾泻。

无论出于何种原因，笔者最为期待的，就是让所有的读者彻底掌握第三方支付的相关内容以及四个设计模式的实战落地，希望笔者没有辜负大家。接下来，我们对享元模式的定义及 UML 类图进行说明。

5.10.2　享元模式的定义及UML类图分解

享元模式，旨在解决重复对象的内存浪费问题，为重复的对象创建缓冲池。享元模式最经典的就是池技术，如 String 常量池、数据库连接池等都是享元模式的经典应用。本章对享元模式的使用，就是通过 Map 作为本地缓存，减少 PayContext 对象的重复创建。我们先来看看享元模式的 UML 类图，然后再对 UML 类图中的元素进行介绍，享元模式的 UML 类图如图 5-24 所示。

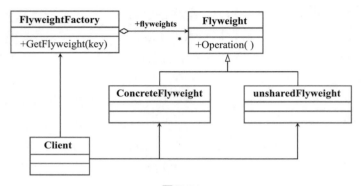

图 5-24

乍一看，这个享元模式类图有点复杂。的确，享元模式的通用 UML 类图看上去是有点复杂，但实际上，这个 UML 类图就是个"纸老虎"……请随笔者继续阅读，你肯定会赞同"纸老虎"的说法。

- **FlyWeight 角色**：抽象享元角色。定义对象的抽象方法和属性，对应我们的 AbstractPayContext 类。
- **ConcreteFlyweight 角色**：具体享元角色。对应我们的 PayContext 类。
- **FlyWeightFactory 角色**：享元工厂。提供对象的创建、缓存及获取，对应我们的 PayContexFactory 类。
- **Client 角色**：请读者注意，Client 角色有 3 个箭头指向，意思是 Client 既能调用图 5-24 中的 FlyWeightFactory 享元工厂角色，又能直接调用具体的实现类，对应我们的 PayFacaded 类。
- **UnsharedFlyweight 角色**：不可共享的角色，我们的实战代码没有对应此角色的类创建。

因此，我们的 UML 类图与实战类的一一对应关系如图 5-25 所示。

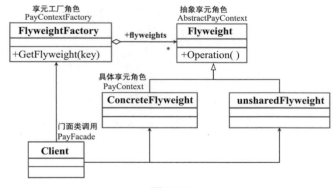

图 5-25

是否有部分读者对笔者以上的讲解不太满意？请允许笔者模拟一场情景对话，让我们将不满意化为满意，将知识完全掌握，为 5.10.3 小节的新知识引申作好铺垫。

读者：UnsharedFlyweight 角色的描述合适吗？你就用"不可共享的角色，我们的实战代码没有对应此角色的类创建"这句话一带而过？敷衍谁呢？

笔者：UnsharedFlyweight 角色没搞明白吗？

读者：没有啊。享元模式！享元模式！享元模式！怎么还能有不可共享的 UnsharedFlyweight 角色呢？

笔者：除了 UnsharedFlyweight 角色，UML 类图中的其他角色描述，都搞明白了吗？

读者：其他的都明白，有类对应关系。从图 5-25 中可以清楚地了解每个角色的作用和意义。

笔者：非常好。你了解 Spring 的 IOC 吗？

读者：了解，和 UnsharedFlyweight 角色有关系吗？

笔者：有关系的。Spring IOC 就是一个大型享元模式的应用，里边就有 UnsharedFlyweight 角色，你肯定用过 UnsharedFlyweight 角色。

读者：我没用过吧？你可别岔开话题，拿 Spring IOC 忽悠我们，敷衍我们。

笔者：不会的，我们一起来阅读 5.10.3 小节的内容，到时候你必然会明白 UnsharedFlyweight 角色的意义所在，也必然会彻底搞懂享元模式，还能够额外收获 Spring IOC 是如何使用享元模式的引申知识，可以吗？再给一点点耐心就行。

读者：行吧。

笔者：请放心，定不负所望。

5.10.3　Spring IOC对享元模式的应用

我们在 5.10.2 小节讲解了享元模式 UML 类图中所有的角色，仅仅对 UnsharedFlyweight 角色没有进行细致说明。本小节我们通过介绍 Spring IOC 对享元模式的应用，让读者彻底理解 UnsharedFlyweight 角色。在图 5-26 中，笔者展示了享元模式 UML 类图与 Spring IOC 相关核心角色的对应关系。

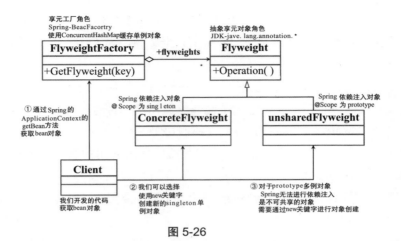

图 5-26

在图 5-26 中，笔者为大家添加了很多说明，接下来，将进行详细介绍。

- **请读者查看享元工厂角色——FlyweightFacotry 的说明**。Spring 的 Bean Factory，就是一个享元工厂，BeanFactory 就是采用的 ConcurrentHashMap 进行单例对象的缓存，减少对象的创建。我们的 PayContextFacotry 也是如此。

- **请读者查看抽象享元对象角色——Flyweight 的说明**。我们知道，如果想让 Spring 帮我们托管对象，我们需要使用 @Controller、@Service、@Component 等注解标注我们的类，Spring 会根据我们标注的注解进行检索，找到标注注解的具体的类，将对象托管到 Spring 的容器中（其实就是一个 ConcurrentHashMap 缓存池）。诸如 @Controller、@Service、@Component 等注解，都是依托于 java.lang.annotation 包实现的。因此，可以将 java.lang.annotation.* 视为抽象享元角色。

- **请读者查看具体享元角色——ConcreteFlyweight 的说明**。在 Spring 框架中，什么角色能够被重用呢？相信所有的读者都能够给出肯定的回答，那就是单例对象（singleton）可以被重用。我们可以直接通过 @Autowired 注解将对象注入到我们的类中，全局只有一个对象，完全共享，不会对内存产生压力。

- **请读者查看具体非享元角色——UnsharedFlyweight 的说明**。对于一些对象，我们无法将其设置为单例对象，每次使用该对象，我们需要使用 new 关键字进行创建，或者我们可以使用 @Scope 注解，将对象标记为多例 prototype 对象，在每次使用对象时，都会重新创建一个全新的对象。这种对象，就是我们所说的不可共享的对象。相信此部分的描述，已经完全可以让大家对 UnsharedFlyweight 角色有充分的理解了。

- **请读者查看 Client 调用者的说明**。对于 Client 调用者，有 3 个分支箭头，笔者也在图 5-25 中使用①②③进行了标记，让我们一一进行解释。

标记①：Client 调用者，可以通过 Spring 的上下文对象 ApplicationContext，调用 BeanFactory 的 getBean 方法获取单例对象。当然，通过 @Autowired 注解进行对象的注入也是一样的。

标记②：Client 调用者，可以直接通过 new 关键字创建具体对象，即使对象是单例的，我们依然可以通过 new 关键字创建对象，谁也拦不住你，只要逻辑需要。

标记③：Client 调用者，可以直接通过 new 关键字创建多例对象，这是毋庸置疑的。

至此，我们真正地、透彻地了解了享元模式，通过实战类与 UML 类图的一一对应，通过我们熟悉的 Spring IOC 与 UML 类图的一一对应，相信所有的读者都能够对享元模式有绝对的理解和掌握。当然，此时我们也真正地为本章的实战内容画上了句号。

5.11 章节回顾

本章我们通过多种类第三方支付功能的实战，学习了策略模式、门面模式、工厂模式和享元模式。同时，本章基于支付宝支付的实战内容，对从未接触过第三方支付实战的读者来说，是一份额外的收货。

学完本章的知识，请读者闭上眼睛回顾以下知识要点，确保真正做到了理解和掌握。

- 策略模式与状态模式的区别。
- 策略模式的类图及使用。
- 门面模式的类图及使用。
- 策略工厂。
- 享元模式的类图及使用。
- Spring IOC 对享元模式的使用。
- 第三方支付原理。
- 支付宝支付接入流程。

如果读者已经全然掌握了本章的知识，我们便可以迈开步伐，继续前行。后续章节，还有很多实战场景等待着我们。

第 6 章
业务投放——责任链模式

6.1 本章要点

通过上一章节的学习，我们完成了多种类支付的功能实战。相信大家都有过网上购物的经验，当我们成功支付商品订单后，在支付成功的页面中，我们会看到电商企业推送的广告、优惠券等推广信息，如图 6-1 所示。

图 6-1

这就是所谓的"业务投放"。通过业务投放，电商企业想要打造无尽的支付、推广、再支付的循环模式，就好比图 6-1 所示的"零食大礼包"，总会有喜欢吃零食的消费者点击领取，为商品的再次购买埋下了伏笔。

当然，支付成功后的页面仅仅是众多的业务投放点之一，很多购物网站/App 在用户登录的那一刻，就已经开始了业务投放，即便是在商品浏览的过程中，也会时不时地看到一些推荐商品的广告。当然了，由于每个消费者有不同的购物习惯、性别、所在地域等属性，因此业务投放的内容也有所差别，本章我们就要根据消费者不同的属性，通过责任链模式，筛选适合消费者的投放业务。本章要点如下。

- Apollo 配置中心介绍，安装及数据准备（为项目集成 Apollo 作准备）。
- 责任链模式实战——UML 类结构分解及方法定义。
- 责任链模式实战——业务投放。
- 项目集成 Apollo（实时在线调整责任筛选链条）。

是的，在本章的实战中，笔者要为大家集成 Apollo 作为项目的配置中心。通过 Apollo，我们可以实时在线调整责任筛选链条。对于没有接触过 Apollo 的读者来说，这无疑又是一个热门知识的扩展和自我提升；对于接触过 Apollo 的读者来说，相信更能理解笔者引入 Apollo 的意义。还是那句话，在不影响本书主旨内容的前提下，在篇幅占用和为读者带来热点知识性价比的权衡下，笔者会不遗余力地向读者介绍。

当然，配置中心的引入有很多形式，接触过 SpringClould 的读者，了解 SpringClould 可以通过 ConfigServer 进行配置中心的引入，可以直接使用 Git 作为配置的存放地；也有接触过 SpringCloud Alibaba 的读者，了解 nacos 组件可以作为配置中心；还有部分读者接触过其他形式的配置中心。这些都不影响我们对 Apollo 配置中心的学习。俗话说，艺多不压身。接下来，让我们开启本章的实战之旅。

6.2　实战需求发布会

项目经理：多种类支付功能目前开发完了，接下来需要做一下与业务投放相关的内容了。用户支付完成后，需要在付款成功的页面进行业务投放。

王工：这功能好办，直接返回需要投放的业务信息给前端不就行了。

项目经理：没那么简单啊。不同的用户可能会收到不同的投放内容，我们需要根据用户不同的属性进行投放业务的筛选，只展示符合当前用户的投放信息。

王工：那就是返回信息之前，增加点判断条件对信息进行筛选呗。

项目经理：逻辑大体上是这个意思。但是业务那边要求实时调整筛选条件。

王工：这个"实时调整筛选条件"具体是啥意思？

项目经理：这个实时调整代表业务部门可以根据需求随意组合筛选条件。举个例子，我们的代码中定义了"按用户购物种类的筛选逻辑""按用户所在城市的筛选逻辑"和"按用户性别的筛选逻辑"，如果业务部门想要将某条投放信息展示给所有女性用户，业务部门只需要使用"按用户性别的筛选逻辑"；那如果业务部门想要将某条信息投放给所有的居住在北京的女性用户，业务部门就需要使用"按用户性别的筛选逻辑"和"按用户所在城市的筛选逻辑"。

王工：还有这种投放业务？专门投放北京的女性用户？

项目经理：肯定有啊，一些广告商想要作投放推广，投放全国女性用户和投放北京女性用户的价格肯定是不一样的啊。咱们目前只是入门级别的，把城市作为最小的投放单元。微信的广告投放更狠，都是按照方圆公里数进行投放的，投放多少公里以内的符合某些条件的用户。

王工：了解了。

项目经理：对这部分需求的实现，有什么想法吗？

李工：筛选业务问题不大，用责任链模式就行了。把刚才提到的"按用户购物种类的筛选逻辑""按用户所在城市的筛选逻辑"和"按用户性别的筛选逻辑"分别做成三个责任类，责任链模式还能支持责任类的任意组合，正好也符合业务的要求，能够随意组合筛选条件。难点就在于实时调整。

王工：实时调整有什么难的，咱们给业务部门开放一个 API，让业务部门调用咱们的 API，把他们想要的筛选条件传给咱们不就行了？如果想要修改筛选条件，直接调用 API 修改就行。

项目经理：你把业务部门当程序员看了啊？谁有心情调你的 API 啊……你要是真给他们一个 API，你就等着业务部门投诉吧。咱们得给业务部门提供可视化的 UI 操作界面，修改完后保存，直接生效。

王工：我可不会做 UI 啊。

项目经理：没让你做 UI，我是说业务部门想要这种 UI 界面操作的。

李工：这样的话，引入 Apollo 吧。Apollo 是携程框架部门研发的开源配置管理中心，能够集中化管理应用的不同环境、不同集群的配置，配置修改后能够实时推送到应用端，而且 Apollo 还有 UI 操作界面，完全满足投放的业务需求。业务部门可以在 Apollo 的 UI 界面修改筛选条件，然后单击发布，新的刷选条件就会实时地推送到咱们的项目。

王工：单击"发布"？

李工：嗨，就是 Apollo 的 UI 界面上的一个按钮，"发布"的意思就是推送修改后的配置到咱们的项目。

王工：我以为是项目发布呢……

项目经理：很不错，那就用这个方案吧——Apollo 配置中心 + 责任链模式。筛选条件目前只需要支持三个："按用户购物种类的筛选逻辑""按用户所在城市的筛选逻辑"和"按用户性别的筛选逻辑"。李工，Apollo 接入你负责；王工负责责任链模式的开发工作。3 天够吗？

李工：3～5 天吧，Apollo 的引入过程万一不顺利，可能需要花些时间。

项目经理：我相信你，咱们暂定 3 天，遇到问题随时向我反馈，行吧？

李工：好的。

项目经理：那咱们散会。

李工 + 王工：OK。

6.3　安装 Apollo 配置中心及相关数据准备

6.3.1　Apollo配置中心介绍

随着程序逻辑的日益复杂，程序的配置日益增多，我们需要配置各种功能的降级开关、参数、链接地址等，而且很多时候，我们需要在线实时地修改这些配置，配置修改后实时生效，而且很多场景还需要支持分环境、分集群的灰度发布。在这样的大环境下，通过项目自身的配置文件、数据库存储配置等方式已经越来越无法满足开发人员对配置管理的需求。因此，Apollo 配置中心应运而生。Apollo（阿波罗）是携程框架部门研发的开源配置管理中心，能够集中化管理应用不同环境、不同集群的配置，配置修改后能够实时推送到应用端，并且具备规范的权限、流程治理等特性。笔者对 Apollo 的优点进行了以下总结，以便读者可以对 Apollo 有一定的了解。

- 可以针对不同的环境配置、不同的集群配置进行管理。
- 配置修改实时生效。
- 支持配置的版本管理，所有配置都有版本概念，便于配置的回滚。
- 支持灰度发布，可以先将修改后的配置信息推送给部分服务节点，如果服务运行正常，则将修改后的配置推送给所有服务节点。
- 有完善的权限管理机制。
- 配置管理分为编辑、发布两个环节，配置修改后，点击发布才能真实生效。
- 支持操作审计日志，可以通过日志查看配置修改的时间点和具体内容，便于问题的追踪。
- 提供Java 原生客户端，除此之外，还提供了 HTTP 接口，非 Java 应用也可以进行集成。

通过以上描述，我们可以了解到，Apollo 能够支持不同的环境配置和集群配置，并且拥有完善的权限管理机制，还能够支持灰度发布。我们本章的实战场景对 Apollo 来说，可以说是小菜一碟了。我们先来对 Apollo 的基础模型进行简单的了解，如图 6-2 所示。

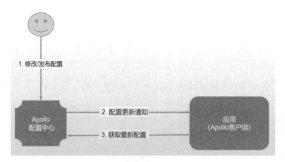

图 6-2

图 6-2 完美地诠释了 Apollo 的基础模型，从图中所示的三个步骤来说，Apollo 的基础模型包括以下要点。

①**修改 / 发布配置**：用户在配置中心对配置进行修改并发布。

②**配置更新通知**：Apollo 会向我们应用发送配置更新通知。

③**获取最新配置**：我们的应用获取到修改后的最新配置。

整个过程十分清晰，相信读者都能够完全理解 Apollo 的基础模型。在企业使用 Apollo 的过程中，一般都会基于 Apollo 的基础模型进行可用性的升级，此处的"可用性"，指的是"使用 Apollo 客户端"。应用程序从 Apollo 配置中心服务器端获取到应用的最新配置后，会在 Apollo 客户端的本地内存中存储一个副本，在遇到服务不可用，或网络不通的时候，依然能从本地恢复配置；此外，Apollo 客户端还会定时从 Apollo 配置中心服务端拉取应用的最新配置，并更新本地内存。

可能部分读者无法完全理解上一段话中的"使用 Apollo 客户端"，不必着急，当我们看到图 6-3 所示的流程图后，相信你就能够完全理解。

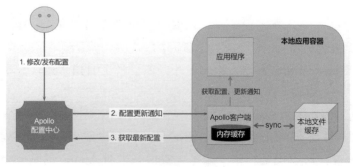

图 6-3

其实，图 6-3 和图 6-2 的整体结构是十分相似的，唯独不同的是：图 6-2

中，应用程序直接从 Apollo 配置中心获取配置；而图 6-3 中，应用程序是通过"Apollo 客户端"进行配置获取的。这个"Apollo 客户端"，你可以理解为"Apollo 配置中心"的一个本地副本，当"Apollo 配置中心"有异常发生或者出现网络问题时，应用程序依然可以从本地的"Apollo 客户端"获取配置。

本章，我们会基于图 6-3 所示的结构，进行 Apollo 的引入，届时，我会为大家展示 SpringBoot 如何集成 Apollo，并为大家展示开启 Apollo 客户端的那行神秘配置，可能比你想象的还要简单。

6.3.2　Windows环境部署Apollo配置中心

请读者给予充分的理解，由于篇幅限制，笔者仅能从 Windows 操作系统、Linux 操作系统和 macOS 操作系统中选择一个，为大家展示 Apollo 配置中心的部署过程。从笔者的角度来看，大部分 Java 学习者应该在使用 Windows 环境进行代码的开发，而目前 Windows 10 版本的操作系统应该是使用率较高的，因此，笔者为大家提供了 Windows 10 操作系统下的 Apollo 配置中心的安装过程。我明白，笔者独断的选择，可能对使用 Linux 操作系统和 macOS 操作系统的读者不公平，笔者在此真诚致歉，也希望读者给予充分的理解。笔者也非常相信，每个读者都有能力独自进行 Apollo 配置中心的安装。对于 Windows 10 操作系统，Apollo 配置中心的详细安装步骤如下。

1. 请确保环境已安装1.8+版本的JDK

笔者并未测试 JDK 11 及以上版本，但可以确认的是，1.8 版本的 Java version 是完全可以的。因此，笔者建议读者使用 1.8 版本的 Java 环境。笔者的 javaversion 信息如图 6-4 所示。

```
C:\Users\Family>java -version
java version "1.8.0_111"
Java(TM) SE Runtime Environment (build 1.8.0_111-b14)
Java HotSpot(TM) 64-Bit Server VM (build 25.111-b14, mixed mode)
```

图 6-4

读者无须与笔者的 java version 1.8.0_111 完全保持一致，1.8 版本的其他小版本号也是可以的。

2. 本地安装5.6.5以上版本的MySQL数据库

Apollo 配置中心，是需要用到 MySQL 数据库的，必须要有一个可用的 MySQL 数据库来支持 Apollo 配置中心的部署。Apollo 中的表结构对 timestamp

使用了多个 default 声明，所以需要 5.6.5 以上版本的 MySQL 进行支持。为了尽最大可能地简化读者对 MySQL 数据库的安装，笔者提供了 MySQL 5.6.10 版本的安装包，读者可以通过扫描前言中的二维码直接进行下载。之所以选择 5.6.10 版本：一是笔者亲测有效，二是更高版本的 MySQL 安装过程中，需要很多依赖包的安装，会为我们带来一些不必要的麻烦。

　　MySQL 安装成功后，请读者务必以 root 用户登录 MySQL，并执行以下两条 SQL 语句：

```
set global innodb_large_prefix=ON;
set global innodb_file_format=BARRACUDA;
```

　　以上两条 SQL 语句的执行，主要是为了兼顾 Apollo 安装过程中的一些 VARCHAR(500) 表字段设置和基于这种字段的索引创建，如果不执行以上两条 SQL 语句，无法成功创建 Apollo 相关的 MySQL 表。

　　3. 下载 Apollo Quick Start 包，并进行相关配置的修改和 MySQL 数据导入

　　笔者依然为大家提供了 Apollo quick start 包的下载地址，读者可以扫描前言中的二维码直接进行下载，下载到本地后，直接解压即可（请确保解压路径无中文和特殊字符）。当然，读者也可以选择从 Github（https://github.com/apolloconfig/apollo-quick-start）上自行 Check Out 到本地进行解压。解压后，文件夹结构如图 6-5 所示。

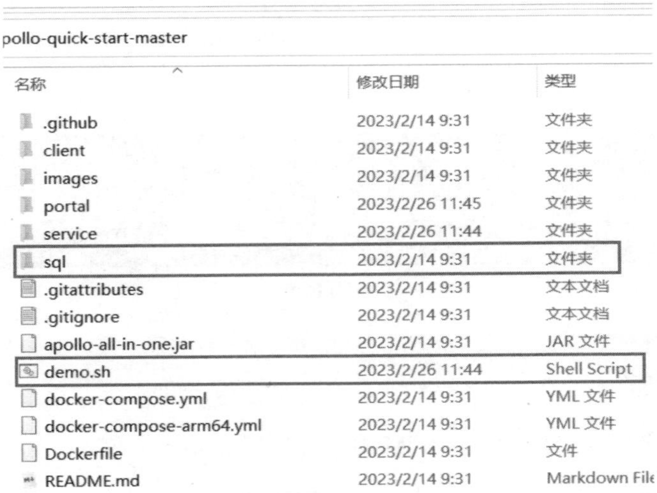

图 6-5

　　图 6-5 中，笔者仅标记了两处要点。这两处要点，是需要我们进行额外修改

和处理的。当然，处理过程并不复杂，请读者耐心跟随笔者进行操作即可，操作步骤如下。

（1）打开 sql 文件夹。

你会看到两个 SQL 文件，如图 6-6 所示。

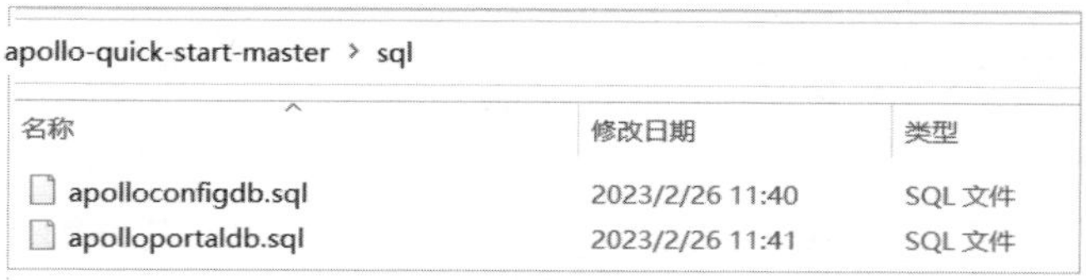

图 6-6

分别打开两个 SQL 文件，在每个表创建语句的最后一行，添加 ROW_FORMAT = Dynamic。具体的修改方式如图 6-7 所示。

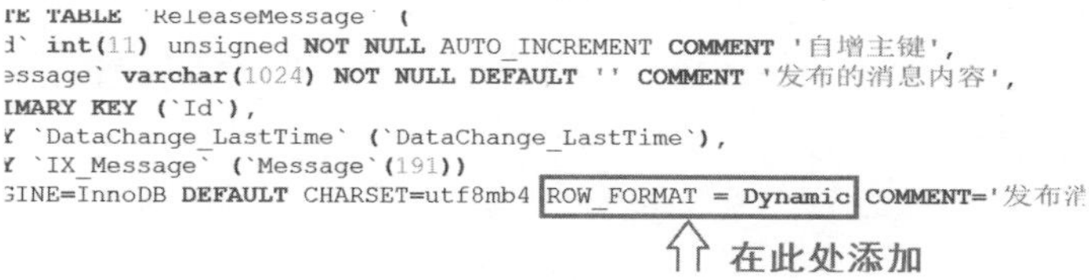

图 6-7

需要注意的是，对于 apolloconfigdb.sql 文件，共包含 17 张表的创建，因此需要添加 17 次 ROW_FORMAT = Dynamic；对于 apolloportaldb.sql 文件，共包含 16 张表的创建，因此需要添加 16 次 ROW_FORMAT = Dynamic。两个 SQL 文件，合计有 33 处需要修改。

修改完成后，我们可以通过 MySQL 的可视化工具或者 MySQL 的 cmd 命令行，将两个 SQL 文件导入到我们在第 2 步安装的 MySQL5.6.10 中。如果读者选择通过 cmd 命令行进行 SQL 文件的导入，则可以直接使用 source 命令进行操作，cmd 命令行形式的导入方式如图 6-8 所示。

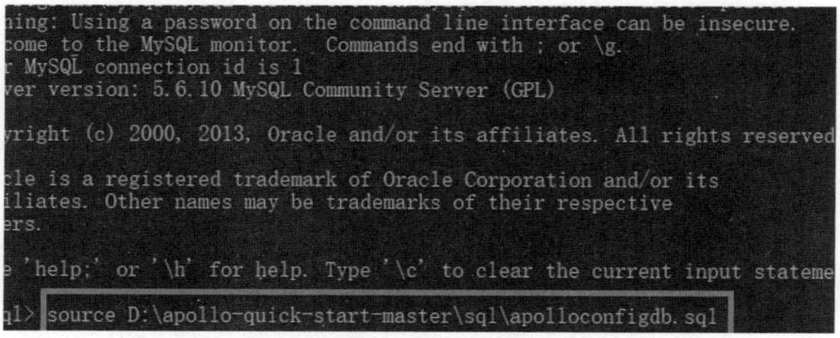

图 6-8

请读者务必确认，两个 SQL 文件的导入都完全成功，否则无法继续下面的步骤。只要读者跟随笔者的步骤进行操作，相信不会出现任何问题。

（2）打开 demo.sh 文件并进行相关的配置修改。

demo.sh 文件的修改非常简单，我们只需要设置 MySQL 数据库的 JDBC URL、用户名和密码即可，如图 6-9 所示（请读者根据自己环境的 MySQL 的 URL、用户名和密码进行设置）。

```
# apollo config db info
apollo_config_db_url="jdbc:
mysql://localhost:3306/ApolloConfigDB?characterEncoding=utf8&serverTimezone=Asia/Shanghai"
apollo_config_db_username=root
apollo_config_db_password=123456

# apollo portal db info
apollo_portal_db_url="jdbc:
mysql://localhost:3306/ApolloPortalDB?characterEncoding=utf8&serverTimezone=Asia/Shanghai"
apollo_portal_db_username=root
apollo_portal_db_password=123456
```

图 6-9

至此，demo.sh 文件的修改就完成了。此外，请读者观察 demo.sh 文件中关于图 6-10 中的三个 URL 配置。

```
# meta server url
config_server_url=http://localhost:8080
admin_server_url=http://localhost:8090
eureka_service_url=$config_server_url/eureka/
portal_url=http://localhost:8070
```

图 6-10

在图 6-10 中，Apollo 的 eureka config server 会占用 8080 端口，admin server 会占用 8090 端口，管理界面 UI 会占用 8070 端口，请确保这三个端口没有被其他程序占用，否则会影响我们启动 Apollo 配置中心。幸好，我们的实战项目使用的是 8081 端口，如果读者在实战过程中，也是跟随笔者使用的 8081 端口，那就无须担心了。

4. 启动 Apollo 配置中心并创建配置

Apollo 配置中心的启动方式很简单，只需要使用命令 ./demo.sh start 即可。问题是，我们的 Windows 系统无法直接执行 sh 脚本。无妨，我们在 Windows 操作系统上安装 Git，然后在 demo.sh 文件所在的文件夹下，单击鼠标右键，选择 "Git Bash Here"，如图 6-11 所示。

单击完 "Git Bash Here"，在 Git 的命令行中输入 "./demo.sh start"，即可启动 Apollo 配置中心，如果得到了如图 6-12 所示的结果，说明 Apollo 启动成功（请读者注意，除了保证 8090、8080、8070 三个端口未被占用外，还需要尽量在刚开机的时候进行 Apollo 配置中心的启动。启动 Admin Service 和 Portal 需要一定的时间，请保证 Windows 计算机运行状态良好，否则可能会出现 120s 内未成功启动而引发的超时现象。笔者在启动 Apollo 时，也会遇到 120s 的超时现象，重启计算机后便会成功）。

图 6-11

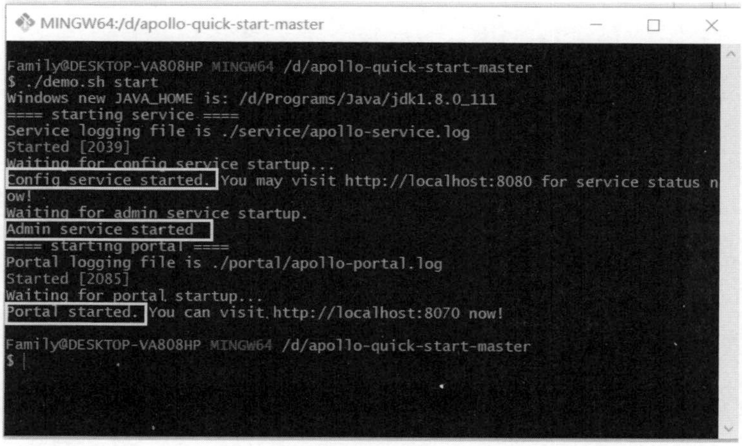

图 6-12

如图 6-12 所示，当我们看到 "config service started" "Admin service started" 和 "Portal started" 后，说明 Apollo 启动成功。接下来我们就可以通过浏览器访问 http://localhost:8070，登录 Apollo 的管理 UI 页面。默认用户名为 "apollo"，密码为 "admin"。登录成功后，页面显示如图 6-13 所示。

图 6-13

接下来，我们单击图 6-13 中的"创建应用"按钮，为我们的项目创建对应的配置存放地。我们创建 AppId 为"DesignParttenLearning"的应用，这个 AppId 是十分重要的，在后续的实战过程中，需要以该 AppId 为应用的唯一标识。当然，读者也可以根据自己的喜好进行 AppId 的定义。笔者应用的创建信息如图 6-14 所示。

图 6-14

单击图 6-14 所示的"提交"按钮后，页面会跳转到配置添加的位置，如图 6-15 所示。

图 6-15

单击图 6-15 的"新增配置"按钮，即可进行配置的添加。我们设置配置的

key 为 "duty.chain"，类型为 "string"，value 为 "city,sex,product"，代表三种业务投放的筛选策略，我们约定如下。

- city 代表按用户所在城市的筛选逻辑。
- sex 代表按用户性别的筛选逻辑。
- product 代表按用户购物种类的筛选逻辑。

后续实战代码读取配置后，会对此处的配置进行解析并对应到具体的责任类。笔者创建配置的界面如图 6-16 所示。

图 6-16

单击图 6-16 的 "提交" 按钮后，会跳转到如图 6-17 所示的界面，单击 "发布" 按钮，即可完成配置的发布。

图 6-17

至此，我们完成了 Apollo 配置中心在 Windows 10 环境下的部署，并且为我们的后续的实战创建了对应的应用（AppId：DesignParttenLearning）和配置（duty.chain），为后续的 SpringBoot 集成 Apollo 配置中心打下了坚实的基础。

6.3.3　准备业务投放数据和用户数据

在 6.3.2 小节完成了 Apollo 在 Windows 10 环境下的部署，并且设置了 duty.

chain 的配置。接下来还需要初始化一些业务投放的测试数据以及用户的属性信息，如用户所在城市、用户的性别等属性。为了简化测试数据的准备工作，采用以下方案初始化这部分测试数据。

- 对于业务投放数据，我们初始化到 h2 数据库中。为业务投放数据创建一张表，并添加 4 条测试数据。
- 对于用户的属性数据，我们不再进行准备，直接以接口入参的形式获取。当然，实际项目中，用户的信息是存放在 DB 中的，当用户登录成功后，我们会将用户的信息存入 Redis 并设置过期时间。但是针对本章的实战内容，我想让读者把更多的精力放到我们的"责任链模式"以及"Apollo 配置中心"这两个新的知识点上，因此我们简化用户数据的获取，通过接口入参的形式获取，请读者给予充分理解。

本小节，我们仅仅需要准备业务投放数据即可。读者是否还记得，我们使用schema.sql 和 data.sql 文件，可以对数据进行初始化操作？此次测试数据的准备，我们依然采用此种方式进行。

1. 在schema.sql中新增business_launch表的的创建语句

其中字段含义如下。

- Business_detail：投放业务的信息。
- Target_city：目标投放城市。
- Target_sex：目标投放性别群体。
- Target_product：购买某类产品的投放群体。

```sql
create table if not exists business_launch (
    id INT auto_increment PRIMARY KEY not null,
    business_detail varchar(8) not null,
    target_city varchar(32),
    target_sex varchar(8),
    target_product varchar(32)
);
```

2. 在data.sql中新增business_launch表的测试数据插入语句

```sql
insert into business_launch(id, business_detail, target_city, target_
sex, target_product) values
(1, '苹果计算机投放业务', '', '', 'computer,phone'),
(2, '某奢侈品投放业务', '','F','Female bag'),
(3, '北方某店投放业务', 'bj,tj','',''),
(4, '平台优惠券', '','','');
```

对于以上测试数据，翻译如下。

- 苹果计算机投放业务：面向购买计算机产品（computer）或购买手机产品（phone）的全体用户，不区分性别和城市。
- 某奢侈品投放业务：面向女性且购买过女包类产品（Female bag）的群体，不区分城市。
- 北方某店投放业务：面向北京（bj）或天津（tj）的用户群体，不区分性别和购买产品的类别。
- 平台优惠券：面向全体用户。

3. 创建business_launch表对应的Java实体类对象——BusinessLaunch

此处代码十分简单，展示代码如下：

```java
package com.book.pojo;

@Data
@Entity
@Table(name = "business_launch")
public class BusinessLaunch {
    @Id
    @GeneratedValue(strategy = GenerationType.AUTO)
    private int id;
    // 业务投放详情
    @Column(nullable = false, name = "business_detail")
    private String businessDetail;
    // 业务投放目的城市
    @Column(nullable = false, name = "target_city")
    private String targetCity;
    // 业务投放性别群体
    @Column(nullable = false, name = "target_sex")
    private String targetSex;
    // 业务投放相关产品
    @Column(nullable = false, name = "target_product")
    private String targetProduct;
}
```

4. 创建BusinessLaunch查询的DAO层——BusinessLaunchRepository

此处代码十分简单，无须创建任何方法，因为我们在实战过程中，直接使用JPA 自带的 findAll 方法即可。代码如下：

```java
package com.book.repo;

@Repository
public interface BusinessLaunchRepository extends JpaRepository
<BusinessLaunch, Integer> {
}
```

至此，我们完成了所有的前期准备工作，接下来，让我们进入本章的实战内容吧。

6.4　责任链模式实战——UML 类结构分解及方法定义

责任链模式旨在将一系列的责任对象连成一个处理链，将请求沿着这条处理链传递，直到有对象处理它为止。责任链模式能够使多个对象都有机会处理请求，避免请求的发送者和接收者之间的耦合关系。

其实，笔者更倾向于将责任链模式称之为"责任链表模式"，仅仅一字之差，却能够体现出责任链模式的核心思想："将多个责任对象，通过类似于链表的形式连接起来"。相信所有的读者都能够创建"链表"这一基础的数据结构，责任链模式与链表类似，也会有一个指针指向下一个节点。接下来，我们依然先对责任链模式的 UML 类图进行说明，如图 6-18 所示。

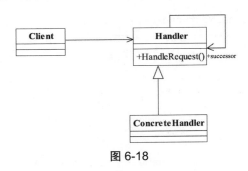

图 6-18

从图 6-18 中，一共有以下三个角色。

- **Handler 抽象责任角色**：抽象责任角色负责定义抽象方法，并且需要在该角色中定义 nextHandler。开篇我们就提到过，责任链模式就类似于链表，创建链表节点时，我们会定义 next 节点属性。同理，此处我们定义 nextHandler 属性，将多个责任类定义到一个责任处理链条中。当然，具体责任链条的定义，是由 Apollo 中 duty.chain 的配置而决定的。
- **ConcreteHandler 具体责任角色**：具体的责任类。根据本章的实战需求，我们需要定义三个具体责任类：按用户购物种类筛选的责任类、按用户所在城市筛选的责任类和按用户性别筛选的责任类。
- **Client 责任链的装配者、使用者**：Client 在进行责任链的调用前，需要对责任链条进行装配，说直白些，就是将多个具体责任类，通过 nextHandler 属性进行连接，因此 Client 角色的作用分为两个：装配责任链条、调用责任链条的头节点。请读者注意，既然责任链模式是一个类似于链表的结构，那么我们只需要调用责任链的头节点即可（就好比获取链表中的所有数据，我们只需要知道头节点，即可根据 next 指针，顺序地找到所有节点的数据）。

整体上讲，责任链模式的 UML 类图还是十分容易理解的。接下来，我们趁热打铁，直接展开 UML 类图的类结构分解及方法定义。

1. 创建抽象责任类——AbstractBusinessHandler

笔者先为大家展示代码，然后针对代码中的要点进行更加细致的说明。代码及注释如下：

```java
package com.book.dutychain;

public abstract class AbstractBusinessHandler {
    // 定义下一个责任类
    public AbstractBusinessHandler nextHandler;
    // 是否有下一个责任类
    public boolean hasNextHandler() {
        return this.nextHandler != null;
    }
    // 定义抽象责任类方法
    public abstract List<BusinessLaunch> processHandler(List<Busin
essLaunch> launchList, String targetCity, String targetSex, String
targetProduct);
}
```

针对以上代码，笔者有三处内容需要展开说明，读者可以根据以上代码中的三处注释定位到笔者要展开说明的内容。

①我们定义 nextHandler，作为下一个责任类的指针。

②关于上述代码的 hasNextHandler 方法，是为了判断当前的责任类是否还有下一个责任类节点，当责任链条达到最后一个节点时，该方法会返回 false。

③关于上述代码定义的抽象方法 processHandler，第一个参数是所有的业务投放数据，也就是我们在 6.3.3 小节准备的四条测试数据，我们会从 h2 数据库中获取这四条测试数据，作为该方法的第一个参数；对于其他三个 String 类型的参数，是前端传给我们的 city、sex 和 product 信息（对于这三个参数，我们已经在 6.3.3 小节提前声明过，我们简化这部分的数据准备，直接以前端入参的形式进行传递，把更多的精力放到"责任链设计模式"和"Apollo 配置中心新知识"的学习上）。

2. 创建具体责任类

具体责任类的创建依然十分简单，我们仅需要创建三个具体责任类，然后继承我们在第 1 步创建的抽象责任类并覆写抽象方法即可。我们会创建以下三个类。

- **CityHandler**：按用户购物种类的筛选责任类。
- **SexHandler**：按用户所在城市的筛选责任类。
- **ProductHandler**：按用户性别的筛选责任类。

代码如下：

```java
package com.book.dutychain;

public class CityHandler extends AbstractBusinessHandler{
    @Override
      public List<BusinessLaunch> processHandler(List<BusinessLaunch>
launchList, String targetCity, String targetSex, String targetProduct) {
        return launchList;
    }
}
```

```java
package com.book.dutychain;

public class SexHandler extends AbstractBusinessHandler{
    @Override
      public List<BusinessLaunch> processHandler(List<BusinessLaunch>
launchList, String targetCity, String targetSex, String targetProduct) {
        return launchList;
    }
}
```

```java
package com.book.dutychain;

public class ProductHandler extends AbstractBusinessHandler{
    @Override
      public List<BusinessLaunch> processHandler(List<BusinessLaunch>
launchList, String targetCity, String targetSex, String targetProduct) {
        return launchList;
    }
}
```

3. 关于Client角色的创建

Client 角色还需要创建吗？在 SpringBoot 微服务框架下，@Service 标注的逻辑层，就是责任链模式的调用者和组装者。在 6.5 节的实战部分，我们会利用之前创建过的 UserService 类，作为 Client 角色，进行责任链条的组装和调用。最终，我们的实战类与 UML 类图的对应关系如图 6-19 所示。

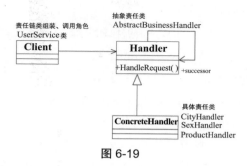

图 6-19

6.5 责任链模式实战——业务投放

6.5.1 项目集成Apollo

我们在 6.3.2 小节通过四个步骤将 Apollo 部署到了 Windows 10 的开发环境，然后为我们的项目专门配置了 AppId 为 DesignParttenLearning 的应用，并且成功地添加并发布了 duty.chain 配置项。初次接触 Apollo 的读者，可能会在 6.3.2 小节花费一定的时间，但是在项目集成 Apollo 时，简单得可能超乎你的想象，仅需 5 行 pom 依赖 + 6 行 properties 配置 + 1 个启动类的注解。为了能让大家清晰地看到项目对 Apollo 的集成步骤，即便如此简单，笔者仍然选择了将此部分内容单独放置到 6.5.1 小节进行说明。

1. 在pom文件中，添加Apollo的依赖

代码如下：

```xml
<dependency>
    <groupId>com.ctrip.framework.apollo</groupId>
    <artifactId>apollo-client</artifactId>
    <version>1.7.0</version>
</dependency>
```

2. 在application.properties文件中添加Apollo的相关配置

笔者先展示配置信息，然后对每个配置信息进行说明。Apollo 配置信息如下：

```properties
#apollo
app.id=DesignParttenLearning
apollo.meta=http://127.0.0.1:8080
apollo.bootstrap.enabled=true
apollo.bootstrap.eagerLoad.enabled=true
logging.level.com=info
apollo.cacheDir=D:\\data\\apollo-cache
```

以上六行配置的详细说明如下。

① app.id：链接 Apollo 中指定的应用 ID。

② apollo.meta：链接 Apollo 的 Config 服务。

③ apollo.bootstrap.enabled：允许启用 Apollo。

④ apollo.bootstrap.eagerLoad，enabled：设置为 true，那么 Apollo 可以管理日志的配置。

⑤ ogging.level.com：设置日志打印级别。

⑥ apollo.cacheDir：是否还记得，我们在 6.3.1 小节的图 6-3 中引入了 Apollo 客户端，此处的配置即开启 Apollo 客户端，将配置信息缓存一份到本地，使得 Apollo 不可用时，依然可以从本地 Apollo 客户端提取到配置信息。

3. 在启动类上添加@EnableApolloConfig注解

项目集成 Apollo，我们还需要在 SpringBoot 项目的启动类上添加 @EnableApolloConfig 注解。代码如下：

```java
package com.book;

@EnableJpaRepositories
@SpringBootApplication
@EnableApolloConfig
public class DesignApplication {
    public static void main(String[] args) {
        SpringApplication.run(DesignApplication.class, args);
    }
}
```

至此，我们完成了 Apollo 的集成，就是如此简单。接下来，我们开始填充业务投放的核心实战代码。

6.5.2　业务投放实战

在进行代码填充之前，我们先对需要填充代码的类进行分析，确定了哪些类需要进行代码填充后，再一一进行代码的书写。

- CityHandler：填充按 city 筛选的代码。
- SexHandler：填充按 sex 筛选的代码。
- ProductHandler：填充按 product 筛选的代码。
- UserService：从 Apollo 配置中心获取 duty.chain 的配置，基于 duty.chain，组装责任链条；从 h2 数据库中获取所有的业务投放数据；调用责任链条的首节点。

上述四个类中，UserService 作为责任链条的组装者、调用者，承载了更宏观的代码逻辑；而其他三个具体责任角色，仅仅需要关注自己的职责代码即可。我们先填充三个具体责任类，然后再对 UserService 类进行代码填充。

1. CityHandler填充实战代码

该类主要负责按照用户所在城市筛选业务投放信息，代码主体逻辑并不复杂，根据 targetCity，对业务投放数据 launchList 进行筛选。代码及注释如下：

```
package com.book.dutychain;

public class CityHandler extends AbstractBusinessHandler{
    @Override
    public List<BusinessLaunch> processHandler(List<BusinessLaunch>
launchList, String targetCity, String targetSex, String targetProduct) {
        // 如果 launchList 中没有数据，直接返回
        if(launchList.isEmpty()) {
            return launchList;
        }
        // 按 target 进行筛选，只保留符合条件的投放信息
        launchList = launchList.stream().filter(launch -> {
            String city = launch.getTargetCity();
            if(StringUtils.isEmpty(city)) {
                return true;
            }
            List<String> cityList = Arrays.asList(city.split( "," ));
            return cityList.contains(targetCity);
        }).collect(Collectors.toList());
        // 如果还有下一个责任类，则继续进行筛选
        if(hasNextHandler()) {
            return nextHandler.processHandler(launchList, targetCity,
targetSex, targetProduct);
        }
        return launchList;
    }
}
```

以上代码中，笔者仅添加了 3 行注释。前两行注释，属于基础的业务信息筛选逻辑，对 List 数据进行筛选，此处不必多言。请读者格外注意第 3 行注释的内容，如果当前 CityHandler 还有下属的 handler 节点，则需要继续进行调用，此处的代码，能够完全展现出我们在 AbstractBusinessHandler 中定义的 nextHandler 属性和 hasNextHandler 方法的意义。

2. SexHandler填充实战代码

对于按性别 Sex 进行筛选的代码逻辑，与 CityHandler 类的筛选逻辑极其相似，代码及注释如下：

```
package com.book.dutychain;

public class SexHandler extends AbstractBusinessHandler{
    @Override
    public List<BusinessLaunch> processHandler(List<BusinessLaunch>
launchList, String targetCity, String targetSex, String targetProduct) {
        // 如果 launchList 中没有数据，直接返回
        if(launchList.isEmpty()) {
            return launchList;
        }
        // 按 target 进行筛选，只保留符合条件的投放信息
        launchList = launchList.stream().filter(launch -> {
            String sex = launch.getTargetSex();
            if(StringUtils.isEmpty(sex)) {
                return true;
            }
            return sex.equals(targetSex);
        }).collect(Collectors.toList());
        // 如果还有下一个责任类，则继续进行筛选
        if(hasNextHandler()) {
                return nextHandler.processHandler(launchList, targetCity,
targetSex, targetProduct);
        }
        return launchList;
    }
}
```

3. ProductHandler填充实战代码

同样，对于按所购买商品 Product 进行筛选的代码逻辑，与 CityHandler 类的筛选逻辑也是极其相似的，代码及注释如下：

```
package com.book.dutychain;

public class ProductHandler extends AbstractBusinessHandler{
    @Override
    public List<BusinessLaunch> processHandler(List<BusinessLaunch>
launchList, String targetCity, String targetSex, String targetProduct) {
        // 如果 launchList 中没有数据，直接返回
        if(launchList.isEmpty()) {
            return launchList;
        }
        // 按 target 进行筛选，只保留符合条件的投放信息
        launchList = launchList.stream().filter(launch -> {
            String product = launch.getTargetProduct();
            if(StringUtils.isEmpty(product)) {
                return true;
            }
        }
```

```
                    List<String> productList = Arrays.asList(product.
split(","));
            return productList.contains(targetProduct);
        }).collect(Collectors.toList());
        // 如果还有下一个责任类，则继续进行筛选
        if(hasNextHandler()) {
            return nextHandler.processHandler(launchList, targetCity,
targetSex, targetProduct);
        }
        return launchList;
    }
}
```

4. UserService实战代码填充

在对 UserService 进行实战代码填充前，请读者先思考以下两个问题。

- 我们在 Apollo 中配置的 duty.chain 的值是 "city,sex,product"，我们如何将它们转化成 CityHandler → SexHandler → ProductHandler 这样的责任对象链条呢？

- 我们如何确保，只有在第一次初始化责任链条或者是 duty.chain 的配置发生改变时，才去重新进行责任链条的组装呢？

以上两个问题的答案，就是 UserService 的核心代码逻辑。我们不仅要确保将 "city,sex,product" 转化成 CityHandler → SexHandler → ProductHandler 责任链条，还要确保不进行无意义的转化。针对以上的问题，不同的读者可能会有不同的代码实现方式，笔者在此处采用了枚举类 + 反射责任类创建 +synchronized 同步代码块 + 链表哑结点的简易算法进行实现，并且使用了两个全局变量控制组装时机，只有在第一次进行责任链条初始化和 duty.chain 配置更新时，才会触发责任链条的重新组装。

可能读者看到笔者提到的 "反射" 和 "synchronized 同步代码块" 这两个关键字眼时，会对代码的性能有所担忧。其实大可不必有此担忧，因为 "反射" 和 "synchronized 同步代码块" 的执行逻辑，仅仅在第一次进行责任链条初始化和 duty.chain 配置更新时才会执行。接下来，笔者为大家展示此部分的代码实现逻辑。

① 创建 HandlerEnum，将 "city,sex,product" 分别与三个具体责任类进行对应。大家是否还记得，我们在 5.8 节使用的策略工厂，创建了 StragedyEnum 枚举类，此处的 HandlerEnum 类创建也是采用相同的方式。代码如下：

```
package com.book.dutychain.builder;

public enum  HandlerEnum {
    // 业务投放目的城市
    city("com.book.dutychain.CityHandler"),
    // 业务投放性别群体
    sex("com.book.dutychain.SexHandler"),
    // 业务投放相关产品
    product("com.book.dutychain.ProductsHandler");
    String value = "";
    HandlerEnum(String value) {
        this.value = value;
    }
    public String getValue() {
        return this.value;
    }
}
```

②填充 UserService 实战代码逻辑。由于 UserService 类在第 2 章已经创建过，因此笔者仅仅展示新增的代码，已存在的代码使用省略号代替，代码及详细注释如下：

```
package com.book.service;

@Service
public class UserService {
    ...
    // 注入 BusinessLaunchRepository，用于查询业务投放数据
    @Autowired
    private BusinessLaunchRepository businessLaunchRepository;
    // 注入 duty.chain
    @Value("${duty.chain}")
    private String handlerType;
    // 记录当前 handlerType 的配置，判断 duty.chain 的配置是否有修改
    private String currentHandlerType;
    // 记录当前的责任链头节点，如果配置没有修改，下次直接返回即可
    private AbstractBusinessHandler currentHandler;
    ...
     public List<BusinessLaunch> filterBusinessLaunch(String city, String
sex, String product) {
            List<BusinessLaunch> launchList = businessLaunchRepository.
findAll();
            return buildChain().processHandler(launchList, city, sex,
product);
    }
    // 组装责任链条并返回责任链条首节点
    private AbstractBusinessHandler buildChain() {
        // 如果没有配置，直接返回 null
        if(handlerType == null) {
            return null;
```

```
        }
        // 如果是第一次配置，将 handlerType 记录下来
        if(currentHandlerType == null) {
            this.currentHandlerType = this.handlerType;
        }
        // 说明 duty.chain 的配置并未修改且 currentHandler 不为 null，直接返回
currentHandler
            if(this.handlerType.equals(currentHandlerType) && this.
currentHandler != null) {
            return this.currentHandler;
        } else { // 说明 duty.chain 的配置有修改，需要从新初始化责任链条
            // 从新初始化责任链条，需要保证线程安全，仅仅每次修改配置时才会执
行一次此处的代码，无性能问题
            System.out.println("配置有修改或首次初始化，组装责任
链条！！！");
            synchronized (this) {
                try {
                    // 创建哑结点，随意找一个具体类型创建即可
                    AbstractBusinessHandler dummyHeadHandler = new
CityHandler();
                    // 创建前置节点，初始赋值为哑结点
                    AbstractBusinessHandler preHandler =
dummyHeadHandler;
                    // 将 duty.chain 的配置用逗号分割为 List 类型，并通过
HandlerEnum 创建责任类，并配置责任链条
                    List<String> handlerTypeList = Arrays.
asList(handlerType.split(","));
                    for(String handlerType : handlerTypeList) {
                        AbstractBusinessHandler handler =
                            (AbstractBusinessHandler) Class.
forName(HandlerEnum.valueOf(handlerType).getValue()).newInstance();
                        preHandler.nextHandler = handler;
                        preHandler = handler;
                    }
                    // 重新赋值新的责任链头节点
                    this.currentHandler = dummyHeadHandler.nextHandler;
                    // 重新赋值修改后的配置
                    this.currentHandlerType = this.handlerType;
                    // 返回责任链头节点
                    return currentHandler;
                } catch (Exception e) {
                    throw new UnsupportedOperationException(e);
                }
            }
        }
    }
}
```

以上的代码逻辑稍微有些复杂，因此笔者添加了详尽的注释，几乎每行代码都进行了注释。当然，笔者相信所有的读者都能够通过对代码和注释的阅读，完

全理解此处的代码逻辑，即便有少部分内容无法透彻理解，也可以通过 Debug 模式对代码进行追踪，相信一轮 Debug 下来，所有的代码都能够了如指掌。

6.5.3 业务投放测试

每当到了章节的测试阶段，意味着我们本章的实战内容就要结束了，也意味着读者又多掌握了一个或多个设计模式，又多接触了一些引申的高性价比热门知识，意味着我们更久的相识相知，且行且珍惜。

对于业务投放的测试，我们仅需要在 UserController 中添加一个 API 即可，UserController 类依然是在第 2 章进行的创建，此处仅需添加代码即可。代码如下：

```
package com.book.controller;

@RestController
public class UserController {
...
    @PostMapping("/business/launch")
      public List<BusinessLaunch> filterBusinessLaunch(@
RequestParam("city") String city,@RequestParam("sex") String sex, @
RequestParam("product") String product) {
        return userService.filterBusinessLaunch(city, sex, product);
    }
}
```

代码十分简单，对我们来说没有任何难度。对于测试过程，笔者仅提出以下三点内容，以示叮嘱或指引。

- 进行代码测试前，请务必保证已经通过 demo.sh start 命令，启动了 Apollo 配置中心，否则代码会出现无法连接 Apollo 配置中心的错误。
- Apollo 配置中心的启动，会占用 1.5GB 左右的内存空间，请读者确保自己的开发环境有足够的内存资源支撑 Apollo 配置中心的运行。以笔者 8GB 的计算机内存为例，在开启 IDEA、Word 编辑器、Postman、Apollo 配置中心还有一些辅助的资料查阅器后，计算机会进入卡顿状态，无奈只能重启。请读者以我为鉴，避免陷入无奈的重启境地。
- 本章知识学习完成后，建议在项目代码中，注释掉 Apollo 配置中心的集成代码，否则每次启动项目，都需要提前启动 Apollo 配置中心，非常不便。

接下来的时间交给广大读者，可以自行进行测试及代码扩展、二次开发。希望大家调整好心态，迎接新的实战需求。

6.6　章节回顾

本章，我们基于责任链模式，完成了业务投放需求的实战。相信读者对责任链模式有了很深入的理解，包括责任链条的组装方式。当然，部分读者可能会觉得 Apollo 配置中心的内容更加引人注目，不自觉地将 Apollo 配置中心的内容作为章节重点；也有部分读者有过 Apollo 的使用经验，因此更倾向于设计模式的重点学习。

在笔者看来，全书皆重点，本章也不例外。笔者一直秉承，在不违背本书主旨及篇幅比例控制的前提下，尽个人所能，基于个人多年的行业经验，将当下核心的、热门的项目需求模块实战、设计模式落地以及热点引申知识呈现给广大读者，也非常感谢读到此处的你，实战之旅已经过半，希望依旧不离不弃，携手同行，且行且珍惜。

第 7 章
平台积分更新及红包发放——装饰器模式

7.1　本章要点

支付完成了，业务投放也做了，但这并不意味着整体流程的结束，电商企业还会想尽各种办法使用户对购物平台产生依赖。因此，电商企业不能一味地做业务投放，还需要给用户带来实际的优惠。比如：在淘宝购物后，平台会为用户发放淘金币；在京东购物后，平台会为用户发放京豆；在美团外卖订餐后，平台会为用户发放金豆和红包。无论是淘宝的淘金币、京东的京豆，还是美团外卖平台的金豆和红包，都是为了给用户带来实惠，留住用户。拿京东的京豆来说，1000京豆能够抵扣 10 元人民币。

本章，我们就要在用户支付完成后，为用户更新平台积分，对于部分特定商品的购买，还会为用户发放红包。本章要点内容如下。

- 装饰器模式实战——UML 类结构分解及方法定义。
- 装饰器模式实战——类创建的内存优化。
- 积分更新及红包发放业务的三层服务降级。
- 延迟服务降级的设计方式。
- RabbitMq 的 TTL+ 死信队列实现延迟服务。

平台积分更新和红包发放业务并不是电商项目的核心功能。在平台进行秒杀活动、大促活动时，我们很可能需要对该部分服务进行降级处理，将更多的服务器资源分配给秒杀活动、促销活动以及商品的支付等核心流程，因此，服务降级内容的加入是十分有必要的。服务降级，本质上就是一个或多个开关，优秀的项目代码可以控制三层甚至更多的服务级别，本章我们的服务级别仅进行三层控制：正常服务→延迟服务→暂停服务。

7.2　实战需求发布会（三层服务降级策略）

项目经理： 业务投放的内容做得很不错啊，业务部门的老大还发邮件表扬了咱们，说 UI 做得又快又漂亮。

王工：……这是夸 Apollo 呢还是夸咱们呢？

项目经理：都一样，没有咱们，Apollo 他们都用不上。业务那边又提了新需求，需要在购买商品后，给用户更新一些平台积分，对于某些特定商品，还需要进行红包发放。

王工：这部分好办，咱们已经做完了第三方支付的代码逻辑，直接在支付的代码逻辑后边添加上平台积分更新和红包发放逻辑就行了，就是在 OrderService 类的 pay 方法中添加就行。

项目经理：平台积分更新和红包方法的逻辑，我是需要做服务降级的。

- 0 代表正常服务，每次商品支付成功后，直接进行更新操作。
- 1 代表延迟服务，遇上秒杀或双 11 活动，需要进行延迟更新，比如说凌晨 0 点开始秒杀，可以将积分更新或红包发放在 30 分钟后进行处理。
- 2 代表暂停服务，平台可以随时将积分更新和红包发放业务暂停。

你觉得这部分逻辑，放在 orderService 的 pay 方法里，合适吗？

王工：这个逻辑确实有点复杂，如果放到 pay 方法中，会导致代码之间的强耦合，毕竟 pay 接口才是我们最为核心的接口，不能被积分更新和红包发放功能影响。

项目经理：是的，万一更新积分的代码和红包发放的代码有异常，会影响支付接口。李工有什么看法吗？

李工：其实一般情况下，新的逻辑可以直接增加到现有的代码中。但是考虑到支付接口十分核心，再加上三层服务降级控制，我建议不修改现有 UserService 类，为 UserService 类作一层装饰，将现有的 pay 方法和积分更新、红包发放的业务，以类级别进行隔离。

项目经理：你的意思是引入装饰器模式？

李工：是的。装饰器模式的应用场景，就是在不想或不能修改当前类行为的前提下，能够通过装饰器类增加新的处理逻辑。这一点与我们目前面临的情况十分吻合。

项目经理：完全没问题。就按李工说的办，用装饰器模式。那么服务降级怎么实现？

李工：服务降级的实现方式有很多，眼下咱们可以直接使用 Apollo 配置中心，配置 0、1、2，我们根据配置的值选择服务级别。

项目经理：可以的，既然有了 Apollo，就好好利用起来。对了，延迟服务的时间也是需要支持实时配置的，有的秒杀活动可能仅有几分钟，有的秒杀活动可能持续 1 个小时以上，延迟服务的处理时间也需要支持在线实时修改。

　　李工：没问题，放到 Apollo 中，修改的话可以及时生效。

　　项目经理：OK。还有个问题需要看看两位的意见，关于延迟服务，怎么设计，比如说 30 分钟后进行积分更新和红包发放？

　　王工：我有个想法，咱们可以把支付完成的订单发送到 RabbitMq 中，消费端获取消息后，判断是否到了 30 分钟，不到 30 分钟的话，就让线程进行 sleep，直到满 30 分钟再处理。sleep 方法不会消耗系统的 CPU 资源，可以用的。

　　项目经理：哈哈哈，你的实现方式是没问题的，sleep 确实会释放 CPU 资源，不会对系统产生什么压力。但是这样的代码太原始，稍微有些丑陋啊。

　　王工：技术水平有限，献丑了。

　　项目经理：没事没事，技术讨论嘛。李工有什么看法吗？

　　李工：用 RabbitMq 的 TTL 机制和死信队列吧。很经典的延迟队列实现机制，很多企业都在使用这种方式。

　　项目经理：行，这块儿的设计有把握吗？

　　李工：问题不大，之前实现过。

　　项目经理：行。分配下工作啊，李工做 RabbitMq 延迟服务相关的，王工做装饰器模式的实战融入，两天时间应该都没问题吧？

　　王工：有问题加班儿呗，哪次不都是你定，问我们就是走个形式。

　　项目经理：哈哈哈，大家辛苦辛苦，只要干好了，回头绩效评定，肯定让你们满意。

　　李工 + 王工：好的（两张大饼……）。

7.3　项目集成 RabbitMq——服务降级之延迟服务

7.3.1　延迟队列的实现方式

　　说到延迟队列，相信大家并不陌生。只要我们想，就可以有很多种方式实现延迟队列。本章，我们采用 RabbitMq 最为经典的使用场景——TLL+ 死信队列的方式完成延迟队列的实现，这也是很多企业推崇的实现方式。当然了，如果部分读者目前所在企业正在使用 kafka 或者 RocketMq 或者其他的消息中间件产品，也不影响对本节内容的学习，技多不压身。虽然，kafka 目前的市场使用占比逐渐提高，RocketMq 的热度也是水涨船高，但是在不涉及大数据的场景、不涉及 Spring Clould Alibaba 框架使用的场景下，RabbitMq 依然是一款非常出色的消息中间件产品，并且很多公司都在使用 RabbitMq，因为一些成型的项目，很难轻易地从 RabbitMq 转型为 kafka 或 RocketMq。

由于篇幅限制，笔者仅为大家介绍三种延迟队列的实现方式，并对 RabbitMq 的实现方式进行重点说明。

1. 使用JDK延时队列——DelayQueue

JDK 中提供了 DelayQueue 作为延迟队列的实现，该类位于 Java.util. concurrent 包下面，它是一个阻塞队列，通过设定的 delay 时间进行消息的优先级排序。DelayQueue 本质上封装了一个 PriorityQueue。

但是 DelayQueue 仅适用于单机环境。如果想要在分布式环境中应用延迟队列，DelayQueue 是无法满足需求的。

2. Redis key过期监听机制，实现延迟队列

这个做法主要是利用 Redis 中 Key 的过期机制。简单来讲，如果我们开启了 Redis Key 的过期监听机制，那么，当某个 Key 过期时，Redis 就会利用 Redis 中的发布 / 订阅功能把过期的消息发布出来。默认情况下，当一条消息达到过期时间后，Redis 会向名为 __keyevent@0__:expired 的频道中推送一条消息，其中 @0 表示默认的 Redis 库。

请恕笔者无法花费大量的篇幅对 Redis 相关的内容进行扩展延伸，同时，笔者并不推荐通过 Redis 实现延迟队列。无论使用 Redis 的何种特性去实现延迟队列，都是对 Redis 的错误使用。Redis 消息过期机制设计的初衷，并不是为延迟队列的实现而准备的。当然，此处仅仅是笔者个人的见解，如果与部分读者意见相左，望海涵。

3. 通过RabbitMq的TTL+死信队列机制，实现延迟队列

RabbitMq 实现延迟队列，是一个非常经典的应用，目前很多企业仍然在使用此设计进行消息的延迟处理。读者是否还记得，在第 4 章，我们讲解订单状态转化的过程中，有一个关于"订单 15 分钟未支付超时"的问题，当时我们使用了最为粗糙的处理方式，将订单信息缓存到 Redis 中，并设置了 15 分钟的过期时间。其实，关于"订单 15 分钟未支付超时"的场景，最推荐的做法就是使用 RabbitMq 的 TTL+ 死信队列。之所以笔者当时并未使用 RabbitMq，主要是考虑到第 4 章的内容非常多，不仅有三个设计模式的实战融入，还有 Spring 状态机的引申知识，因此，在第 4 章，我们采用了非常粗糙的方式进行了"订单 15 分钟未支付超时"的设计，请读者给予理解。

面包会有的，我们在本章的实战，就要引入 RabbitMq。RabbitMq 的 TTL+死信队列组合的使用方式，如图 7-1 所示。

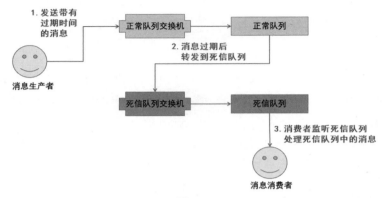

图 7-1

请读者仔细观察图 7-1 中的箭头流转方向。

①消息生产者：发送带有过期时间的消息（TTL：消息超时时间）到正常的队列，该队列是没有任何消费者的。比如：消息生产者发送了一条过期时间为 30 分钟的消息到正常队列。

② 30 分钟后，消息过期，该消息会从正常队列转移到死信队列。

③死信队列是有消费者的，此时消费者接收到的消息，已经是 30 分钟后过期的消息了，最终完成了消息的延迟处理。

以上的叙述，就是关于如何通过 RabbitMq 的 TTL+ 死信队列实现延迟队列的全部内容，其中包含了两个队列，正常队列没有消费者，死信队列有消费者，这样才能确保消息的延迟处理。当然，未使用过 RabbitMq 的读者可能不太理解图 7-1 中的交换机，请恕笔者无法在此展开具体的说明，建议这部分读者简单地学习一下 RabbitMq，进行入门即可。

部分接触过 RabbitMq 的读者，可能会有这样的疑问，为什么要让每条消息携带过期时间呢？ RabbitMq 可以设置整个队列的过期时间吗？我们之所以为每条消息设置过期时间，是因为我们可能根据不同的场景，实时地修改消息的过期时间，就如我们在 7.2 节的需求发布会上所说，过期时间也要支持随时修改，我们需要将过期时间精确到每条消息，而不是整个队列。

7.3.2　RabbitMq的安装与队列配置

为了完成我们的实战，我们需要在本地环境安装 RabbitMq，我们依然选择在 Windows 10 环境下进行 RabbitMq 的安装。RabbitMq 是一个由 Erlang 语言开发的、基于 AMQP 协议的开源实现。因此，在安装 RabbitMq 之前，我们需要先在本地环境安装 Erlang 的运行环境。笔者已经为大家准备好了 Erlang 的安装包以及 RabbitMq 的安装包，读者可以直接扫描前言中的二维码进行下载。

与 Apollo 安装不同的是，笔者不会为大家提供 Erlang 和 RabbitMq 的安装步骤，因为 Erlang 和 RabbitMq 的安装过程就好像安装 JDK 那样简单，我相信所有的读者都有能力完成 Erlang 和 RabbitMq 安装的。之所以提供 Apollo 的详细安装步骤，是因为 Apollo 的安装涉及配置的修改，涉及 MySQL 版本的对应，涉及 SQL 文件的导入，涉及 Git 的安装，涉及 Git Bash 的使用，对于未接触过 Apollo 的读者来说有些复杂。但 Erlang 和 RabbitMq 的安装就十分简单了，随便找一篇博客作为参考，便能够安装成功。

安装成功后，读者可以通过浏览器访问 http://127.0.0.1:15672/ ，输入默认的用户名"guest"和密码"guest"，便可以进入 RabbitMq 的管理界面，如图 7-2 所示。

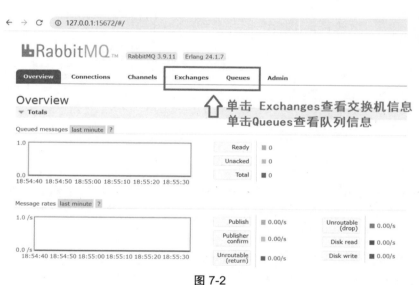

图 7-2

在图 7-2 所示的管理界面中，我们可以单击"Exchanges"和"Queues"按钮，分别查看交换机的信息和队列信息，并且可以创建新的交换机和队列。

在未创建新的交换机之前，单击"Exchanges"按钮，仅存在 7 个默认的交换机，如图 7-3 所示。

在未创建新的 Queue 队列之前，单击"Queues"按钮，没有任何队列信息，如图 7-4 所示。

图 7-3

图 7-4

接下来，根据需求，需要创建两个交换机，即正常队列交换机和死信队列
交换机；创建两个队列，即正常队列和死信队列。在进行创建之前，我们约定
如下。

- **正常交换机名称**：normalExchange。
- **正常交换机类型**：direct。
- **正常队列名称**：normalQueue。
- **正常队列 Routing Key**：myRKey。
- **死信交换机名称**：deadExchange。
- **死信队列名称**：deadQueue。
- **死信交换机类型**：fanout。
- **死信队列 Routing Key**：deadRkey。

通过 RabbitMq 的管理界面进行交换机和队列的创建，无非就是一些常规的信息添加和保存，没有任何技术含量，对我们程序员来说，真的是小菜一碟。即便不熟悉创建流程的读者，也能够通过一些资料的查阅进行快速的创建。为了节省大家的时间，笔者为大家做了一个 jar 包，通过扫描前言中的"**[第 7 章]** rabbit.queue.create-0.0.1-SNAPSHOT"二维码下载 jar 包放到本地环境，通过 java -jar 命令运行 jar 包，便可以完成以上交换机和队列的创建，十分方便。

以笔者为例，笔者将 jar 包放到了本地 E 盘，然后打开 Windows 的 cmd 命令窗口，跳转到 E 盘目录，执行 java -jar 便可创建成功，笔者的创建过程如图 7-5 所示。

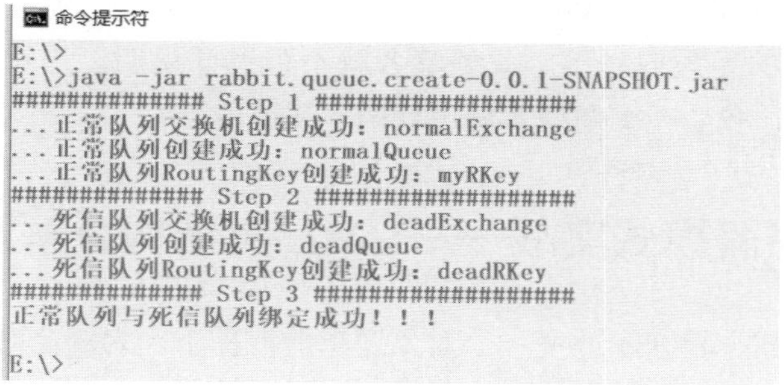

图 7-5

创建成功后，读者可以再次查看 RabbitMq 的管理页面，便可以看到我们新创建的 normalExchange、deadExchange、normalQueue 和 deadQueue，并且已经完成了正常队列和死信队列的绑定，后续代码实战过程中直接使用即可。

有兴趣的读者，如果想要获取 jar 包创建工具的代码，可以通过 QQ 书友群获取，代码非常简单，并且添加了详细的注释供读者参考。

7.3.3 SpringBoot集成RabbitMq

SpringBoot 对 RabbitMq 的集成是非常简单的，由于本书的主题并非消息中间件的讲解，因此，笔者会用最为基本的配置集成 RabbitMq，请读者给予理解。笔者对 RabbitMq 有过深入的研究和丰富的使用经验，如果大家认可笔者的技术和讲述风格，有关 RabbitMq 的其他内容，我们后续可以通过书友技术群进行交流。

1. 在pom文件中引入amqp starter

代码如下：

```
<dependency>
    <groupId>org.springframework.boot</groupId>
    <artifactId>spring-boot-starter-amqp</artifactId>
</dependency>
```

2. 在application.properties文件中添加RabbitMq的配置信息

代码如下：

```
## rabbitmq config
spring.rabbitmq.host=localhost
spring.rabbitmq.port=5672
spring.rabbitmq.username=guest
spring.rabbitmq.password=guest
```

仅仅需要简单的两个步骤，我们就完成了 RabbitMq 最为基本的集成。有兴趣的读者，可以自行添加 RabbitMq 的配置类，对 RabbitTemplate 进行个性化定制，还可以完善 ReturnCallback 和 ConfirmationCallback 机制，防止消息在传输到 Queue 之前的丢失问题等。此处笔者就不再展开说明，毕竟篇幅有限，望海涵。有缘的话，我们在书友技术群进行切磋和讨论。

7.4　装饰器模式实战——UML 类结构分解及方法定义

装饰器模式，旨在不改变一个对象逻辑的前提下，为这个对象添加其他额外的职责。装饰器模式的定义十分容易理解，此处不再过多说明。

从字面的意思来说，"装饰"本来就是"新事物的添加"，就好比我们装饰自己、买衣服、买鞋子、买帽子等，都是在不改变自己整体的结构的前提下进行的。这个比喻可能有些冷，就当笔者与大家开玩笑吧。

闲话少叙，我们直接进入正题。装饰器模式的 UML 类图如图 7-6 所示。

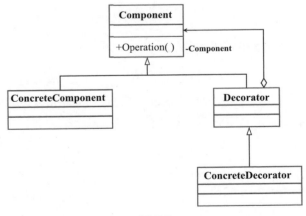

图 7-6

我们先来对图 7-6 所示的每个角色进行说明，然后再对应角色，进行实战类的创建和方法定义。

- **Component 抽象构件**：Component 是一个接口或者抽象类，定义我们核心的原始对象。本章实战，我们需要对 OrderService 的 pay 方法进行装饰，因此此处的 Componet 抽象构件，就是 OrderService 的抽象父类，后续我们会为 OrderService 创建抽象父类。
- **ConcreteComponent 具体构件**：你要装饰的就是它，就是我们的 OrderService 类。
- **Decorator 抽象装饰角色**：定义装饰器的属性和新的方法。此处我们的积分更新 / 红包发放方法的定义，就是在该类中进行的。请读者额外注意图 7-6 右上角的连线，Decorator 抽象角色需要关联 Component 抽象角色。
- **ConcreteDecorator 具体装饰角色**：新的装饰功能的具体实现类。具体实现积分更新 / 红包发放逻辑，服务降级逻辑也在此处。

无论你是否完全理解了装饰器模式的 UML 类图，我们都可以自信地随笔者展开类结构分解和方法定义，因为当最终的代码展现在你面前时，所有的疑惑和不解都会如烟般飘散。接下来，让我们展开实战内容。

1. 创建Component抽象构件——OrderServiceInterface接口

关于 OrderServiceInterface 接口的创建，请允许笔者以模拟情景对话的方式为大家进行说明，让大家体会到，为什么有的企业进行项目开发时，会要求大家创建 Service 层的 Interface 接口。

读者：我们之前的实战章节，所有的 Service 类都没有创建抽象父类接口，为什么此处要进行创建呢？

笔者：你们项目的代码，Service 类有抽象父类接口吗？

读者：有的有，有的没有。

笔者：你更喜欢哪种方式呢？

读者：肯定是不创建抽象父类接口的啊，感觉创建抽象父类接口就是无用功，完全没有必要。

笔者：我们本章的实战，想要扩展 OrderService 类的 pay 方法，必须要有这个抽象父类接口，不然没办法在不改变 OrderService 的 pay 方法的前提下添加新的功能。这就是为什么有的企业要求 Service 类必须要有抽象的父类接口。

读者：那你为什么不在前几章进行创建呢？非要拿到这章内容进行创建？

笔者：如果我在前几章就一直进行 Service 抽象父类接口的创建，部分读者就会有和你一样的想法，感觉创建抽象父类接口就是无用功。

读者：你可以在前几章就和我们说明啊，创建 Service 类的抽象父类接口是为了扩展性，我们会理解的。

笔者："为了扩展性"这五个字，是多么的空洞。如果前几章告诉你们为了扩展性，就好比老师告诉你们要好好学习一样，你们能理解，但是理解得并不深刻，只有赚不到钱的时候才会明白当时老师苦口婆心劝学的用意，因此只有到真正的扩展场景下，才能明白为什么有的企业要求书写 Service 类的抽象接口。现在你觉得 Service 类抽象父类接口的创建还是无用功吗？

不知道部分读者是否对以上的模拟对话有所共鸣，因为不同企业的开发风格有所不同：一部分读者可能只接触过没有创建 Service 类的抽象父类接口的项目；一部分读者可能只接触过有创建 Service 类的抽象父类接口的项目；其他的读者可能二者均有接触。不管怎样，方式无对错之分，创建抽象父类接口，是为未知的扩展性做准备；不创建抽象父类接口，是为了开发过程简单快速，如果有扩展性需求，可以直接在原有的类中进行代码修改，只要保证代码质量并进行充分的测试即可。因此，本章对装饰器模式的使用，只是一种不修改已有对象代码的场景，基于扩展性进行设计模式的融入，并不代表装饰器模式就是唯一的实现方式，还是那句话，因需求制宜。

好了，我们回归到 OrderServiceInterface 接口的创建。OrderServiceInterface 接口作为顶级父类接口，只需要将 OrderService 中已有的方法进行创建即可。目前 OrderService 中有以下五个方法。

- **createOrder**：订单创建。
- **pay**：订单支付。
- **send**：订单发送。
- **receive**：订单接收。
- **getPayUrl**：获取第三方支付平台的 URL。

因此，OrderServiceInterface 代码展示如下：

```
package com.book.service.inter;

public interface OrderServiceInterface {
    Order createOrder(String productId);
    Order pay(String orderId);
    Order send(String orderId);
    Order receive(String orderId);
    String getPayUrl(String orderId, Float price, Integer payType);
}
```

2. ConcreteComponent 具体构件的调整——OrderServcie实现OrderServiceInterface

开篇我们就已经提及，被装饰的具体构件就是我们的 OrderService 类，具体被装饰的方法，就是 OrderService 类中的 pay 方法。我们在第 1 步，已经为 OrderService 类创建了抽象父类接口 OrderServiceInterface，因此，我们需要对 OrderService 类进行调整，通过 implements 关键字对 OrderServiceInterface 接口进行实现。代码十分简单，笔者仅仅展示新增位置的代码，其他已存在代码用省略号表示。代码如下：

```java
package com.book.service;
@Service
public class OrderService implements OrderServiceInterface {
    ...
}
```

细心的读者依然可以在 OrderService 类中，为方法添加上 @Override 注解，此处由读者自行决定是否进行添加，即便不添加 @Override 注解，代码也不会出现报错。

哦，对了，此处读者应该不会有这样的疑问了吧：不是说好了不修改 OrderService 类了吗？你 implements OrderServiceInterface 就不算修改了吗？还有此疑问的读者，一定要再仔细阅读本小节第 1 步的情景对话，至少要仔细阅读情景对话中"读者"部分的第 4 句提问，再次阅读后，便会完全消除你的疑问。

3. 创建抽象装饰器 Decorator——AbstractOderServiceDecorator

我们先来思考一下，Decorator 抽象角色需要完成什么工作，然后再进行实战代码的书写，跟随笔者的思路，我们总结 Decorator 抽象角色需要完成的具体工作如下。

- 请读者再次观察图 7-6 中的 Decorator 角色，这个角色是 Component 角色的子类，我们已经在第 1 步创建了 Component 角色——OrderServiceInterface 接口，因此，Decorator 抽象角色需要 implements OrderServiceInterface 接口。
- 既然 Decorator 抽象角色需要 implements OrderServiceInterface 接口，那么我自然而然地需要在 Decorator 抽象角色中实现 OrderServiceInterface 接口中的五个方法。
- 实现 OrderServiceInterface 接口中的五个方法如何实现？请读者再次观察图 7-6 中的 Decorator 角色，除了作为 Component 角色的子类，还需要关联 Component 角色，也就是说，我们需要在 Decorator 角色中，添加一个 OrderServiceInterface 类型的属性，有了 OrderServiceInterface 类型的属性，我们直接使用该属性进行五个方法的调用，无须真的实现那五个方法。

- 添加一个 OrderServiceInterface 类型的属性，如何将它初始化呢？我们可以通过构造函数或者 set 方法，对 OrderServiceInterface 类型的属性进行赋值操作。
- 还有最重要的一点，Decorator 角色的本职工作是什么？更新积分／发放红包是 Decorator 角色的本职工作，因此，我们还需要在 Decorator 角色中定义一个有关更新积分／发放红包的方法。

以上对 Decorator 抽象角色的职责总结涵盖了所有的内容，我们可以基于以上的总结直接展开代码实战，如果有部分读者对以上总结存在些许不解，请带着这些疑问，随笔者展开代码的实战，当实战代码摆在你面前时，所有的不解便会消散，因为笔者为大家进行了详尽的注释。代码及注释如下：

```java
package com.book.service.decorator;

// 实现 OrderServiceInterface
public abstract class AbstractOderServiceDecorator implements
OrderServiceInterface {
    // 关联 OrderServiceInterface
    private OrderServiceInterface orderServiceInterface;
    // 为 OrderServiceInterface 提供初始化方法，我们采用 set 方法
    public void setOrderServiceInterface(OrderServiceInterface
orderServiceInterface) {
        this.orderServiceInterface = orderServiceInterface;
    }
    // 覆写 createOrder 方法，但不改变方法逻辑，直接调用 orderServiceInterface
的 createOrder 方法
    @Override
    public Order createOrder(String productId) {
        return this.orderServiceInterface.createOrder(productId);
    }
    // 覆写 send 方法，但不改变方法逻辑，直接调用 orderServiceInterface 的
send 方法
    @Override
    public Order send(String orderId) {
        return this.orderServiceInterface.send(orderId);
    }
    // 覆写 receive 方法，但不改变方法逻辑，直接调用 orderServiceInterface 的
receive 方法
    @Override
    public Order receive(String orderId) {
        return this.orderServiceInterface.receive(orderId);
    }
    // 覆写 getPayUrl 方法，但不改变方法逻辑，直接调用 orderServiceInterface
的 getPayUrl 方法
    @Override
    public String getPayUrl(String orderId, Float price, Integer
payType) {
```

```
            return this.orderServiceInterface.getPayUrl(orderId,price,pay
Type);
    }
    // 覆写 pay 方法，但不改变方法逻辑，直接调用 orderServiceInterface 的 pay
方法
    @Override
    public Order pay(String orderId) {
        return this.orderServiceInterface.pay(orderId);
    }
    // 定义新的方法，根据 userId 和 productId 更新用户积分、发放红包
    protected abstract void updateScoreAndSendRedPaper(String productId,
int serviceLevel, float price);
}
```

对于以上代码，我们定义了 updateScoreAndSendRedPaper 方法，并传入了三个参数，这三个参数是为了后续的实战场景作准备的，不同的企业、不同的需求会有不同情况的入参。此处笔者提供的三个入参作用如下。

- productId：购买部分产品会有红包发放，部分产品无红包发放。通过 productId 判断是否需要为用户发放红包。

- serviceLevel：服务级别（正常服务，延迟服务，暂停服务）。

- price：商品价格，根据商品价格的百分之一，为用户增加积分。

当然了，此处的积分更新和红包发放规则仅仅是最为基础的规则，读者将来可能会在工作中面临更复杂的场景，既得渔，定可鱼。

4. 创建具体装饰器 ConcreteDecorator 角色——OrderServiceDecorator

对于 OrderServiceDecorator 类的创建，部分读者可能会觉得非常简单，因为只需要继承 AbstractOderServiceDecorator 类并实现 updateScoreAndSendRedPaper 方法就可以了。但是 OrderServiceDecorator 类的创建并非仅仅实现 updateScore AndSendRedPaper 方法。

关于 OrderServiceDecorator 类的创建，请允许笔者展开新一轮的情景对话，逐步引导大家对此类进行彻底的理解。

读 者：继 承 AbstractOderServiceDecorator 类 并 实 现 updateScoreAndSend RedPaper 方法不够吗？

笔者：不够的，updateScoreAndSendRedPaper 方法的具体作用是什么？

读者：更新积分、发放红包啊。

笔者：好的，那我可不可以这样说，updateScoreAndSendRedPaper 方法仅仅是新增的装饰方法，仅仅完成更新积分、发放红包的工作？

读者：可以。

笔者：好的，既然我们对 updateScoreAndSendRedPaper 方法的职责观点一致，那你提出的问题就解决了。

读者：什么意思，我的问题是"继承 AbstractOderServiceDecorator 类并实现 updateScoreAndSendRedPaper 方法不够吗"？你还没有回答我啊……

笔者：我已经回答了。updateScoreAndSendRedPaper 方法只负责更新积分、红包方法，这是新增的装饰方法，难道已有的 pay 方法就不要了？装饰器角色，是要在不改变已有对象逻辑的基础上增加新的装饰方法，你装饰 OrderService 类的 pay 方法，除了实现 updateScoreAndSendRedPaper 方法，还需要把 pay 方法与 updateScoreAndSendRedPaper 方法进行逻辑的结合。这才是装饰器角色应该做的。

读者：还是不太理解。

笔者：没有关系，带着你的不解，我们展开这部分代码的实战，相信看到代码和注释，你会彻底明白。或者，可以先给你举个例子，屋子里差一台电视机就齐全了，因此你买了一台电视机，这台电视机就是"新的装饰方法"，你只买一台电视机是不够的（你只实现 updateScoreAndSendRedPaper 方法是不够的），因为你需要把电视机放置到你的屋子里，你需要把电视机和你屋子中已有的家具进行结合（你需要把 updateScoreAndSendRedPaper 方法与 pay 方法进行逻辑结合），才能完成最终的装饰。代码及注释如下：

```java
package com.book.service.decorator;

import com.book.pojo.Order;
import org.springframework.beans.factory.annotation.Value;
import org.springframework.stereotype.Service;

@Service
public class OrderServiceDecorator extends AbstractOderServiceDecorator{
    // 覆写 OrderServiceDecorator 中的抽象方法，具体实现积分更新和红包发放
    @Override
    protected void updateScoreAndSendRedPaper(String productId, int serviceLevel, float price) {
}
    // 将 pay 方法与 updateScoreAndSendRedPaper 方法进行逻辑结合
    public Order decoratorPay(String orderId, int serviceLevel, float price) {
        // 调用原有 OrderService 的逻辑
        Order order = super.pay(orderId);
        // 新的逻辑，更新积分、发放用户红包
        try {
            this.updateScoreAndSendRedPaper(order.getProductId(), serviceLevel, price);
```

```
        } catch (Exception e) {
            // 重试机制。此处积分更新不能影响支付主流程
        }
        return order;
    }
}
```

请读者仔细阅读 decoratorPay 方法，该方法的创建，就是将我们已有的 pay 方法和新增的 updateScoreAndSendRedPaper 装饰方法进行逻辑结合。并且我们通过 try/catch 语句确保了 updateScoreAndSendRedPaper 的执行结果不会影响核心的支付逻辑。

至此，我们完成了装饰器模式的类结构分解及方法定义，最终的 UML 与实战类的一一对应关系如图 7-7 所示。

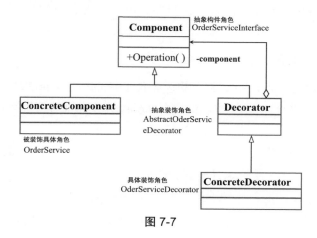

图 7-7

7.5 装饰器模式实战——积分更新及红包发放

7.5.1 Apollo配置添加和测试数据准备

在 7.4 节，我们创建了三个类：抽象角色 OrderServiceInterface、抽象装饰器 AbstractOderServiceDecorator 和具体装饰器 OderServiceDecorator。并对具体被装饰类 OrderService 进行了简易的调整。本节，我们仅仅需要在具体装饰器 OderServiceDecorator 类中，实现 updateScoreAndSendRedPaper 方法的具体逻辑即可。

但是，对于 updateScoreAndSendRedPaper 方法的具体逻辑实现，我们需要进行三层服务级别的划分。

- **正常服务**：订单支付完成后，直接更新用户积分或红包发放。

- **延迟服务**：避开访问高峰期，如秒杀等购物场景，延迟更新用户积分或红包发放。此处我们需要引入 RabbitMq，并且通过 RabbitMq 经典的 TTL+ 死信队列设计方式，实现延迟服务。
- **暂停服务**：这是最容易的部分，不调用 updateScoreAndSendRedPaper 方法即可。

目前，我们已经完成了 RabbitMq 相关的部署、交换机创建、队列创建以及项目集成，我们可以在项目中直接使用 RabbitMq 相关的配置。在实战之前，我们还需要完成以下两点准备工作。

① Apollo 配置中心的配置添加。

② 商品测试数据准备。

接下来，我们进行配置添加和测试数据准备，为即将到来的实战奠基最后一钵土。

1. Apollo配置添加

通过第 6 章的学习，相信所有的读者都已经熟悉了 Apollo 的配置添加步骤，此处笔者不再提供详细的步骤。我们在 Apollo 中添加以下两个配置，我们约定如下。

- service.level 作为 key，类型为 String。value 为 0 时，表示正常服务；value 为 1 时，表示延迟服务；value 为 2 时，表示暂停服务。
- delay.service.time 作为 key，类型为 String，value 的单位为毫秒。比如说，延迟 30 分钟，则 value 为 1800000。该配置用于实时调整延迟服务的时间。

2. 准备商品测试数据

对于商品数据来说，仅仅是为了增添一些实战逻辑，我们根据不同的商品信息来判定当前商品是否需要发放红包。不同企业红包发放的策略不同，发放策略的存储机制也不相同，此处，我们仅以最为基本的场景进行我们的实战代码书写。

（1）在 schema.sql 中新增 products 表。

代码如下：

```
create table if not exists products (
    id INT auto_increment PRIMARY KEY not null,
    product_id varchar(8) not null,
    send_red_bag INT not null
);
```

字段意义如下。

- **product_id**：商品 ID。
- **send_red_bag**：我们约定 0 为不发放红包，1 为发放红包。

对于发放红包的金额、商品名称等信息，我们在此处就不进行添加了，因为这部分测试数据仅仅是为了配合我们的实战，我们从简而为。

（2）在 data.sql 中添加两条测试数据。

代码如下：

```
insert into products(id, product_id, send_red_bag) values
(1, '100', 0),
(2, '101', 1);
```

这两条测试数据，商品 ID 为 100 的不发放红包，商品 ID 为 101 的发放红包。

（3）创建 products 表对应的实例对象。

代码如下：

```
package com.book.pojo;

@Data
@Entity
@Table(name = "products")
public class Products {
    @Id
    @GeneratedValue(strategy = GenerationType.AUTO)
    private int id;
    @Column(nullable = false, name = "product_id")
    private String productId;
    @Column(nullable = false, name = "send_red_bag")
    private Integer sendRedBag;
}
```

（4）创建 Products 对应的 DAO 层，并添加根据 productId 查询数据的方法。

此处代码也十分简单，直接展示代码如下：

```
package com.book.repo;

@Repository
public interface ProductsRepository extends JpaRepository<Products,
Integer> {
    // 根据 product id 查询商品信息，JPA 自动生成 SQL
    public Products findByProductId();
}
```

至此，我们所有的准备都已完成，接下来，让我们展开最后的实战，填充

OrderServiceDecorator 类的 updateScoreAndSendRedPaper 方法。

7.5.2 三层服务降级——积分更新及红包发放实战

本小节，我们进行最终的代码实战。我们需要将核心逻辑添加到 OrderServiceDecorator 类中的 updateScoreAndSendRedPaper 方法中。代码整体逻辑并不复杂，笔者先为大家展示代码和注释，然后对代码进行详细说明（已存在代码用省略号表示）。代码如下：

```java
package com.book.service.decorator;

@Service
public class OrderServiceDecorator extends AbstractOderServiceDecorator{
    // 引入 Apollo 配置中心的消息超时时间
    @Value("${delay.service.time}")
    private String delayServiceTime;
    // 注入 ProductsRepository，查询商品信息
    @Autowired
    private ProductsRepository productsRepository;
    // 注入 RabbitTemplate，发送消息
    @Autowired
    private RabbitTemplate rabbitTemplate;
    // 覆写 OrderServiceDecorator 中的抽象方法，具体实现积分更新和红包发放
    @Override
    protected void updateScoreAndSendRedPaper(String productId, int serviceLevel, float price) {
        switch (serviceLevel) {
            case 0:
                // 根据价格的百分之一更新积分
                int score = Math.round(price) / 100;
                System.out.println("正常处理，为用户更新积分！ score = " + score);
                // 根据商品属性发放红包
                Products product = productsRepository.findByProductId(productId);
                if(product != null && product.getSendRedBag() == 1) {
                    System.out.println("正常处理，为用户发放红包！productId = " + productId);
                }
                break;
            case 1:
                MessageProperties properties = new MessageProperties();
                // 设置消息过期时间
                properties.setExpiration(delayServiceTime);
                Message msg = new Message(productId.getBytes(), properties);
                // 向正常队列中发送消息
                rabbitTemplate.send("normalExchange", "myRKey", msg);
                System.out.println("延迟处理，时间 ="+delayServiceTime);
```

```
                    break;
            case 2:
                System.out.println(" 暂停服务！ ");
                    break;
            default:
                    throw new UnsupportedOperationException(" 不支持的服务
级别！ ");
        }
    }
...
}
```

以上代码，我们总结为以下几个核心操作。

- 通过 @value 注解，引入 apollo 配置中心的消息超时时间，用于延迟服务场景中的消息超时。

- 通过 @Autowired 注解，引入了 products 商品查询的 DAO 层，用于查询商品信息，并判断是否需要发送红包。

- 通过 @Autowired 注解，引入了 RabbitTemplate，用于向队列中发送延迟服务的消息。

- 通过 switch/case 语法，判断服务级别：0 代表正常服务，直接进行积分更新和红包发放的逻辑判断；1 代表延迟服务，向队列中发送支持超时属性的消息；2 代表暂停服务，无其他逻辑。

相信所有的读者都能够理解以上代码的逻辑。接下来，让我们考虑如何进行测试。既然我们通过装饰器模式对 OrderService 类进行了装饰，那么我们就需要使用 OrderServiceDecorator 类进行实际的调用。

我们考虑一下，是谁调用了 OrderService 呢？很明显，OrderController 调用 OrderService，因此，我们需要在 OrderController 类中，引入新的装饰类——OrderServiceDecorator，并在支付宝平台的回调接口中，使用 OrderServiceDecorator 进行支付逻辑的调用。OrderController 类的代码调整如下（已存在的代码用省略号表示）：

```
package com.book.controller;

@RestController
@RequestMapping("/order")
public class OrderController {
// 引入 OrderServiceDecorator
@Autowired
    private OrderServiceDecorator orderServiceDecorator;
    // 引入 Apollo 配置中心的服务级别
    @Value("${service.level}")
    private Integer serviceLevel;
```

```
@RequestMapping("/alipaycallback")
    public String alipayCallback(HttpServletRequest request)
throws AlipayApiException, UnsupportedEncodingException,
UnsupportedEncodingException {
        ...
        // 进行相关的业务操作
//        Order order = orderService.pay(out_trade_no);
            orderServiceDecorator.setOrderServiceInterface(orderSer
vice);
        Order order = orderServiceDecorator.decoratorPay(out_trade_
no, serviceLevel, total_amount);
        ...
}
}
```

以上代码，主要包含了三部分内容的调整。

- 通过 @Value 注解，引入 Apollo 配置中心的服务级别。
- 通过 @Autowired 注解，引入 OrderServiceDecorator。
- 在 alipayCallback 方 法 中， 将 Order order = orderService.pay(out_trade_ no); 这行代码，修改为：orderServiceDecorator.setOrderServiceInterface(or derService); Order order = orderServiceDecorator.decoratorPay(out_trade_no, serviceLevel, total_amount); 用我们的装饰器类 orderServiceDecorator 替换 原有的 orderService 类。

至此，我们完成了所有的实战内容。读者可以通过以下步骤进行测试。

1. 访问接口 http://localhost:8081/order/create 创建订单

请读者确保，订单创建传入的 productId 参数为 100 或 101，因为我们只 准备了两条商品的测试数据，如果读者想要新增更多的测试数据，可以直接在 data.sql 文件中添加新的测试数据。

2. 访问接口 http://localhost:8081/order/pay 进行订单支付

请读者确保，所支付订单的 orderId 为 OID100 或 OID101，你会获取支付宝 平台返回的支付界面，我们之前已经给读者进行过详细的展示，此处不作重复 说明。

3. 访问第2步获取到的支付URL，进行商品支付

支付完成后，支付宝平台会回调我们的 alipayCallback 接口，届时就会触发 我们的装饰器类 orderServiceDecorator，就能够看到我们装饰器模式实战代码的 调用过程。

测试过程中，读者可以按自己的意愿对 Apollo 配置中心的配置进行修改，

调整服务等级；也可以调整消息超时时间的配置，建议读者将消息超时时间设置为 10000，那么 10 秒后，登录 RabbitMq 的管理界面，查看"Queues"按钮下的"deadQueue"，便可以看到消息超时后，转发到了 deadQueue 中。当然，有兴趣的读者，可以自行对死信队列的消费者进行实现。

7.6　章节回顾

通过本章的学习，我们对装饰器模式有了透彻的理解。同时，我们引申了 RabbitMq 延迟队列的经典设计，并在项目中集成了 RabbitMq。

关于服务降级，此处我们仅仅展示了如何通过配置中心的配置修改，实时地完成服务降级的实现。服务降级的方式多样，如 hystrix 和 sentinel，都可以作为服务降级的组件进行使用，此处我们无法过多展开说明。通过本章的学习，请读者务必确保已经掌握了以下重点内容。

- 装饰器模式。
- RabbitMq 延迟队列的实现原理。
- 服务降级思想及原理。

其他的知识内容，都是围绕以上三点核心内容展开的，相信大部分读者都能够完全掌握。好了，本章的全部内容就到此结束了，让我们抖擞精神，准备迎接下一个实战需求吧。

第 8 章
开具电子发票——建造者模式 + 原型模式 + 代理模式

8.1　本章要点

商品订单支付完成了，该投放的业务也投放了，属于用户的积分和红包也更新了，接下来，轮到"开具电子发票"业务了。不知道大家有没有从淘宝 APP 或京东 APP 等平台申请过电子发票，电子发票的申请页面，对于"企业"和"个人"的申请是有区别的。图 8-1 所示展示了企业电子发票申请界面与个人电子发票申请界面的区别。

图 8-1

本章，我们就要基于"建造者模式""原型模式"和"代理模式"进行开具电子发票的需求开发。本章要点如下。

- 建造者模式实战——UML 类结构分解及方法定义。
- 建造者模式实战——开具电子发票。
- 原型模式实战——发票对象的 Clone。
- 原型模式——深 / 浅拷贝。
- 代理模式实战——UML 类结构分解及方法定义。
- 代理模式实战——代理发票信息的获取及校验。

- 代理模式——JDK 动态代理及 CGLIB 动态代理。

虽然本章包含了三个设计模式的融入，但是本章的内容相较前几章内容还是比较简单的：一是我们的原型模式几乎不需要花费太多的学习成本，仅使对 Java Clone 接口的理解和使用；二是本章我们无须引入新的第三方组件，新的引申知识可能只有深浅复制以及对动态代理的说明。因此，请读者放松心情，让我们一起开启本章的实战之旅。

8.2 实战需求发布会

项目经理：商品支付和支付相关的后续需求基本上都完成了，接下来我们需要开发开具电子发票的功能，支持用户申请电子发票。

王工：这次的需求应该比较简单了，收集好所有的信息，然后按照税务机关的要求进行电子发票的生成就行了。

项目经理：是的，这次的需求非常简单。既然需求上比较简单，咱们就把代码的设计好好搞一搞，尽量保证性能和扩展性。

王工：这东西……要啥扩展性？电子发票这东西还能经常变来变去的？

项目经理：电子发票的格式一般都不会发生改变，我所说的扩展性是指开电子发票之前的扩展性。举个例子，企业开具电子发票的话，需要提交"税号"和"银行卡信息"等。

王工：税号和银行卡信息不都是前端传给我们的吗？我们直接使用就行了吧？

项目经理：让我把话说完。比如说我们在使用银行卡信息之前，需要对银行卡信息进行校验，校验合格后才开具电子发票，此处就要考虑一下扩展性，可能后续还会对其他信息进行组装或校验。

王工：哦哦，明白了。

李工：电子发票"企业"和"个人"的应该是不太一样的吧？

项目经理：对的，个人电子发票只需要填写抬头，企业电子发票需要填写税号、抬头还有银行卡等信息。

李工：OK，我有个想法供大家参考，我们用建造者模式对个人电子发票和企业电子发票进行创建，建造者模式的意义就在于组装各种零散信息，生成完整的对象。正好个人电子发票和企业电子发票的开具有所区别，那么建造者模式可以根据不同的电子发票进行不同的信息组装。

项目经理：可以采纳，扩展性呢？

李工：建造者模式的类图结构中有一个指挥者角色，这个角色主要负责信息的拼装，一般不负责信息的校验和获取。比如，将银行卡信息校验放到指挥者角色中不太合适，产品信息的获取放到这里也不合适，所以我建议为指挥者角色做一个代理类，代理类中会有这些辅助的校验和辅助信息。后续新增其他逻辑的时候，直接在代理类中作修改就行，非常方便，扩展性很不错。

项目经理：OK，静态代理对吧？

李工：对，静态代理，这里也不涉及动态代理的使用场景。

项目经理：没问题，可以这么搞。

李工：OK。对了，关于个人电子发票的 Java 对象和企业电子发票的 Java 对象，建议实现 Cloneable 接口，支持克隆。

王工：克隆有什么用，每个电子发票的内容又不一样，感觉克隆没有任何意义……

李工：支持 Cloneable 有两个意义：一是对于发票的不可变信息，我们可以直接克隆，减少 new 关键字的使用，因为发票信息中，有一部分信息是固定不变的；二是考虑未知的备份操作，一张电子发票开具后，可能不同的部门有不同的使用方式，支持 Clone 的话，可以直接在生成好的电子发票对象上进行 Clone 操作，生成两个相同的电子发票对象，分别进行不同的使用。

王工：好吧。

项目经理：那行，这部分需求不是很复杂，按照李工的方式先做一版出来，感觉应该问题不大。时间的话这次不限制你们，越快越好，散了吧。

李工 + 王工：好的（越快越好才是最可怕的！）。

8.3　建造者模式实战——UML 类结构分解及方法定义

建造者模式，旨在将一个复杂对象的构建与它的表示分离，使得同样的构建过程可以创建不同的表示。说简单些，建造者模式，就是将不同的组件进行组装，最终生成一个完整的对象。

可能部分读者不能够完全分清工厂模式和建造者模式，其实工厂模式和建造者模式的异同非常简单，用以下两句话即可概括。

- 工厂模式和建造者模式都是为了创建对象。
- 工厂模式重在结果，只要能够创建出对象即可；建造者模式重在构件过程，需要关心如何将不同的信息组装为一个完整的对象。

可能部分读者还有这样的疑问：本章实战我可以使用工厂模式吗？我在工

厂模式中创建电子发票可以吗？完全可以，我们还可以选择在 Service 层直接生成对象，连工厂模式都可以省略。还是那句话，任何代码的书写方式都没有对错之分，即便我们直接在 Service 层进行对象的创建也无可厚非，至少这样的代码，来得直接，来得简单，只看眼前的代码实现，只是没有考虑未来的扩展和维护。包括笔者在内，当项目周期比较紧张时，很难有充足的时间细致地进行代码的设计，偶尔也会把未来的未知交给"命运"。当然了，没时间设计优质代码结构和不会设计优质代码结构完全是两码事，我们可以没时间设计，但是不能不会设计，因此，还是建议读者加强对设计模式的理解和学习。

言归正传，我们来看看建造者模式的 UML 类图，如图 8-2 所示。

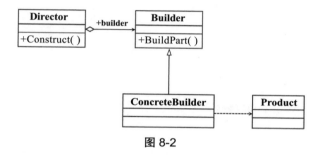

图 8-2

图 8-2 中，建造者模式的 UML 类图角色介绍如下。

- **Product 产品类**：要建造的对象，本章对应我们的电子发票类。
- **Builder 抽象建造者**：负责产品的组建，定义产品组建的抽象方法。
- **ConcreteBuilder 具体建造者**：实现抽象类定义的所有方法，并且返回一个组建好的对象。根据本章需求，返回电子发票对象。
- **Director 导演类**：负责指导 Builder 进行对象创建，也可以称之为指挥者。

接下来，我们根据 UML 类图中的角色，进行实战类的创建。

1. 创建Product产品类——PersonalTicket 和 CompanyTicket

产品类的创建非常简单，仅需要定义好电子发票需要的信息即可。由于个人电子发票和企业电子发票所需要的信息有所不同，因此分别定义 PersonalTicket 和 CompanyTicket 类。代码及注释如下：

PersonalTicket 代码

```
package com.book.ticket.product;
@Data
@Builder
@NoArgsConstructor
@AllArgsConstructor
```

```java
public class PersonalTicket implements Cloneable{
    // 发票固定不变的信息
    private String finalInfo;
    // 发票抬头
    private String title;
    // 商品信息
    private String product;
    // 税率、发票代码、校验码、收款方等信息
    private String content;
}
```

CompanyTicket 代码

```java
package com.book.ticket.product;
@Data
@Builder
@NoArgsConstructor
@AllArgsConstructor
public class CompanyTicket {
    // 发票固定不变的信息
    private String finalInfo;
    // 发票抬头
    private String title;
    // 企业税号
    private String taxId;
    // 银行卡信息
    private String bankInfo;
    // 商品信息
    private String product;
    // 税率、校验码、收款方等信息
    private String content;
```

由于真实的发票信息元素非常多，笔者仅列出了几个重点信息。其中有四个参数需要进一步说明。

- **finalInfo**：代表所有的固定不变信息。

- **content**：统一代表税率、收款方等可变信息。

- **product**：统一代表商品信息。见过电子发票的读者应该了解，电子发票上会列明商品的名称、价格、包装形式等信息，此处用 product 统一进行表示。product 信息会通过 productId 进行查询，然后设置到对象中。

- **bankinfo**：统一代表企业的银行卡信息。

2. 创建Builder抽象建造者——TicketBuilder

抽象建造者角色，主要负责定义对象的建造方法。代码十分简单，如下：

```
package com.book.ticket.builder;

public abstract class TicketBuilder<T> {
    // 设置通用发票信息
     public abstract void setCommonInfo(String title, String product,
String content);
    // 设置企业税号
    public void setTaxId(String taxId){
        throw new UnsupportedOperationException();
    }
    // 设置企业银行卡信息
    public void setBankInfo(String bankInfo){
        throw new UnsupportedOperationException();
    }
    // 抽象建造方法
    public abstract T buildTicket();
}
```

从以上代码中可以看到，我们将电子发票的元素拆成了三个部分。

- **setCommonInfo**：用于设置抬头信息、商品信息和收款方等信息。无论是个人发票还是企业发票，都会有这三部分内容，因此将这三部分的设定归类到了一个抽象方法中。
- **setTaxId**：设置企业税号。
- **setBankInfo**：设置企业的银行卡信息。

对于 buildTicket 方法，该方法会返回最终成型的对象，即个人电子发票对象或企业电子发票对象。

建造者模式的核心思想就在于此，通过对不同的构建进行组装，最终返回一个完整的对象。对于 PersonalTicket，我们仅需要 setCommonInfo 即可；对于 CompanyTicket，我们需要 setCommonInfo、setTaxId 和 setBankInfo。

3. 创建 ConcreteBuilder 具体建造者——PersonalTicketBuilder 和 CompanyTicketBuilder

对于 PersonalTicketBuilder 和 CompanyTicketBuilder 类，仅需要继承我们第 2 步完成的抽象建造者角色，并实现方法即可。我们在上文提到，对于 PersonalTicket，我们仅需要 setCommonInfo 即可；对于 CompanyTicket，我们需要 setCommonInfo、setTaxId 和 setBankInfo。代码如下：

PersonalTicketBuilder
| ```
package com.book.ticket.builder;

public class PersonalTicketBuilder extends TicketBuilder<PersonalTicket> {
``` |
```

```java
// 对于 PersonalTicket，我们仅需要 setCommonInfo 即可
@Override
  public void setCommonInfo(String title, String product, String
content) {
    }
// 返回个人电子发票
@Override
public PersonalTicket buildTicket() {
    return null;
    }
}
```

CompanyTicketBuilder

```java
package com.book.ticket.builder;

public class CompanyTicketBuilder extends TicketBuilder<CompanyTicket> {
// 对于 CompanyTicket，我们需要 setCommonInfo
@Override
  public void setCommonInfo(String title, String product, String
content) {
    }
// 对于 CompanyTicket，我们需要 setTaxId
@Override
public void setTaxId(String taxId) {
    }
// 对于 CompanyTicket，我们需要 setBankInfo
@Override
public void setBankInfo(String bankInfo) {
    }
// 返回企业电子发票
@Override
public CompanyTicket buildTicket() {
    return null;
    }
}
```

4. 创建抽象Director导演类——AbstractDirector

可能部分读者会有些许疑问，图 8-2 中所示的建造者模式的 UML 类图结构中，并没有提及抽象 Director 导演类，为什么要增加抽象 Director 导演类呢？此处增加抽象 Director 类原因有二。

- 建造者模式的 Director 角色可以有多个，可以根据不同的对象创建场景，专门生成对应的 Director 类。笔者在此处创建抽象 Director 类，并没有违反建造者模式的设计理念。当然了，笔者此处创建抽象 Director 类的原因，并不是真的想创建多个 Director 角色，而是为了第二个原因。

- 考虑到程序扩展性，我们会对银行卡信息进行校验，校验成功后才能够

为企业生成电子发票，此处校验逻辑不应该放在 Director 角色中，为了对后续的 Director 进行代理模式的扩展，此处我们新增抽象 Director 类。代码十分简单，代码如下：

```
package com.book.ticket.director;

public abstract class AbstractDirector {
    public abstract Object buildTicket(String type, String product,
String content, String title, String bankInfo, String taxId);
}
```

对于上述代码，笔者仅仅对 buildTicket 的第一个 type 参数进行说明，type 代表发票类型，由前端传入，我们此处约定 type 为 "personal" 时，代表生成个人电子发票；type 为 "company" 时，代表生成企业电子发票。

5. 创建具体Director导演类——Director

具体 Director 导演类仅需继承抽象 Director 类，并覆写抽象方法即可，代码如下：

```
package com.book.ticket.director;

@Component
public class Director extends AbstractDirector{
    @Override
    public Object buildTicket(String type, String product, String
content, String title, String bankInfo, String taxId) {
return null;
    }
}
```

至此，我们对建造者模式的 UML 类结构分解和方法定义就完成了，UML 类结构与实战类结构的对应关系如图 8-3 所示。

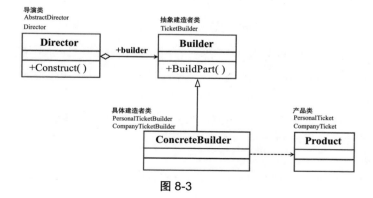

图 8-3

8.4 建造者模式实战——开具电子发票

在 8.3 节，我们创建了七个类，需要代码填充的只有三个类。

- **PersonalTicket**：个人电子发票对象。
- **CompanyTicket**：企业电子发票对象。
- **TicketBuilder**：抽象建造者对象。
- 【需要代码填充】**PersonalTicketBuilder**：个人电子发票具体建造者。
- 【需要代码填充】**CompanyTicketBuilder**：企业电子发票具体建造者。
- **AbstractDirector**：抽象导演类。
- 【需要代码填充】**Director**：具体导演类。

可能部分读者认为，七个类的创建有点多了，感觉一个类就能处理掉所有的问题。我们之前对此种问题也进行过多次的探讨，此处不再进行重复说明，笔者在此处，仅仅展示代码的 package 结构，如图 8-4 所示。

图 8-4

从图 8-4 中我们一眼便可以准确地领会每个类所代表的角色和职责，不管是在代码的易读性、后期的维护性还是在其他相关的代码管理上，都十分方便。接下来，我们进入主题，对开篇所提到的三个类进行实战代码填充。

1. PersonalTicketBuilder代码实战

作为从业者，我们在 Java 语言入门的阶段，就已经开始接触类似的 builder 类了，如 StringBuilder 类。通过类名称，我们可以立即了解 StringBuilder 类是为了创建 String 对象而存在的。同样地，PersonalTicketBuilder 类，就是为了创建新的 PersonalTicket 对象。代码逻辑并不复杂，代码及注释如下：

```
package com.book.ticket.builder;

public class PersonalTicketBuilder extends TicketBuilder<PersonalTicket>
{
```

```
    // 创建一个新的 personalTicket 对象
    private PersonalTicket personalTicket = new PersonalTicket();
    // 对于 PersonalTicket，我们仅需要 setCommonInfo 即可
    @Override
     public void setCommonInfo(String title, String product, String
content) {
        personalTicket.setTitle(title);
        personalTicket.setProduct(product);
        personalTicket.setContent(content);
    }
    // 返回个人电子发票
    @Override
    public PersonalTicket buildTicket() {
        return personalTicket;
    }
}
```

2. CompanyTicketBuilder代码实战

参考第 1 步对 PersonalTicketBuilder 的实战代码，我们可以很轻松地完成
CompanyTicketBuilder 类的实战代码。代码及注释如下：

```
package com.book.ticket.builder;

public class CompanyTicketBuilder extends TicketBuilder<CompanyTicket> {
    // 创建一个新的 companyTicket 对象
    private CompanyTicket companyTicket = new CompanyTicket();
    // 对于 CompanyTicket，我们需要 setCommonInfo
    @Override
     public void setCommonInfo(String title, String product, String
content) {
        companyTicket.setTitle(title);
        companyTicket.setProduct(product);
        companyTicket.setContent(content);
    }
    // 对于 CompanyTicket，我们需要 setTaxId
    @Override
    public void setTaxId(String taxId) {
        companyTicket.setTaxId(taxId);
    }
    // 对于 CompanyTicket，我们需要 setBankInfo
    @Override
    public void setBankInfo(String bankInfo) {
        companyTicket.setBankInfo(bankInfo);
    }
    // 返回企业电子发票
    @Override
    public CompanyTicket buildTicket() {
        return companyTicket;
    }
}
```

3. Director导演类代码实战

Director 导演类的代码依然十分简单，仅仅需要根据 type 判定是个人发票业务还是企业发票业务，然后再根据前两步所创建的 builder 类进行对象创建即可。代码及注释如下：

```java
package com.book.ticket.director;

@Component
public class Director extends AbstractDirector{
    @Override
    public Object buildTicket(String type, String product, String
content, String title, String bankInfo, String taxId) {
        // 个人电子发票
        if(type.equals("person")) {
                PersonalTicketBuilder personalTicketBuilder = new
PersonalTicketBuilder();
                personalTicketBuilder.setCommonInfo(title, product,
content);
            return personalTicketBuilder.buildTicket();
        }
        // 企业电子发票
        else if(type.equals("company")) {
                CompanyTicketBuilder companyTicketBuilder = new
CompanyTicketBuilder();
            companyTicketBuilder.setCommonInfo(title, product, content);
            companyTicketBuilder.setTaxId(taxId);
            companyTicketBuilder.setBankInfo(bankInfo);
            return companyTicketBuilder.buildTicket();
        }
        throw new UnsupportedOperationException(" 不支持的发票类型！ ");
    }
}
```

至此，我们完成了建造者模式的实战，相信所有的读者都能够掌握这部分的内容，建造者模式还是比较简单的。

8.5　原型模式实战

8.5.1　原型模式实战——UML类结构分解及方法定义

原型模式，旨在新对象的创建可以通过克隆进行拷贝。我们在 Java 语言学习的入门阶段，已经对原型模式进行过学习，只不过那时候我们并不知道 Cloneable 接口的使用就是在使用原型模式罢了。相信所有的读者都了解如何使用 Java 的 Cloneable 接口，只需要实现该接口，并覆写 Object 的 Clone 方法，即可完成原型模式的使用。

不管怎样，我们依然先对原型模式的 UML 类图进行学习，然后在本小节最后，进行 UML 类图和实战类的对应展示。原型模式的 UML 类图如图 8-5 所示。

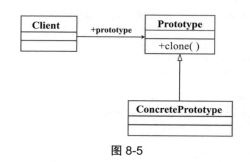

图 8-5

如图 8-5 所示，除 Client 调用端外，原型模式仅包含两个角色。

- **Prototype 原型抽象角色**：原型模式的抽象角色，就是 Java 自带的 java. lang.Cloneable 接口，我们无须自主创建该角色。
- **ConcretePrototype 原型具体角色**：实现 Cloneable 接口的对象。依照本章的实战需求，我们需要让 PersonalTicket 和 CompanyTicket 实现 Cloneable 接口。

如果部分读者对于 PersonalTicket 和 CompanyTicket 实现 Cloneable 接口有所疑问，可以参考 8.2 节实战需求发布会中讨论的内容。其实，Cloneable 接口本身就是一个功能接口，实现 Cloneable 接口的对象能够支持对象拷贝，就好像 JDK 的 ArrayList 对象就实现了 Cloneable 接口，那你真的使用过 ArrayList 的 Clone 方法吗？实际工作中，我们几乎不会使用 ArrayList 的 Clone 方法，如果需要对一个 ArrayList 进行拷贝，我们更多地会使用 System.arrayCopy 方法，即便是 JDK 自身的源码中，也经常看到 System.arrayCopy 方法的身影。但这并不影响 JDK 的作者为 ArrayList 提供克隆功能，因为 Cloneable 本身就是功能性接口。本章的 PersonalTicket 和 CompanyTicket 类也是如此。因为组装 PersonalTicket 和 CompanyTicket 的元素繁多，对于此种类型的对象，实现 Cloneable 接口是非常有必要的。

1. PersonalTicket代码调整——实现Cloneable功能接口

此处笔者不再进行过多说明，这是 JavaSE 相关的基础知识，相信所有的读者都能够理解。代码如下（已存在代码用省略号表示）：

```
package com.book.ticket.product;

@Data
@Builder
@NoArgsConstructor
@AllArgsConstructor
public class PersonalTicket implements Cloneable{
    ...
    @Override
    public PersonalTicket clone() {
        PersonalTicket personalTicket = null;
        try {
            personalTicket = (PersonalTicket) super.clone();
        } catch (CloneNotSupportedException e) {
            e.printStackTrace();
        }
        return personalTicket;
    }
}
```

2. CompanyTicket代码调整——实现Cloneable功能接口

代码如下：

```
package com.book.ticket.product;

@Data
@Builder
@NoArgsConstructor
@AllArgsConstructor
public class CompanyTicket implements Cloneable{
    ...
    @Override
    public CompanyTicket clone() {
        CompanyTicket companyTicket = null;
        try {
            companyTicket = (CompanyTicket) super.clone();
        } catch (CloneNotSupportedException e) {
            e.printStackTrace();
        }
        return companyTicket;
    }
}
```

至此，我们完成了原型模式的实战代码融入，没有任何难度，最终 UML 类图与实战类的对应关系如图 8-6 所示。

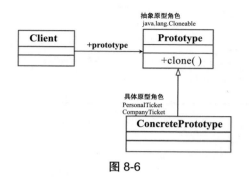

图 8-6

8.5.2　引用拷贝、深拷贝与浅拷贝

在开始本小节的知识讲解之前，请允许笔者作一个简要的声明：本小节关于引用拷贝、深拷贝和浅拷贝的讲解属于引申知识，因此笔者不得不引入示例代码，这部分代码，笔者不会写在我们的实战项目中，因为这部分的内容，完全与实战内容无关，仅仅是对 Java 语言中深拷贝与浅拷贝知识的讲解，是为了给不了解深 / 浅拷贝的读者进行知识的引申和扩充。请读者给予充分的理解，笔者并未违背本书的实战初衷，尽全力实战，尽可能引申。借此机会，感谢阅读到此处的你，感谢对笔者的信任和认可，笔者也会尽最大能力用知识回馈你们。

对于本小节的内容，我们通过以下三个部分进行递进式的讲解。

- 引用拷贝、深拷贝和浅拷贝的区别及原理。
- 如何实现浅拷贝。
- 如何实现深拷贝（两种方式）。

为了使读者对以上三个部分的内容有清晰的划分，笔者将通过以下内容进行划分讲解。

1. 引用拷贝、深拷贝和浅拷贝的区别及原理

本小节的讲解，对笔者来说，是最难的一次，一份简单的示例代码，笔者竟写了十几分钟，写了又删，删了又写……实战代码可以笔走龙蛇，但面对简易的示例代码却提笔忘字。只要读者能够收获此处的引申知识，便是晴天。再次声明，此处引申知识的示例代码，不会在我们的实战项目中展现，也希望读者能够理解笔者此处的用心。

示例代码非常简单，我们先准备 Teacher 类和 Student 类如下：

```
@Data
@Builder
public class Teacher {
    private String teacherName;
    private Student student;
}
```

```
@Data
@AllArgsConstructor
public class Student {
    private String studentName;
}
```

基于以上示例代码，我们对引用拷贝、浅拷贝和深拷贝知识进行讲解。

（1）引用拷贝。

请读者先看笔者为大家准备的引用拷贝的测试示例代码，代码如下：

```
public class CloneTest {
    public static void main(String[] args) {
        Teacher teacherWang = Teacher.builder()
                .student(new Student(" 小明 "))
                .teacherName(" 王老师 ").build();
        // 孙老师拷贝王老师对象引用
        Teacher teacherSun = teacherWang;
        // 孙老师设置 teacherName 为自己的名字
        teacherSun.setTeacherName(" 孙老师 ");
        System.out.println(teacherWang.getTeacherName());
    }
}
```

"引用拷贝"四个字，看似神秘，其实就是以上代码中的"Teacher teacherSun = teacherWang;"这就是"引用的拷贝"。以上代码十分简单，我们创建了 teacherWang 对象，然后创建 teacherSun 对象等于 teacherWang 对象。当 teacherSun 对象将 name 设置为"孙老师"后，我们尝试打印 teacherWang 对象的 name 属性。

相信所有的读者都能够知道最后的打印结果为"孙老师"。因为 teacherWang 和 teacherSun 共用一个对象的内存地址，整个过程中，堆内存中只有一个 Teacher 对象。引用拷贝的堆栈关系如图 8-7 所示。

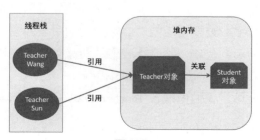

图 8-7

（2）浅拷贝。

笔者曾浏览过不少技术博客，一部分博客对浅拷贝的讲解有着严重的偏差，这部分博客认为"浅拷贝不会在堆内存中创建新的对象"，这是一个非常错误的观点。笔者并非有意指责，只是想呼吁所有的技术博主严格保把关技术的准确性，当然最重要的是，读者们一定要逐步提升自己的技术经验，有能力辨别技术观点的对错。

浅拷贝，是会在堆内存中创建对象的，浅拷贝之所以称之为"浅"，是因为浅拷贝只能拷贝最外层的对象。拿 Teacher 对象来说，通过浅拷贝，我们会在堆内存中创建新的 Teacher 对象，然而 Teacher 对象中的 Student 对象却不会被重新创建。

实现浅拷贝，我们首先对 Teacher 对象进行 implements Cloneable 接口的操作，并覆写 Object 的 clone 方法。代码如下：

```
@Data
@Builder
public class Teacher implements Cloneable{
    private String teacherName;
    private Student student;

    @Override
    protected Object clone() throws CloneNotSupportedException {
        return super.clone();
    }
}
```

然后，笔者为大家提供了浅拷贝的测试用例，代码如下：

```
public class CloneTest {
    public static void main(String[] args) throws CloneNotSupportedException {
        Teacher teacherWang = Teacher.builder()
                .student(new Student(" 小明 "))
                .teacherName(" 王老师 ").build();
        // 孙老师拷贝王老师对象引用
        Teacher teacherSun = (Teacher) teacherWang.clone();
        // 孙老师设置 teacherName 为自己的名字
        teacherSun.setTeacherName(" 孙老师 ");
        System.out.println(teacherWang.getTeacherName());
        // 孙老师设置自己的学生为小红
        teacherSun.getStudent().setStudentName(" 小红 ");
        System.out.println(teacherWang.getStudent().getStudentName());
    }
}
```

我们对 teacherSun 的创建，采用了 Clone 方法，然后 teacherSun 设置自己的名字为孙老师，并设置小红为自己的学生。那么 teacherWang 会受影响吗？以上代码的打印结果如图 8-8 所示。

```
D:\Programs\Java\jdk1.8.0_111\bin\java.exe ...
王老师
小红

Process finished with exit code 0
```

图 8-8

很明显，teacherSun 对 Student 类的修改，影响了 teacherWang。原因就是 "浅拷贝"，只能在堆内存中生成最外层的 Teacher 新对象，而不能够生成新的 Student 对象，teacherSun 和 teacherWang 指向不同的 Teacher 对象，但两个 Teacher 对象却指向同一个 Student 对象，堆栈内存如图 8-9 所示。

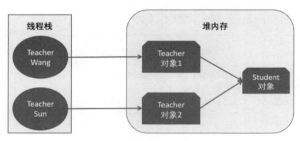

图 8-9

（3）深拷贝。

理解了浅拷贝，深拷贝自然就明白了。浅拷贝无法拷贝深层的 Student 对象，但是深拷贝可以。对于深拷贝，最终的堆栈关系图应该如图 8-10 所示。

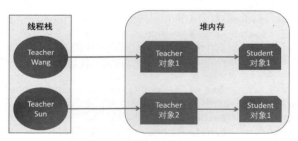

图 8-10

那么关键的问题是，我们如何实现深拷贝呢？为了让读者对知识层次有着明确的划分，我们将深拷贝的实现，单独放置到下一小节进行说明。

2. 深拷贝的实现方式

对于深拷贝，我们有两种实现方式。

- 让所有层次的对象，都实现 Cloneable 接口，并实现 Object 的 Clone 方法。
- 通过 Serializable 序列化接口，实现深拷贝。

对于以上两种实现方式，相信大部分读者都会选择使用 Serializable 序列化的方式实现深拷贝，因为方式一就是一个无底洞，随着对象关联层次的增加，支持 Clone 方法的类也会增加，很难进行维护。

笔者也推荐使用 Serializable 序列化的方式。但是从知识传输的角度来说，知识无贵贱，笔者会在本节为大家展示以上两种实现方式，即使方式 1 是不推荐的。

（1）深拷贝实现方式一——多层对象 Clone。

这种实现方式很直接，我们首先对 Student 类进行调整，实现 Clone 方法。代码如下：

```
@Data
@AllArgsConstructor
public class Student implements Cloneable{
    private String studentName;

    @Override
    protected Object clone() throws CloneNotSupportedException {
        return super.clone();
    }
}
```

然后，我们调整 Teacher 类的 Clone 方法，Teacher 类的 Clone 方法，需要显示的调用 Student 类的 Clone 方法。代码如下：

```
@Data
@Builder
public class Teacher implements Cloneable{
    private String teacherName;
    private Student student;

    @Override
    protected Object clone() throws CloneNotSupportedException {
        Teacher teacher = (Teacher) super.clone();
// 显示调用 Student 的 Clone 方法
        teacher.student = (Student) student.clone();
        return teacher;
    }
}
```

关于此部分的测试，读者依然可以使用上一小节用于浅拷贝测试的代码，当时测试结果为图 8-8。经过深拷贝代码的添加，请读者再次运行测试方法，便可以得到不同的测试结果，我们完成了深拷贝，笔者测试结果如图 8-11 所示。

```
D:\Programs\Java\jdk1.8.0_111\bin\java.exe ...
王老师
小明

Process finished with exit code 0
```

图 8-11

（2）深拷贝实现方式二——Serializable 序列化（推荐）。

通过 Serializable 序列化的方式实现深拷贝是我们推荐使用的方式，Serializable 序列化方式不需要使用 Cloneable 接口，因此，我们将 Teacher 类和 Student 类进行以下修改，使其 implements Serializable 序列化接口，并在 Teacher 类中添加序列化拷贝的方法。代码如下：

```java
@Data
@AllArgsConstructor
public class Student implements Serializable {
    private String studentName;
}
```

```java
@Data
@Builder
public class Teacher implements Serializable {
    private String teacherName;
    private Student student;

    public Teacher copy() {
        ObjectOutputStream outputStream = null;
        ObjectInputStream inputStream = null;
        Teacher teacher = null;
        ByteArrayOutputStream byteArrayOutputStream = new
ByteArrayOutputStream();
        try {
            outputStream = new ObjectOutputStream(byteArrayOutputStream);
            outputStream.writeObject(this);
            // 将流序列化成对象
            ByteArrayInputStream byteArrayInputStream = new ByteArrayInpu
tStream(byteArrayOutputStream
                    .toByteArray());
            inputStream = new ObjectInputStream(byteArrayInputStream);
            teacher = (Teacher) inputStream.readObject();
        } catch (Exception e) {
            e.printStackTrace();
        }
        return teacher;
    }
}
```

以上代码，笔者有以下两点说明。

- 对于 Student 类，只需要支持序列化即可，无须其他操作。
- 对于最外层的 Teacher 对象，我们需要通过 outputStream 和 inputStream 对对象进行处理，完成深拷贝。

关于测试代码，读者仅需要将方式一测试代码中的 "Teacher teacherSun = (Teacher) teacherWang.clone();" 修改为 "Teacher teacherSun = (Teacher) teacherWang.copy();" 即可。运行测试代码，便可以得到同图 8-11 一样的结果，说明我们成功地完成了深拷贝。

8.6　代理模式实战

8.6.1　代理模式实战——UML类结构分解及方法定义

代理模式，旨在代理某个对象的职责，并且可以在职责代理过程中，新增其他辅助方法，代理模式也叫作委托模式。我们都知道，Spring AOP 的实现，就有代理模式的功劳。我们可以嵌入 before 方法和 after 方法进行前置处理和后续的首尾处理，这都是代理模式的功劳。

针对本章的需求，我们需要在开具电子发票之前校验银行卡信息，除此之外，我们还需要根据前端传入的 productId 查询 product 信息，供电子发票使用，这些前置的操作步骤，都可以通过代理模式进行实现。我们先来对代理模式的 UML 类图进行学习，如图 8-12 所示。

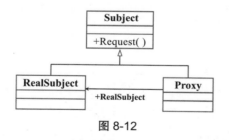

图 8-12

代理模式 UML 类图中有三个角色，其中两个角色我们在 8.3 节已经创建完成了，我们先来看看代理模式中每个角色的含义。

- **Subject 抽象主题角色**：被代理角色的抽象角色。拿本章需求来说，AbstractDirector 类便是抽象主题角色。
- **RealSubject 具体主题角色**：被代理角色。也就是我们的 Director 类。
- **Proxy 代理角色**：在该角色中，我们要代理 Director 类的方法，并且增加前置的校验处理。

　　本小节内容非常简单，因为我们只需要实现 Proxy 代理角色即可。从图 8-12
所示的 UML 类图中可以看到，Proxy 角色只需要继承抽象主题角色并关联具体
的被代理对象即可，代码并不复杂。代码及注释如下：

```java
package com.book.ticket.proxy;

@Component
public class DirectorProxy extends AbstractDirector {
// 关联被代理角色
    @Autowired
    private Director director;

    @Override
    public Object buildTicket(String type, String productId, String
content, String title, String bankInfo, String taxId) {
        // 前置处理：通过 productId 获取商品信息
        String product = this.getProduct(productId);
        // 前置处理，校验银行卡信息
        if(bankInfo != null && !this.validateBankInfo(bankInfo)) {
            return null;
        }
        // 代理 director 类的 buildTicket 方法
        return director.buildTicket(type, product,content,title,bankInfo
,taxId);
    }
    // 前置处理：通过 productId 获取商品信息
    private String getProduct(String productId) {
        return " 通过 productId 获取商品信息 ";
    }
    // 前置处理，校验银行卡信息
    private boolean validateBankInfo(String bankInfo) {
        System.out.println(" 银行卡校验逻辑！ ");
        return true;
    }
}
```

　　以上代码的逻辑十分清晰，我们通过 @Autowired 注解，将具体的被代理类
Director 进行了注入，并且额外提供了商品信息获取和银行卡校验的前置逻辑。
相信所有的读者都能够理解此部分的代码逻辑。最终代理模式 UML 类图与实战
类的对应关系如图 8-13 所示。

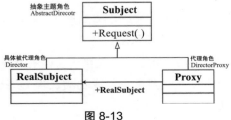

图 8-13

8.6.2　JDK动态代理和CGLIB动态代理

本章的实战内容，我们采用静态代理进行实现。在某些场景下，静态代理存在一定的短板，如果我们需要动态地生成不同的代理对象，就需要考虑使用动态代理。其实，对于项目需求的开发，几乎不会使用动态代理：一是没有动态代理的使用场景；二是动态代理使用不当，可能会造成严重的内存问题。动态代理一般都在框架开发相关的项目中进行使用，请恕笔者无法为大家在此处展开框架开发相关的内容，有兴趣的读者，可以在书友技术群中与笔者进行探讨。

在进行讲解之前，笔者简单声明：此处的知识的引申讲解与深／浅拷贝采用一样的代码策略，此部分的示例代码完全是为了知识的讲解，与实战项目无关。因此，此部分的示例代码也不会出现在我们的实战项目之中。

1. JDK动态代理

JDK 动态代理是基于反射原理实现的。JDK 提供了 java.lang.reflect.InvocationHandler 接口和 java.lang.reflect.Proxy 类，基于接口和反射技术可以实现动态代理，对于反射机制，笔者此处不再进行展开，相信绝大多数读者对 Java 的反射机制都有一定的了解和使用经验，在之前的实战章节，我们也简单地使用过 Class.forName 反射进行对象的创建。JDK 的动态代理是不需要其他第三方依赖的，直接使用我们的 JDK 环境即可实现 JDK 动态代理。关于 JDK 动态代理，还有一个十分重要的点，就是 JDK 动态代理只能针对接口的实现类进行动态对象的生成，也就是说 JDK 动态代理是面向接口实现的。

我们先来看看笔者为大家提供的 JDK 动态代理的测试案例。通过测试案例，我们可以了解 JDK 动态代理的使用方式，我们创建以下四个测试类。

- **SubjectInterface**：被代理对象的抽象接口。
- **Subject**：具体被代理对象。
- **Adivce**：为被代理对象增加额外的前置处理逻辑和后置处理逻辑。
- **JdkProxyTest**：通过 JDK 动态代理的形式生成动态代理。

代码如下：

SubjectInterface

`public interface SubjectInterface {`
　　`void coreMethod();`
`}`

Subject
`public class Subject implements SubjectInterface {`

```
    @Override
    public void coreMethod() {
        System.out.println("进行业务处理！");
    }
}
```

Adivce

```
public class Advice {
    public void before(){
        System.out.println("前置处理方法！");
    }
    public void after(){
        System.out.println("后置方法处理");
    }
}
```

JdkProxyTest

```
public class JdkProxyTest {
    public static void main(String[] args) {
        // 被代理对象
        Subject subject = new Subject();
        // 增强对象
        Advice advice = new Advice();
        SubjectInterface proxy = (SubjectInterface) Proxy.
newProxyInstance(subject.getClass().getClassLoader(), subject.
getClass().getInterfaces(), new InvocationHandler() {
                @Override
                public Object invoke(Object proxy, Method method,
Object[] args) throws Throwable {
                    advice.before();
                    Object invoke = method.invoke(subject, args);
                    advice.after();
                    return invoke;
                }
            }
        );
        // 执行核心方法
        proxy.coreMethod();
    }
}
```

对于 java.lang.reflect.InvocationHandler 接口和 java.lang.reflect.Proxy 类的使用，都是在 JdkProxyTest 中进行的展示，读者可以参考笔者的测试代码进行理解和学习。我们运行 JdkProxyTest 类的 main 函数，结果如图 8-14 所示。

```
D:\Programs\Java\jdk1.8.0_111\bin\java.exe ...
前置处理方法！
进行业务处理！
后置方法处理

Process finished with exit code 0
```

图 8-14

2. CGLIB 动态代理

对于 CGLIB 动态代理的使用，我们需要引入第三方的依赖包。JDK 的动态代理所使用动态代理的对象必须实现一个或多个接口，但如果被代理的对象没有实现接口怎么办呢？此时我们可以使用 CGLIB 动态代理进行实现。CGLIB 是一个强大的高性能的代码生成包，通过 CGLIB 的依赖包，可以在程序运行的过程中动态地生成对象和接口，CGLIB 包的底层基于字节码处理框架 ASM 来转换字节码并生成新的类，与 JDK 动态代理的反射机制完全不同。

使用 CGLIB，我们需要添加如下依赖（具体版本请读者自行定夺，笔者此处选择 3.3.0 版本进行示例代码的编写）：

```
<dependency>
    <groupId>cglib</groupId>
    <artifactId>cglib-nodep</artifactId>
    <version>3.3.0</version>
</dependency>
```

对于 CGLIB 的测试用例，我们仅需要创建三个类就可以了，因为 CGLIB 可以对实现类进行动态代理对象的生成，因此无须创建接口。

- **Subject**：具体被代理对象。
- **Adivce**：为被代理对象增加额外的前置处理逻辑和后置处理逻辑。
- **CglibProxyTest**：通过 CGLIB 动态代理的形式生成动态代理。

代码如下：

Subject
| ```java
public class Subject {
    public void coreMethod() {
        System.out.println("进行业务处理！ ");
    }
}
``` |
| **Adivce** |
| ```java
public class Advice {
    public void before(){
``` |

```
        System.out.println(" 前置处理方法！");
    }
    public void after(){
        System.out.println(" 后置方法处理 ");
    }
}
```

CglibProxyTest

```
public class CglibProxyTest {
    public static void main(String[] args) {
        Subject subject = new Subject();
        Advice advice = new Advice();
        // 创建增强器
        Enhancer enhancer = new Enhancer();
        // 设置增强目标类
        enhancer.setSuperclass(subject.getClass());
        // 设置回调
        enhancer.setCallback(new MethodInterceptor() {
            @Override
            public Object intercept(Object o, Method method, Object[]
objects, MethodProxy methodProxy) throws Throwable {
                advice.before();
                Object invoke = method.invoke(subject, args);
                advice.after();
                return invoke;
            }
        });
        // 创建代理，调用核心方法
        Subject targetProxy = (Subject) enhancer.create();
        targetProxy.coreMethod();
    }
}
```

以上代码对于 CGLIB 的核心使用方式，都在 CglibProxyTest 中进行实现，可以看到，我们主要依靠 Enhancer 类和 MethodInterceptor 类进行 CGLIB 的代理实现。执行 CglibProxyTest 的 main 方法，依然可以得到图 8-14 所示的结果。

3. JDK动态代理和CGLIB动态代理的区别

相信所有的读者对两者的区别已经有了答案，此处笔者仅简单总结两点区别。

- JDK 动态代理利用拦截器 InvocationHandler 加上反射机制生成一个代理接口的匿名类，在调用具体方法前需要调用 InvokeHandler 来处理；而 CGLIB 动态代理是基于 ASM 框架的字节码技术，通过修改其字节码生成子类来处理。

- 如果目标对象实现了接口，则推荐使用 JDK 动态代理，当然了，也可以强制使用 CGLIB 动态代理。如果目标对象没有实现接口，则必须使用 CGLIB 动态代理。

笔者并不想对 JDK 动态代理和 CGLIB 动态代理的性能作出对比，因为目前来看，两者的性能差距不大。可能在 JDK 的早期版本，通过反射机制生成动态代理类的性能不如 CGLIB，但是至少从 JDK1.8 开始，JDK 动态代理和 CGLIB 动态代理的性能几乎是一样的。就以 Spring 框架源码来说，对于动态代理的使用，Spring 依然会根据当前被代理类是否实现了接口进行 JDK 动态代理和 CGLIB 动态代理的选择。以下是 Spring——DefaultAopProxyFactory 类的源码展示：

```java
public class DefaultAopProxyFactory implements AopProxyFactory,
Serializable {

    @Override
    public AopProxy createAopProxy(AdvisedSupport config) throws
AopConfigException {
        if (config.isOptimize() || config.isProxyTargetClass() || hasNoUse
rSuppliedProxyInterfaces(config)) {
            Class<?> targetClass = config.getTargetClass();
            if (targetClass == null) {
                throw new AopConfigException("TargetSource cannot determine
target class: " +
                    "Either an interface or a target is required for proxy
creation.");
            }
            if (targetClass.isInterface() || Proxy.
isProxyClass(targetClass)) {
// 使用 JDK 动态代理
                return new JdkDynamicAopProxy(config);
            }
// 使用 CGLIB 动态代理
            return new ObjenesisCglibAopProxy(config);
        }
        else {
// 使用 JDK 动态代理
            return new JdkDynamicAopProxy(config);
        }
    }
    ...
}
```

笔者在以上源码中对核心部分进行了注释，读者可以很容易地看到，Spring 框架源码会根据类的不同，选择不同的动态代理实现方式。

8.7 开具电子发票需求测试

至此，我们完成了所有的实战代码，并且完成了所有的引申知识的讲解，接下来，让我们对此部分代码进行测试。

1. 在UserController中新增API

此部分代码逻辑十分简单，笔者直接展示代码如下（已存在代码用省略号表示）：

```java
package com.book.controller;

@RestController
public class UserController {
    ...
    @PostMapping("/ticket")
      public Object createTicket(String type, String productId, String
content, String title, String bankInfo, String taxId) {
          return userService.createTicket(type, productId, content, title,
bankInfo, taxId);
      }
}
```

2. 在UserService中新增对应的方法，并注入DirectorProxy

此处代码也不作过多说明，代码如下（已存在代码用省略号表示）：

```java
package com.book.service;

@Service
public class UserService {
    @Autowired
    private DirectorProxy directorProxy;
    ...
      public Object createTicket(String type, String productId, String
content, String title, String bankInfo, String taxId) {
            return directorProxy.buildTicket(type, productId, content,
title, bankInfo, taxId);
      }
}
```

读者可以直接通过 Postman 等测试工具对代码进行测试。唯一需要注意的是：对于 type 参数，person 代表个人电子发票；company 代表企业电子发票。

至此，我们完成了本章实战的全部内容。希望读者在本章有所收获，也希望读者能够继续跟随笔者，完成后续的实战内容。

8.8　章节回顾

对于本章的实战内容，请读者务必掌握以下几点内容。

- 建造者模式、原型模式及代理模式。
- 引用拷贝、深拷贝、浅拷贝的原理及区别。
- DK 动态代理及 CGLIB 动态代理的原理及区别。

如果你尚未完全掌握以上内容，笔者建议复读本章的知识，待所有的知识收入囊中，便可以开启下一章的实战内容。随着章节编号的增加，我们的实战章节会越来越少，笔者会珍惜实战之旅的每个细节，将最好的内容呈现给大家。

第 9 章
朋友代付——中介者模式

9.1　本章要点

不知道读者是否使用过朋友代付功能。图 9-1 所示为笔者淘宝 APP 的订单确认界面，笔者进行了脱敏处理。没有使用过朋友代付功能的读者可以打开自己的淘宝 APP 进行查看，当然了，除淘宝 APP 外，京东商城等其他购物网站也都拥有此类功能。

图 9-1

单击"提交订单"按钮后，你会收到如图 9-2 所示的界面。

图 9-2

这就是朋友代付功能。朋友代付功能完全是中介者模式的真实写照。很多人喜欢用租房中介举例，租户和房东，都通过中介进行交流，但租房的中介中心毕竟是现实中的商业模式，以此来做例子理解中介者模式还可以，但与项目实战开发完全不沾边了。

可是朋友代付，活生生的项目模块就摆在我们的面前，购买者和支付者通过购物网站这一中介完成商品的代付操作，不仅可以作为中介者模式的例子，还有实际的项目应用场景。本章，我们就要基于中介者模式，对朋友代付功能进行实战开发，本章要点如下：

- 中介者模式实战——UML 类结构分解和方法定义。
- 中介者模式实战——朋友代付。
- 中介者模式代码修复——全局唯一中介者。

接下来，让我们开启本章的实战之旅。

9.2　实战需求发布会

项目经理：整个流程做得差不多了，用户第三方登录→商品类目管理→订单状态转化→多种类支付→业务投放→平台积分更新和红包方法→开具电子发票，购物流程的核心模块基本都完成了，就还差一个，业务那边提了一个新需求，朋友代付。

王工：没做过，复杂吗？

项目经理：应该不复杂。对于公司来说，咱们只关心商品的订单，对吧？这个订单谁支付、通过什么方式支付都不要紧，只要支付的时候，是当前的商品订单就行。咱们的订单模块和支付模块都做完了，朋友代付功能，无非就是把商品订单信息转发到待支付的朋友那里，然后请朋友帮忙支付就行了。

王工：是这么个道理，那这么说还简单了。

项目经理：本来就很简单，哈哈，无非就是一个订单消息和支付结果中转的场景。

王工：订单消息中转我理解，就是把我要购买的商品订单转发给我的朋友，我的朋友帮我支付。支付结果中转是啥意思？

项目经理：你朋友付完钱，不得告诉你一声？怎么？要当无名英雄啊？

王工：哦哦，哈哈，明白了。

李工：这个场景已经很清晰了，建议用中介者模式吧，很适合。中介者模式可以通过中介者对象来封装一系列的对象交互，将对象间复杂的关系网状结构变成结构简单的以中介者为核心的星形结构，简化对象间的关系。同时，中介者模式能够将各个对象之间的关系解耦，每个对象不再与它关联的对象直接发生相互作用，而是通过中介者对象与关联的对象进行通信。比如王工买东西，王工就是购买者，王工想找经理代付，经理就是支付者；经理支付完成后，把支付成功的消息转发给王工。这是纯中介者模式的应用场景。

王工：我可不敢找经理帮我付⋯⋯

项目经理：美得你，好像我真会给你支付似的，直接拒绝支付。

李工：拒绝支付也会给王工返回未支付的消息，依然会有消息的转发，拒绝也是支付结果的一种嘛。

王工：李工，你真的很幽默，我们聊的是拒绝支付的消息转发吗？

项目经理：哈哈，别逗李工，标准程序员。那行，就按李工说的办吧。时间上你们自己安排，核心流程搞完了可以放慢点脚步，也别太拖沓，做完了和我汇报一下就行。

王工：开恩了。

项目经理：不是我开恩，业务开恩了，哈哈，没别的事儿散了吧。

王工 + 李工：好的。

9.3 中介者模式实战——UML 类结构分解及方法定义

中介者模式，旨在通过中介者对象来封装一系列的对象交互，将对象间复杂的关系网状结构变成结构简单的以中介者为核心的星形结构，简化对象间的关系。

可能部分读者无法理解为何要将"网状的关系结构"转化为"星形的关系结构"。基于本章的实战需求，如果没有中介者模式的融入，所有的用户自行进行消息的交互，那么用户与用户之间的交互就会是如图 9-3 所示的网状结构。

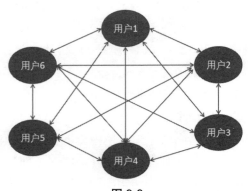

图 9-3

图 9-3 仅仅展示了 6 个用户之间的交互关系，已经非常凌乱了，随着用户数量的增加，这个网状关系结构会无限制地扩充，关系线也会越来越复杂。中介者模式就是为了解决这个问题，当我们引入中介者模式后，所有的用户都只需要与中介者进行交互即可，能够把复杂的网状结构转变为星形结构，结构清晰，且便于管理。引入中介者模式的用户关系图如图 9-4 所示。

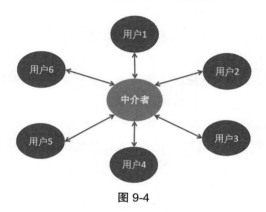

图 9-4

中介者模式能够将各个对象之间的关系解耦，每个对象不再和它关联的对象直接发生相互作用，而是通过中介者对象来与关联的对象进行通信。对于中介者模式的应用场景，除了本章的朋友代付功能外，还能够在产品进销存系统中进行应用，包括我们的微信、QQ 聊天，也都是采用了中介者模式的设计思想。

部分读者可能不能完全分清代理模式和中介者模式，笔者用一句白话对两者的区别进行说明，希望对不理解的读者有所帮助：代理模式，就是帮你干活儿，帮你做饭刷碗洗衣服；中介者模式，更侧重于三方的交流，做饭刷碗洗衣服肯定不能使用中介者了。

我们进入正题，先对中介者模式的 UML 类图进行学习，如图 9-5 所示。

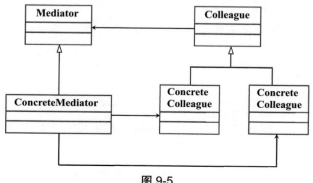

图 9-5

其实中介者模式的 UML 类图并不复杂，图 9-5 左半部分是抽象中介者角色和具体中介者角色，图 9-5 右半部分是抽象客户角色和具体同事角色。

- **Mediator 抽象中介者**：定义不同同事之间的信息交互方法。
- **ConcreteMediator 具体中介者**：实现抽象中介者的方法，它需要知道所有的具体同事类，同时需要从具体的同事类那里接收信息，并且向其他具体的同事类发送信息。
- **Colleague 抽象同事类**：以本章为例，该抽象角色是购买者和帮忙支付者的父类。
- **ConcreteColleague 具体同事类**：每个具体同事类都只需要知道自己的行为即可，但是他们都需要认识中介者。以本章为例，购买者和帮忙支付者就是具体同事类，两个类都需要了解中介者类。

接下来，让我们展开中介者模式的 UML 类结构分解和方法定义。

1. 创建Mediator抽象中介者——AbstractMediator

抽象中介者，需要定义不同同事之间的信息交互方法，此部分我们创建抽象类 AbstractMediator，并定义抽象的消息交互方法。代码如下：

```
package com.book.transaction.mediator;

public abstract class AbstractMediator {
    public abstract void messageTransfer(String orderId,String
targetCustomer, AbstractCustomer customer, String payResult);
}
```

对于抽象方法 messageTransfer 的参数，解释如下。

- **orderId**：用户的订单 ID，围绕订单 ID 进行代付操作。
- **targetCustomer**：目标用户，比如说张三请李四帮忙支付，那么李四便是目标用户。
- **customer**：AbstractCustomer 是我们的抽象同事类，该类会在第 2 步进行创建，中介者需要根据该参数确定调用者的角色——购买者或帮忙支付者。
- **payResult**：只有支付成功后此参数才不为 null。

2. 创建Colleague抽象同事类——AbstractCustomer

抽象同事类，就是我们本章需求中的购买者和帮忙支付者的父类，该类主要有以下三个职责。

- 该类需要关联中介者，因为购买者和支付者都需要直接与中介者打交道，因此需要关联中介者类。

- 该类需要定义与中介者进行消息交互的方法。
- 该类需要有一些核心属性，如需要支付的订单号及当前客户信息等。

代码及注释如下：

```java
package com.book.transaction.colleague;

public abstract class AbstractCustomer {
    // 关联中介者对象
    public AbstractMediator mediator;
    // 订单ID
    public String orderId;
    // 当前用户信息
    public String customerName;
    // 构造函数
    AbstractCustomer(String orderId, AbstractMediator mediator,String
customerName) {
        this.mediator = mediator;
        this.orderId = orderId;
        this.customerName = customerName;
    }

    public String getCustomerName() {
        return this.customerName;
    }
    // 定义与中介者的信息交互方法，供子类进行实现
    public abstract void messageTransfer(String orderId, String
targetCustomer, String payResult);
}
```

该类最为核心的功能，就是我们定义的用于与中介者进行消息交互的抽象方法 messageTransfer，具体同事类会对此方法进行实现。

3. 创建ConcreteColleague具体同事类——Buyer和Payer

为了让类名称更具代表性，笔者将商品购买者的类名定义为 Buyer，将实际的代支付者的类名定义为 Payer，希望读者不要介意笔者此处简单直接的类命名方式。对于 Buyer 和 Payer 类，只需要继承抽象同事类，并覆写与中介者交互的抽象方法 messageTransfer 即可。代码如下：

Buyer

```java
package com.book.transaction.colleague;

public class Buyer extends AbstractCustomer{
    public Buyer(String orderId, AbstractMediator mediator, String
customerName) {
        super(orderId, mediator, customerName);
    }
    // 覆写与中介者的信息交互方法
```

```
    @Override
    public void messageTransfer(String orderId, String targetCustomer,
String payResult) {
    }
}
```

Payer

```
package com.book.transaction.colleague;

public class Payer extends AbstractCustomer{
    public Payer(String orderId, AbstractMediator mediator, String
customerName) {
        super(orderId, mediator, customerName);
    }
    // 覆写与中介者的信息交互方法
    @Override
    public void messageTransfer(String orderId, String targetCustomer,
String payResult)    {
    }
}
```

4. 创建ConcreteMediator具体中介者——Mediator

对于具体中介者类，核心的交互逻辑都在此处。该类是中介者模式的核心，具体中介有以下两个职责。

- 具体中介者需要知道所有的同事类，因此该类需要关联同事类。
- 具体中介者需要实现抽象中介者的方法，作为不同同事类之间的信息交互桥梁。

代码及注释如下：

```
package com.book.transaction.mediator;

public class Mediator extends AbstractMediator{
    // 关联同事类
    private AbstractCustomer buyer;
    private AbstractCustomer payer;
// 购买者 set 方法
    public void setBuyer(Buyer buyer) {
        this.buyer = buyer;
    }
// 代支付者 set 方法
    public void setPayer(Payer payer) {
        this.payer = payer;
    }
    // 覆写抽象中介者类的方法
    @Override
```

```
        public void messageTransfer(String orderId, String
targetCustomer,AbstractCustomer customer, String payResult) {
    }
}
```

至此，我们完成了中介者模式的 UML 类结构分解和方法定义，具体的 UML 类角色与实战类的对应关系如图 9-6 所示。

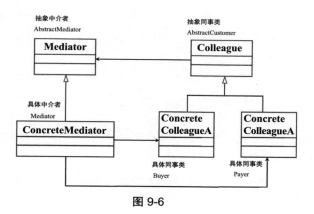

图 9-6

9.4 中介者模式实战——朋友代付

9.4.1 朋友代付实战

中介者模式的项目 package 结构十分清晰，我们在 9.3 节创建了五个类，如图 9-7 所示。

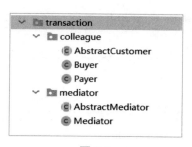

图 9-7

从图 9-7 中我们可以非常直观地感受到中介者模式清晰的设计结构，这对于代码后续的易维护性和可读性起到了非常重要的作用。对于以上五个类，我们仅需要对 Buyer、Payer 和 Mediator 类进行代码填充即可。

很抱歉，此部分有关具体中介 Mediator 类的实战代码不得不采用示例代码进行，因为消息的转发需要用到后台消息主动推送的功能模块，笔者无法花费大量的篇幅为大家实现消息推送的功能（消息推送需要前端、后端同时进行设计，部分企业还会购买第三方的消息推送产品），请读者给予充分的理解。

1. Buyer、Payer代码填充

对于 Buyer 和 Payer 类，我们仅需直接调用中介者的 messageTransfer 方法即可，因为同事类之间的交互只能通过中介者角色进行。代码如下（已存在代码用省略号表示）：

<table>
<tr><th>Buyer</th></tr>
<tr><td>

```
package com.book.transaction.colleague;

public class Buyer extends AbstractCustomer{
...
    @Override
    public void messageTransfer(String orderId, String targetCustomer,
String payResult) {
// 调用中介者的 messageTransfer 方法
               super.mediator.messageTransfer(orderId,
targetCustomer,this,payResult);
    }
}
```

</td></tr>
<tr><th>Payer</th></tr>
<tr><td>

```
package com.book.transaction.colleague;

public class Payer extends AbstractCustomer{
...
    @Override
    public void messageTransfer(String orderId, String targetCustomer,
String payResult) {
// 调用中介者的 messageTransfer 方法
           super.mediator.messageTransfer(orderId, targetCustomer, this,
payResult);
    }
}
```

</td></tr>
</table>

2. 具体中介者Mediator代码填充

具体中介者会根据同事类的类型进行交互消息的转发，中介者类有以下两个职责。

- 购买者请朋友帮忙代付，此时中介者转发待支付的商品订单给实际支付者。

- 实际支付者完成了支付，此时中介者转发支付结果给商品的购买者。

由于此处不得不使用示例代码，因此并不复杂，代码及注释如下（已存在代码用省略号表示）：

```java
package com.book.transaction.mediator;

public class Mediator extends AbstractMediator{
    ...
    @Override
    public void messageTransfer(String orderId, String targetCustomer,AbstractCustomer customer, String payResult) {
// 如果当前同事类为购买者
        if(customer instanceof Buyer) {
            System.out.println("朋友代付："+ buyer.getCustomerName() + "转发 OrderId " + orderId + " 到用户 " + targetCustomer + " 进行支付." );
// 如果当前同事类为实际支付者
        } else if(customer instanceof Payer) {
            System.out.println("代付完成："+ payer.getCustomerName() +"完成 OrderId " + orderId + " 的支付。通知 " + targetCustomer + "，支付结果:" + payResult );
        }
    }
}
```

至此，我们完成了中介者模式的朋友代付功能模块，接下来，让我们对此功能进行测试，并在测试过程中发现问题、解决问题，最终实现全局唯一的中介者角色。

9.4.2 全局唯一中介者

可能读者无法理解本小节标题所提出的"全局唯一中介者"。我们带着这个问题，先展开功能的测试，测试完成后，你便会发现目前代码设计存在的问题，你也会理解笔者为何提出"全局唯一中介者"这一角色。

闲话少叙，笔者直接为大家展示 Controller 和 Service 的代码，代码及注释如下（我们将此部分功能添加到 OrderController 和 OrderService 中，已存在代码用省略号表示）：

OrderController

```java
package com.book.controller;

@RestController
@RequestMapping("/order")
public class OrderController {
    ...
```

```
    @PostMapping("/friendPay")
    public void friendPay(String sourceCustomer, String orderId, String
targetCustomer, String payResult,String role) {
        orderService.friendPay(sourceCustomer,orderId,targetCustomer,pay
Result,role);
    }
}
```

OrderService

```
package com.book.service;

@Service
public class OrderService implements OrderServiceInterface {
    ...
    public void friendPay(String sourceCustomer, String orderId, String
targetCustomer, String payResult, String role) {
        // 创建中介者
        Mediator mediator = new Mediator();
        Buyer buyer = new Buyer(orderId, mediator,sourceCustomer);
        Payer payer = new Payer(orderId, mediator,sourceCustomer);
        mediator.setBuyer(buyer);
        mediator.setPayer(payer);
        if(role.equals("B")) {
            buyer.messageTransfer(orderId, targetCustomer, payResult);
        } else if(role.equals("P")) {
            payer.messageTransfer(orderId,targetCustomer,payResult);
        }
    }
}
```

对于以上代码，笔者仅有两点需要进行说明。

- 请读者扫视以上代码，笔者仅仅在 UserService 中添加了一行注释："创建中介者"。中介者需要每次都创建吗？作为中介者，全局只需要一个就可以了，但是目前的代码实现，不得不使用 new 关键字进行中介者对象的创建。你可能会说，在具体中介者 Mediator 类上标记 @Component 注解，然后在 UserService 中通过 @Autowired 注解注入 Mediator 类不可以吗？答案是不可以，因为 Mediator 类，是一个有状态的类，我们之前在第 4 章的实战中也遇到过类似的问题。那么此处，我们需要将 Mediator 转化为无状态的类。

- 关于 Controller 的入参，笔者添加了 String 类型的 role 参数，我们约定，当该参数为 "B" 时，代表购买者发起朋友代付请求；当该参数为 "P" 时，代表朋友完成支付。

那么，我们如何实现全局唯一的中介者呢？想象一下现实中的场景，一个中介机构能够处理多单客户的请求，反观我们对 Mediator 类的设计，仅仅有两个属性：Buyer 和 Payer，同时只能处理一单客户的请求，这也是我们在 UserService 中通过 new 关键字进行 Mediator 对象创建的原因。为了实现全局唯一的中介者对象，我们需要进行以下三步操作。

① Mediator 类上标注 @Component 注解。

② 通过 Map<String, Map<String, AbstractCustomer>> 数据结构存储购买者和实际支付者的信息。其中，外层 Map 的 key 为 OrderId，内层 Map 的 key 为 Buyer 和 Payer，value 为 AbstractCustomer 对象，这样我们就能够完成全局唯一的中介者对象。

③代付完成后，从 Map 中删除此 orderId 的信息。

代码调整后的 Mediator 类如下：

```java
package com.book.transaction.mediator;

@Component
public class Mediator extends AbstractMediator{
    // 关联多个对应的同事类
    public static Map<String, Map<String, AbstractCustomer>>
customerInstances = new ConcurrentHashMap<>();
    @Override
    public void messageTransfer(String orderId, String
targetCustomer,AbstractCustomer customer, String payResult) {
        if(customer instanceof Buyer) {
            AbstractCustomer buyer = customerInstances.get(orderId).
get("buyer");
            System.out.println("朋友代付："+ buyer.getCustomerName() +
"转发 OrderId " + orderId + " 到用户 " + targetCustomer + " 进行支付 ." );
        } else if(customer instanceof Payer) {
            AbstractCustomer payer = customerInstances.get(orderId).
get("payer");
            System.out.println("代付完成："+ payer.getCustomerName() +
"完成 OrderId " + orderId + " 的支付。通知 " + targetCustomer + "，支付结果："
+ payResult );
customerInstances.remove(orderId);
        }
    }
}
```

同时，我们需要对 UserService 类的代码进行调整，通过 @Autowired 注解注入 Mediator 类，并调整 friendPay 方法的代码。代码如下：

```java
package com.book.service;

@Service
public class OrderService implements OrderServiceInterface {
```

```
    // 注入中介者对象
    @Autowired
    private Mediator mediator;

    public void friendPay(String sourceCustomer, String orderId, String
targetCustomer, String payResult, String role) {
        // 创建中介者
        Buyer buyer = new Buyer(orderId, mediator,sourceCustomer);
        Payer payer = new Payer(orderId, mediator,sourceCustomer);
        HashMap<String, AbstractCustomer> map = new HashMap<>();
        map.put("buyer", buyer);
        map.put("payer", payer);
// 将同事类配置到 customerInstances 中
        mediator.customerInstances.put(orderId, map);
        if(role.equals("B")) {
            buyer.messageTransfer(orderId, targetCustomer, payResult);
        } else if(role.equals("P")) {
            payer.messageTransfer(orderId,targetCustomer,payResult);
        }
    }
}
```

至此，我们完成了本章所有的实战内容。读者可以自行通过 Postman 等工具进行功能测试。相信通过本章的讲解，所有的读者对中介者模式有了更加深入的理解。

9.5　章节回顾

本章通过中介者模式，实现了朋友代付的相关功能模块。希望通过该设计模式的讲述和实战，能够帮助读者彻底理解中介者模式，同时，在未来的工作中，涉及类似场景时，读者便可以借鉴本章对于中介者模式的实现过程。请读者务必掌握以下两点内容。

- 中介者模式的意义及使用场景。
- 中介者模式的 UML 类结构。

第 10 章
订单审计日志设计——模板方法模式

10.1　本章要点

模板方法模式，是十分常用的设计模式，使用起来相对比较简单。很多框架源码都有模板方法模式的身影。比如，Spring 源码的核心 refresh 方法里面的 postProcessBeanFactory 方法和 onRefresh 方法就是两个模板方法，可以供子类进行覆写和扩展。当然了，与我们距离最近的模板方法模式的使用案例，就是 AQS 源码中的使用。

模板方法模式可以在很多场景中使用，本章关于审计日志设计的使用场景仅是众多应用场景中的一个。订单审计日志，记录了商品下单→支付→发货→签收的整体过程，之所以要对此部分日志进行单独设计，是因为此部分日志是处理商品支付纠纷的核心凭证。有金融 / 信贷项目开发经验的读者，可能对类似的审计日志并不陌生。金融 / 信贷项目对审计日志的设计更加严格，因为这部分日志，将来可能会作为处理经济纠纷的核心凭据。本章，我们就基于模板方法模式，进行订单审计日志模块的实战，本章要点内容如下。

- 模板方法模式实战——UML 类结构分解和方法定义。
- 模板方法模式实战——订单审计日志。

接下来，让我们开启本章的实战之旅。

10.2　实战需求发布会

项目经理：现在所有支付相关的核心模块都做完了，二位辛苦了。

王工：不辛苦，辛不辛苦看年终绩效吧。

项目经理：谈年终绩效为时尚早，核心模块做完了，还有几个辅助的功能模块需要开发。业务这边要求我们做订单审计日志，万一与用户有支付纠纷的话，可以用这个订单审计日志作凭证。

王工：日志不都有吗？log4j 什么的，不够吗？

项目经理：这部分日志是项目日志，都是输出到项目日志文件里的，可读性不高，并且与其他操作日志混合在一起了，我们需要单独为业务这边把订单的审计日志进行归类。

王工：好的。有什么具体要求吗？

项目经理：要求比较简单，记录四种订单日志即可。每种订单日志有相似的部分，都有用户操作时间、操作类型、订单 ID 和用户 ID。以下是四种订单日志的要求。

- 订单创建日志：无其他特殊信息，包含刚才描述的相似内容即可。
- 订单支付日志：除相似内容外，还需要记录支付类型和实际支付金额。
- 订单发货日志：除相似内容外，还需要记录快递公司和快递单编号。
- 订单签收日志：无其他特殊信息，包含刚才所说的相似内容即可。

李工：这部分实现我们可以采用模板方法模式进行。对于用户操作时间、操作类型、订单 ID 和用户 ID，我们可以定义一个方法进行统一实现，子类不需要覆写这个方法，直接使用即可。对于额外信息的添加，我们可以定义一个模板方法让子类自行实现，子类自己决定这部分逻辑。

项目经理：可以的，就按李工说的办吧。

王工：对了经理，这些日志放到哪里？

项目经理：数据处理部门给我们提供了一个 Queue，我们直接将信息发送到 Queue 里就行。

王工：好的。

项目经理：没别的事儿散了吧，抓紧时间干活儿去。今天搞定这部分代码，需求很简单。

李工 + 王工：好的。

10.3　模板方法模式实战——UML 类结构分解及方法定义

模板方法模式，旨在定义一个操作中的算法框架，而将一些步骤延迟到子类中，使得子类可以不改变一个算法的结构即可重定义该算法的某些特定步骤。直接看模板方法模式的定义有些抽象，又是算法又是延迟到子类的，对刚刚接触设计模式的读者非常不友好。为了使读者更容易理解模板方法模式，笔者将模板方法模式的定义描述为：模板方法模式会定义好做一件事情的步骤，这个步骤是固定的，一部分步骤已经实现好了，你无须关心；另外一部分步骤没有做任何实现，需要子类进行实现。

在模板方法模式中，对于已经定义好的步骤，我们称之为基础方法，需要子

类进行实现的方法称之为模板方法。按照惯例，我们先对模板方法模式的 UML
类图进行学习，如图 10-1 所示。

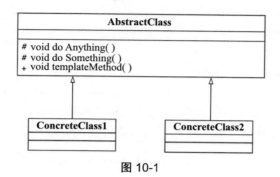

图 10-1

虽然模板方法模式的定义有些抽象，但是图 10-1 所示模板方法模式的 UML
类图结构却非常简单。模板方法模式仅有两个角色。

- **AbstractClass 抽象模板对象**：抽象模板对象主要负责基本方法的实现以及抽象模板方法的定义。
- **ConcreteClass 具体模板对象**：对抽象模板方法进行个性实现，不会改变整体的执行结构。

在展开实战内容之前，我们先来计算一下需要创建的实战类。

- 需要创建一个抽象对象。
- 需要创建四个具体对象，分别代表订单创建、支付、发货和签收的执行逻辑。

以上五个类确实是我们需要进行创建的，除了这五个类外，我们还需要创建一个订单日志的实例对象，该对象会包含订单审计日志的属性以及 getter/setter方法。接下来，我们开始进行代码实战。

1. 创建订单审计日志实例对象——OrderAuditLog

代码如下：

```
package com.book.ordermanagement.audit;

@Data
@Builder
@NoArgsConstructor
@AllArgsConstructor
public class OrderAuditLog {
    // 当前用户信息
    private String account;
```

```
    // 用户操作
    private String action;
    // 用户具体操作时间
    private Date date;
    // 当前订单 ID
    private String orderId;
    // 其他额外信息
    private Object details;
}
```

该实例对象定义了五个属性，前四个属性是通用属性，第五个属性 details 以 Object 类型进行修饰，用于设置不同日志种类的额外信息。

2. 创建抽象模板类——AbstractAuditLogProcessor

对于抽象模板类而言，需要完成以下三个职责。

- 定义基本方法并进行实现。此处基本方法代表设置订单审计日志的公共信息，即用户信息、用户操作、用户具体操作时间及当前订单 Id。
- 定义抽象模板方法，供子类进行实现。此处模板方法代表设置订单审计日志的额外信息，具体逻辑由子类进行实现。
- 定义订单审计日志生成的步骤。

如果读者并未完全理解以上三点职责，也不必着急，笔者为这部分代码标注了详细的注释，相信看到代码后，你会完全理解。代码及注释如下：

```
package com.book.ordermanagement.audit;

public abstract class AbstractAuditLogProcessor {
    // 创建我们的 AuditLog ( 基础方法 )
    private final OrderAuditLog basicAuditLog(String account, String
action, String orderId){
        OrderAuditLog auditLog = new OrderAuditLog();
        auditLog.setAccount(account);
        auditLog.setAction(action);
        auditLog.setOrderId(orderId);
        auditLog.setDate(new Date());
        return auditLog;
    }
    // 定义抽象模板方法，设置订单审计日志的额外信息，供子类进行实现
    protected abstract OrderAuditLog buildDetails(OrderAuditLog
auditLog);
    // 定义订单审计日志的创建步骤
    public final OrderAuditLog createAuditLog(String account, String
action, String orderId) {
        // 设置审计日志的基本信息
        OrderAuditLog orderAuditLog = basicAuditLog(account, action, orderId);
```

```
            // 设置审计日志的额外信息
        return buildDetails(orderAuditLog);
    }
}
```

对于上述代码，笔者仍有两点需要进行细致说明。

- 请读者仔细查看 basicAuditLog 方法，该方法使用 final 关键字进行了修饰，意味着该方法不允许子类进行覆写。basicAuditLog 方法属于基本方法，所有的子类都可以直接使用，且逻辑保持一致，因此使用 final 进行修饰，不允许子类进行覆写。当然了，如果读者将 final 关键字移除，并且在子类中对该方法进行了覆写，也不会导致错误的发生，但是却违背了模板方法模式的初衷。如果你一定要对 basicAuditLog 方法进行覆写，那请将 basicAuditLog 定义成抽象模板方法。

- 请读者仔细查看 createAuditLog 方法，我们依然使用 final 关键字对此方法进行修饰，该方法定义了基本方法和模板方法的调用步骤，是整个模板方法模式的核心逻辑组织者，不允许子类进行覆写。如果你一定要对 createAuditLog 方法进行覆写，请放弃使用模板方法模式，因为该方法是模板方法模式的灵魂，没有了该方法，就不能称之为模板方法模式。

3. 创建4种审计日志类

根据 10.2 节的实战需求发布会，我们需要记录订单创建、订单支付、订单发送和订单签收四种日志，并且订单支付和订单发送均需添加额外的信息，因此我们需要创建四个具体的类。类的创建过程十分简单，仅需要继承抽象角色并覆写抽象方法即可。代码如下：

CreateOrderLog

```
package com.book.ordermanagement.audit;

@Component
public class CreateOrderLog extends AbstractAuditLogProcessor{
    @Override
    protected OrderAuditLog buildDetails(OrderAuditLog auditLog) {
        return auditLog;
    }
}
```

PayOrderLog

```
package com.book.ordermanagement.audit;

@Component
```

```
public class PayOrderLog extends AbstractAuditLogProcessor{
    @Override
    protected OrderAuditLog buildDetails(OrderAuditLog auditLog) {
    return auditLog;
    }
}
```

SendOrderLog

```
package com.book.ordermanagement.audit;

@Component
public class SendOrderLog extends AbstractAuditLogProcessor{
    @Override
    protected OrderAuditLog buildDetails(OrderAuditLog auditLog) {
    return auditLog;
    }
}
```

ReceiveOrderLog

```
package com.book.ordermanagement.audit;

@Component
public class ReceiveOrderLog extends AbstractAuditLogProcessor{
    @Override
    protected OrderAuditLog buildDetails(OrderAuditLog auditLog) {
    return auditLog;
    }
}
```

至此，我们完成模板方法模式的 UML 类结构分解和方法定义，具体的
UML 类角色与实战类的对应关系如图 10-2 所示。

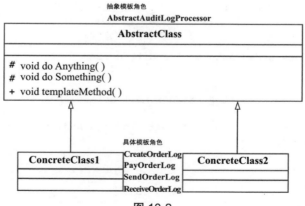

图 10-2

10.4　模板方法模式实战——订单审计日志

在 10.3 节，我们一共创建了六个类，可能部分读者会认为模板方法模式会导致轻微的类膨胀。的确如此，模板方法模式会导致轻微的类膨胀，但是模板方法模式的扩展性是毋庸置疑的。我们可以看到，对于四个具体对象的创建，只需要覆写模板方法即可，对任何一个对象的逻辑进行修改都不会影响到其他对象的逻辑，并且，新增日志种类也是十分容易的，也不会对已有的对象产生影响。正如我们之前所说的，设计模式的使用是有代价的，对扩展性和维护性的设计也是有代价的，之所以我们不会将代码无脑地罗列到一个类中，就是因为我们付出的代价远远小于设计模式带给我们的回报。

本节，我们进行实战代码的填充。经过分析，我们仅需对 PayOrderLog 类和 SendOrderLog 类进行实战代码填充。对于 CreateOrderLog 和 ReceiveOrderLog 来说，由于不需要添加额外的信息，因此无须额外的代码逻辑。

代码逻辑的填充十分简单。

- CreateOrderLog：新增支付类型和实际支付金额信息。
- ReceiveOrderLog：新增快递公司和快递编号信息。

此处无须额外说明，直接展示代码如下：

PayOrderLog

```java
package com.book.ordermanagement.audit;

@Component
public class PayOrderLog extends AbstractAuditLogProcessor{
    @Override
    protected OrderAuditLog buildDetails(OrderAuditLog auditLog) {
        // 增加支付类型和实际支付金额
        HashMap<String, String> extraLog = new HashMap<>();
        extraLog.put("payType"," 支付宝 ");
        extraLog.put("price", "100");
        auditLog.setDetails(extraLog);
        return auditLog;
    }
}
```

SendOrderLog

```java
package com.book.ordermanagement.audit;

@Component
public class SendOrderLog extends AbstractAuditLogProcessor{
    @Override
    protected OrderAuditLog buildDetails(OrderAuditLog auditLog) {
```

```
    // 增加快递公司信息和快递编号
    HashMap<String, String> extraLog = new HashMap<>();
    extraLog.put(" 快递公司 ","X 速递 ");
    extraLog.put(" 快递编号 ", "100100100");
    auditLog.setDetails(extraLog);
    return auditLog;
    }
}
```

至此，我们完成了订单审计日志的实战内容，测试方式十分简单，仅需要在
OrderService 类中通过 @Autowired 注解注入四个具体对象，并在对应的订单方
法中使用这四个对象进行日志的创建即可。关于日志信息的发送，读者可以根据
自己的情况创建一个测试的 Queue 进行模拟发送即可。

10.5 章节回顾

本章内容十分简单，仅仅对模板方法模式进行了讲解和代码开发。模板方法
模式是十分容易理解的，相信所有的读者都能够通过对本章的学习完全掌握模板
方法模式。本章是第 10 章的内容，随着章节编号的增加，意味着后续的实战内
容越来越少了，笔者在此感谢读到此处的你，对笔者的信任和对本书的支持。让
我们调整好心态，继续下一章的实战内容。

第 11 章
ES 日志查询——迭代器模式

11.1　本章要点

关于本章内容，是全书令笔者最为纠结的一章，两个声音在脑海中不断争论，到底要不要将本章的内容呈现给广大读者呢？并非笔者有所保留，是因为笔者不确定是否有读者接触过这样的实战场景。

部分读者应该是接触过 Elastic Search 的，对于 Elastic Search 的查询，你们用的是什么方式？是引入第三方工具包、Elastic Search Client 还是其他方式？你是否有使用标准的 SQL 语句调用 ES Rest API 接口 /SQL 接口的经验？

本章的实战就是基于 ES Rest API："/_sql?format=json"进行的。笔者之所以纠结是否引入此章的内容，就是考虑到有 ES 使用经验，但是没有"/_sql?format=json"接口使用经验的读者会对本章内容产生负面的情绪，因为在他们心里，可能认为 ES 的查询就应该使用基于 JSON 定义的 DSL 语法，就应该使用 Elastic Search Client 工具包，就应该使用 Query/Filter/termsQuery 等，就应该使用 scrollId 查询超过 10000 条数据的结果集。

但是在笔者的职业生涯中，却遇到过使用"/_sql?format=json"进行 ES 数据查询的企业，并且整个项目的设计，都是通过 ES Rest API 进行数据访问，而通过"/_sql?format=json"接口进行数据查询时，没有第三方工具包帮我们封装 scrollId 的迭代查询，只能自己进行 scrollId 的控制，每次查询 10000 条数据，然后用 scrollId 继续多次调用该接口，直至返回所有的数据。所以在开始本章实战内容之前，请有 ES 使用经验的读者给予笔者充分的理解，毕竟 ES 提供了 Rest API 的功能，那么便会有它的使用场景，天生我材必有用。

对于没有任何 ES 经验的读者，可能会觉得以上的叙述如天书一般，可能会怀疑自己是否能够吃透本章的内容，请这部分读者不要妄自菲薄，在进行本章实战内容前，笔者会为大家讲解明白"/_sql?format=json"接口的调用机制及返回格式，然后再开启迭代器模式的实战。笔者相信，迭代器模式的代码会让你眼前一亮，我们又有多少机会自己去写迭代器代码呢？ES 给了我们这个机会，而且

这部分代码，也是笔者在公司项目中真正实践过的。闲话少叙，本章要点内容
如下。

- Elastic Search SQL Rest API："/_sql?format=json"的调用机制及返回值
格式。
- 迭代器模式实战——类结构分解、方法定义及实战 ES 查询。

细心的读者可能会注意到，本章节对于迭代器模式的讲解，我们将"UML
类结构分解及方法定义"和"实战 ES 查询"放到了一起，之所以这样安排，是
因为此处代码难度系数比较高，对于经验稍浅的读者可能会是一个挑战，因此笔
者会在 UML 类结构分解时，直接为大家展示实战代码及详细的注释，以便经验
稍浅的读者可以及时进行 Debug 跟踪，彻底理解代码的逻辑和迭代器模式的使
用方式。

11.2　实战需求发布会

项目经理：两位有使用 Elastic Search 的经验吗？

王工：我没有。

李工：上家公司使用过，接触得不深。

项目经理：OK。目前一些核心日志信息都存储在 ES 中，像我们上次做的订
单审计日志，数据部门监听 Queue 消息后，会存储到 ES，现在审计日志有了，
业务那边要求咱们开放审计日志查询的接口，这样他们能随时查询，不管是为了
生成报告，还是处理纠纷，这个功能是非常有必要的。

李工：接口倒是可以开发出来，关键是入参怎么定啊？让业务那边直接传原
生的 ES 查询语法？像这样的（如图 11-1 所示）？

```
{
  "query": {
    "match_all": {
      "name" : "abc"
    }
  }
}
```

图 11-1

项目经理：想什么呢，王工都没用过 ES，你指望业务给你传这个？已经商
量完了，SQL 入参。

王工：业务那边会写 SQL？

项目经理：不会写，我们会为他们提供 SQL 语句，因为日志查询的场景并

不复杂，要么按时间进行范围查询，要么按 OrderId 或用户 ID 进行查询。咱们给业务那边提供下 SQL，如果他们要修改条件的话也很简单，SQL 的易读性还是非常高的。

李工：OK，那就好办了，ES 从 6.3 版本开始支持 SQL 查询，并且有 Rest API 接口，咱们目前 ES 版本如果高于 6.3 版本的话，可以直接使用 Rest API 进行查询。

项目经理：目前 ES 版本是 7.17。

李工：OK，我去官网查一下 7.17 版本的 SQL API 的使用方式。对了，业务查询结果集会超过 10000 条吗？

项目经理：可能会吧，按时间段查询的话数据量不确定。

李工：OK，这样的话可能要自己写一个迭代器了，自己控制 ScrollId 的回传方式。

王工：不用迭代器做不了吗？

李工：做得了，你可以尝试一下不用迭代器去写这部分代码，你必然会添加 while 循环语句，代码会很丑陋。既然当前的查询场景是一个迭代查询场景，肯定是首选迭代器模式进行代码的书写。

王工：OK。

项目经理：那就这么定了，一个查询接口并不复杂，1 天时间肯定够了。没别的事儿去忙吧。

王工 + 李工：好的。

11.3　Elastic Search SQL Rest API 机制介绍

本章，我们基于 Elastic Search 7.17 版本，展开 SQL Rest API 的介绍。其实 ES 的 SQL Rest API 并不复杂，我们经过以下三个步骤，对该 API 进行了解。

1. SQL Rest API 接口信息和入参

如图 11-2 所示是从 ES 官方文档中截取的，读者也可以通过扫描右侧二维码直接查看 ES 官方文档进行更加详细的了解。

ES 官方文档

```
POST /_sql?format=json
{
  "query": "SELECT * FROM library ORDER BY page_count DESC",
  "fetch_size": 5
}
```

图 11-2

　　从图 11-2 中可以看到，该 API 为 POST 访问，URI 为 "/_sql?format=json"，RequestBody 中有两个属性。

- "query" 属性，value 为 SQL 语句，此处的 SQL 语法为标准 SQL 语法，与 MySQL 语法几乎一致。
- "fetch_size" 属性，value 为数字类型，代表 limit 条数限制。

　　此外，关于 format=json 的入参，规定了返回值的格式为 JSON 类型，当然了，除了 JSON 类型，该 API 还可以设置 CSV 格式、TSV 格式、TXT 格式、YAML 格式、CBOR 格式和 SMILE 格式。最为常用的返回值格式就是 JSON，也是我们本章实战使用的格式。

　　2. SQL Rest API 返回值（以JSON格式为例）

　　JSON 格式是我们非常熟悉的格式，对于 ES 的 SQL Rest API，返回的 JSON 格式如图 11-3 所示。

```
{
  "columns": [
    {"name": "author",       "type": "text"},
    {"name": "name",         "type": "text"},
    {"name": "page_count",   "type": "short"},
    {"name": "release_date", "type": "datetime"}
  ],
  "rows": [
    ["Peter F. Hamilton",  "Pandora's Star",      768, "2004-03-02T00:00:00.000Z"],
    ["Vernor Vinge",       "A Fire Upon the Deep", 613, "1992-06-01T00:00:00.000Z"],
    ["Frank Herbert",      "Dune",                604, "1965-06-01T00:00:00.000Z"],
    ["Alastair Reynolds",  "Revelation Space",    585, "2000-03-15T00:00:00.000Z"],
    ["James S.A. Corey",   "Leviathan Wakes",     561, "2011-06-02T00:00:00.000Z"]
  ],
  "cursor": "sDXF1ZXJ5QW5kRmV0Y2gBAAAAAAAAAEWWWdrR1VfSS1TbDYtcW9lc1FJNmlYdw==:BAFmBmF1dGh"
}
```

图 11-3

　　从上图 11-3 所示，整个返回值有三个部分。

- **"columns" 属性**：仅返回所有的字段名称和字段类型，如图所示，该表包含 4 个字段：author 字段，类型为 text；name 字段，类型为 text；page_count 字段，类型为 short；release_date 字段，类型为 datetime。
- **"rows" 属性**：仅返回所有的值，与 columns 字段的顺序一一对应。如图所示，我们查询到了 5 条数据，第一条数据 author 为 Peter F. Hamilton，name 为 Pandora/s Star，page_count 为 768，release_date 为 2004-03-02T00:00:00.000Z。
- **"cursor" 属性**：用于分页。我们在第 1 步查询了 5 条数据（fetch_size 为 5），并获取了 5 条返回值，如果 cursor 返回值存在，说明除了这五条返回的数据，还有其他的数据满足我们的查询结果，只不过由于 fetch_size 的限制，首次只能返回 5 条数据。如果我们想继续查看第 2 页的 5 条数据，则回传 cursor 属性即可。

3. 回传"cursor"，获取其他的分页结果

衔接第 2 步，如果我们想要获取第 2 页、第 3 页的返回值，直接将 cursor 属性作为 RequestBody，调用"/_sql?format=json"接口即可，还是一样的"配方"，如图 11-4 所示。

```
POST /_sql?format=json
{
    "cursor": "sDXF1ZXJ5QW5kRmV0Y2gBAAAAAAAAAEWWWdrRlVfSS1TbDYtcW9lc1FJNmlYdw==:BAFmBmF1dGh"
}
```

图 11-4

获取第 2 页的数据，我们会获得如图 11-5 所示的返回值，返回值中，只有 rows 属性和 cursor 属性。

```
{
  "rows": [
    ["Peter F. Hamilton",  "Pandora's Star",        768, "2004-03-02T00:00:00.000Z"],
    ["Vernor Vinge",       "A Fire Upon the Deep", 613, "1992-06-01T00:00:00.000Z"],
    ["Frank Herbert",      "Dune",                  604, "1965-06-01T00:00:00.000Z"],
    ["Alastair Reynolds",  "Revelation Space",      585, "2000-03-15T00:00:00.000Z"],
    ["James S.A. Corey",   "Leviathan Wakes",       561, "2011-06-02T00:00:00.000Z"]
  ],
  "cursor": "sDXF1ZXJ5QW5kRmV0Y2gBAAAAAAAAAEWWWdrRlVfSS1TbDYtcW9lc1FJNmlYdw==:BAFmBmF1dGh"
}
```

图 11-5

图 11-5 中，仅仅返回了 rows 和 cursor 属性，之所以不会再次返回 columns 属性，是因为第一页的返回值中已经包含了所有的 columns 信息。第 2 页的返回结果，依然包含 cursor 属性，说明还有其他符合查询条件的数据，当我们查询到最后一页数据时，返回值将只包含 rows 属性，如图 11-6 所示。

```
{
  "rows": [
    ["Peter F. Hamilton",  "Pandora's Star",        768, "2004-03-02T00:00:00.000Z"],
    ["Vernor Vinge",       "A Fire Upon the Deep", 613, "1992-06-01T00:00:00.000Z"],
    ["Frank Herbert",      "Dune",                  604, "1965-06-01T00:00:00.000Z"]
  ]
}
```

图 11-6

　　至此，我们已经对 ES 的 SQL Rest API 有了基本的了解。接下来，笔者提出一个问题，如果我们查询数据的总量高于 10000 条，如总量为 49000 条数据，应该如何去查询呢？

　　可能不了解 ES 的读者会认为，直接将 fetchsize 设置为 49000 就行了啊，或者不设置 fetch_size，直接全量查询这 49000 条数据就可以了。但是事实上，ES 每次最多只能返回 10000 条数据，如果你显示的设置 fetch_size 大于 10000，那么 ES 将会抛出异常；如果你不设置 fetch_size，那么 ES 将使用默认的 10000 作为 fetch_size 的大小。

　　如果我们想要查询 49000 条数据，我们需要进行五次查询。

- 第一次查询，拿到所有的 columns 和 10000 条 rows，并获得一个 cursor 值。
- 第二次查询，拿 cursor 作为 RequestBody，获取 10000 条 rows，并获得一个与第一次相同的 cursor 值。
- 第三次和第四次查询与第二次查询方式一致。
- 第五次查询，我们会获取 9000 条 rows 数据，返回值中不会再包含 cursor，说明已经查询完毕。

　　我们该如何书写这样的代码逻辑呢？第一次查询完成后，后续的四次查询，我们可以用递归，也可以用 while 循环判断 cursor 是否为 null，如果不为 null 则继续查询，如果为 null 则终止查询，可能还有其他的方式。笔者建议读者先按照自己的思路进行代码的书写，先不要继续学习迭代器模式的书写方式，当你按照自己的思路完成了查询功能后，再与笔者为大家提供的迭代器书写形式进行代码对比，每个读者心中都会有自己的一个对比结果。笔者不想老王卖瓜，更想让每位读者自己品尝，选择最符合自己味蕾的那个配方，代码无高低贵贱之分，因需求制宜，一切都是最好的安排。

11.4　ES Mock Server

　　经过 11.3 节的学习，我们对 SQL Rest API 有了详细的了解，相信很多读者都迫不及待地想亲手调用一下 "/_sql?format=json" 接口看看效果。可惜的是，绝大多数的读者都没有现成的 ES 测试环境。为此，笔者为大家准备了一个微型的 ES Mock Server，供大家进行调用。请读者通过扫描前言中的二维码下载 ES Mock Server 的 jar 包：es.demo.server-0.0.1-SNAPSHOT.jar，然后在 cmd 命令输入 java -jar es.demo.server-0.0.1-SNAPSHOT.jar 运行 Mock Server，运行效果如

图 11-7 所示。

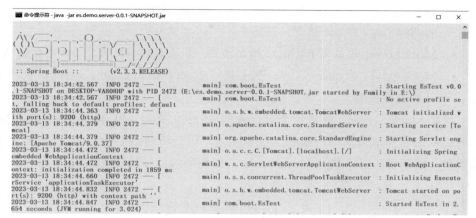

图 11-7

运行成功后，读者可以通过 postman 等工具访问 http://localhost:9200/_
sql?format=json 接口，便会得到测试数据，图 11-8 所示为笔者的调用案例。

图 11-8

由于是微型的 Mock Server，因此有以下限制。

- Mock Server 仅有 11 条测试数据，每条测试数据有两个字段，即 studentName 和 sex 性别。
- Mock Server 的最大 fetchsize 限制为 5，如果 fetchsize 大于 5，则会报错。
- Mock Server 的 query 入参，仅支持 "select * from estable" 语句，使用其他参数会报错。

这个 Mock Server，就是一个简化版的 ES SQL Rest API，完全能够满足读者的调用需求和测试需求。后续的迭代器实战，也会访问该 Mock Server 进行数据的读取，请读者务必下载该 Mock Server，以免影响后续的实战测试。

11.5 迭代器模式实战

11.5.1 UML类结构分解、方法定义及ES查询实战

迭代器模式，旨在对数据结构中的所有数据进行迭代（遍历）查询，直至所有的数据完成迭代（遍历）。

迭代器模式的定义，相信大家都非常熟悉，从开始学习 JavaSE 的 List 数据结构时，就已经接触过 List 的迭代器了。笔者相信，所有的读者都能够很轻松地使用 List 数据结构的迭代器进行 List 元素的遍历。笔者 10 余年从业经验，仅有一次机会自己进行迭代器的开发，这次机会就是 ES 给我的，也是当时笔者的东家（企业）给我的，如果项目不使用 SQL Rest API 进行 ES 数据的查询，可能在笔者的整个职业生涯中，都不会有机会自己书写迭代器。本章，笔者将自认为难得一遇的实战经历分享给大家，希望读者能够与笔者分享这份喜悦。

接下来，我们先对迭代器模式的 UML 类图进行学习，然后再针对每个角色进行实战类的创建和方法定义，UML 类图如图 11-9 所示。

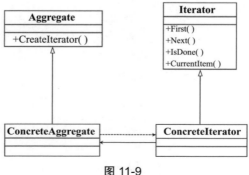

图 11-9

迭代器模式的 UML 类图一共包含了四个角色，我们只需要创建三个角色即可，因为图 11-9 中右上角的 Iterator 角色是 JDK 的 java.util.Iterator。UML 类图角色介绍如下。

- **Iterator 抽象迭代器**：抽象迭代器负责定义访问和遍历元素的接口，JDK 的原生包 java.util.Iterator 就是这个抽象迭代器。
- **ConcreteIterator 具体迭代器**：具体迭代器角色要实现迭代器接口，完成容器元素的遍历。本章就要对 ES 的 Rest SQL API 进行迭代查询，该类包含迭代器核心的代码逻辑。
- **Aggregate 抽象容器**：抽象容器角色负责提供创建具体迭代器角色的抽象方法。
- **ConcreteAggregate 具体容器**：具体容器角色实现容器接口定义的抽象方法，创建迭代器对象。

从 UML 类图上来看，除了 Iterator 抽象迭代器角色不用创建外，我们还需要创建三个角色，并且核心的代码逻辑都在 ConcreteIterator 具体迭代器中。其实，除了创建 UML 类图的三个角色外，我们还需要创建一个实体对象，这个实体对象是用于接收 ES SQL Rest API 的返回值的，我们需要在这个实体对象中定义 columns 属性、rows 属性和 cursor 属性，并为它们添加相应的 getter/setter 方法。接下来，让我们展开 UML 类结构分解和方法定义实战。

1. 创建与ES SQL Rest API返回值对应的实体对象——EsResponseData

该对象并不是 UML 类图中的角色，但是要处理 ES SQL Rest API 的返回值，此类是必不可少的。代码及注释如下：

```
package com.book.iterator;

@Data
@Builder
@NoArgsConstructor
@AllArgsConstructor
public class EsResponseData {
    // 所有的字段
    private List<Map<String, String>> columns;
    // 返回的数据值
    private List<List<Object>> rows;
    // 用于分页的 cursor 值
    private String cursor;
}
```

该类的属性定义，是与图 11-3 所示的返回值类型一致的，此处不再过多说明。

2. 创建Aggregate抽象容器——EsSqlQueryInterface

抽象容器角色负责提供创建具体迭代器角色的抽象方法，我们使用泛型 T 保证了该类的扩展性。我们定义的抽象 iterator 方法，是为了 new 一个具体的迭代器对象，当然了，这部分逻辑会在子类中进行实现。代码如下：

```java
package com.book.iterator;

public interface EsSqlQueryInterface<T> {
    public T iterator();
}
```

3. 创建ConcreteAggregate具体容器——EsSqlQuery

具体容器实现容器接口定义的抽象方法，创建迭代器对象。代码及注释如下：

```java
package com.book.iterator;

@Data
@JsonIgnoreProperties
public class EsSqlQuery implements EsSqlQueryInterface<EsQueryIterator>{
// 插叙的 SQL 语句
    private String query;
//fetchsize 参数
    private Long fetchSize;
// 分页查询的 cursor 参数
    private String cursor;
    // 分页查询时，只传入 cursor 参数即可
    public EsSqlQuery(String cursor) {
        this.cursor = cursor;
    }
    // 第一次查询时，传入 query 和 fetchsize 参数
    public EsSqlQuery(String query, Long fetchSize) {
        this.query = query;
        this.fetchSize = fetchSize;
    }
// 创建具体的迭代器 EsQueryIterator
    public EsQueryIterator iterator(){
        return new EsQueryIterator(this.query, this.fetchSize);
    }
}
```

4. 创建ConcreteIterator具体迭代器——EsQueryIterator

此处代码是核心的代码，需要实现 java.util.Iterator 接口，并覆写 hasNext 以及 next 方法，同时需要添加自己的 scrollNext 方法用于判断 cursor 是否为 null。如果 cursor 为 null，则说明已经迭代完成。

　　此处代码略微复杂，对于经验稍浅的读者可能会是一个挑战，因此笔者为这部分代码添加了详细的注释。如果通过注释仍然不能够完全理解，建议读者进行 Debug 代码跟踪，相信几轮 Debug 下来，你会彻底明白此处代码的逻辑。代码及详细注释如下：

```java
package com.book.iterator;

public class EsQueryIterator implements Iterator<Map<String, Object>> {
    // 记录当前 cursor 分页
    private String cursor;
    // 记录查询的 columns，因为只有第一次查询才会返回 columns 数据
    private List<String> columns;
    // 将 ES SQL Rest API 的返回值封装到 List<Map> 中，以便处理返回值
    Iterator<Map<String, Object>> iterator;
    // 此处我们从简而行，不再进行 @Autowire 注入，把更多的精力放到迭代器模式中
    RestTemplate restTemplate = new RestTemplate();
    // 构造函数进行第一次查询，并且初始化我们后续需要使用的 columns、iterator
    // 和 cursor
    public EsQueryIterator(String query, Long fetchSize) {
        EsResponseData esResponseData = restTemplate.
postForObject( "http://localhost:9200/_sql?format=json" ,
            new EsSqlQuery(query, fetchSize), EsResponseData.class);
this.cursor = esResponseData.getCursor();
        this.columns = esResponseData.getColumns()
            .stream().map(x -> x.get( "name" ))
            .collect(Collectors.toList());
        this.iterator = convert(columns, esResponseData).iterator();
    }
    // hasNext 根据是否 cursor 为 null 进行后续的第二次，第三次…的访问，直到
// cursor 为 null
    @Override
    public boolean hasNext() {
        return iterator.hasNext() || scrollNext();
    }
    // 获取第二次及以后的查询结果
    private boolean scrollNext() {
        if (iterator == null || this.cursor == null) {
            return false;
        }
        EsResponseData esResponseData = restTemplate.
postForObject("http://localhost:9200/_sql?format=json",
            new EsSqlQuery(this.cursor), EsResponseData.class);
        this.cursor = esResponseData.getCursor();
        this.iterator = convert(columns, esResponseData).iterator();
        return iterator.hasNext();
    }

    @Override
    public Map<String, Object> next() {
        return iterator.next();
```

```
    }
    // 将 ES SQL Rest API 的返回值转化为 List<Map>
    private List<Map<String, Object>> convert(List<String> columns,
EsResponseData esResponseData) {
        List<Map<String, Object>> results = new ArrayList<>();
        for (List<Object> row : esResponseData.getRows()) {
            Map<String, Object> map = new HashMap<>();
            for (int i = 0; i < columns.size(); i++) {
                map.put(columns.get(i), row.get(i));
            }
            results.add(map);
        }
        return results;
    }
}
```

此处代码复杂度很高，这也是笔者真实的项目代码，请读者务必自行进行
Debug 学习。至此，我们的迭代器模式实战就结束了，最终的 UML 类结构与实
战的意义对应关系如图 11-10 所示。

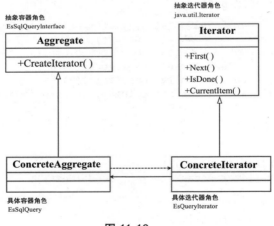

图 11-10

11.5.2 实战测试

接下来，我们进行迭代器模式的实战测试。测试过程并不复杂，我们会创建
EsQueryController 和 EsQueryService 类，请读者务必额外关注 EsQueryService 类的方
法，此处我们会使用 Stream 和 Spliterators，可能部分读者并未使用过 Spliterators，但
是代码不复杂，非常容易理解。接下来，请读者跟随笔者的步骤进行测试。

1. 创建 EsQueryController 和 EsQueryService

此次部分代码并不复杂，代码如下：

EsQueryController

```
package com.book.controller;

@RestController
public class EsQueryController {
    @Autowired
    private EsQueryService esQueryService;
    @PostMapping("/queryEsBySql")
    public Object queryEsBySql(@RequestBody EsSqlQuery esSqlQuery) {
        return esQueryService.queryEsBySql(esSqlQuery);
    }
}
```

EsQueryService

```
package com.book.service;

@Service
public class EsQueryService {
    public Object queryEsBySql(EsSqlQuery esSqlQuery) {
        EsQueryIterator iterator = esSqlQuery.iterator();
        Stream<Map<String, Object>> resultStream = StreamSupport.
stream(Spliterators
                .spliteratorUnknownSize(iterator, 0), false);
        return resultStream.collect(Collectors.toList());
    }
}
```

Service 的代码也十分"优雅"，读者可以进行参考和学习。

2. 通过Java——jar命令，运行Mock Server

此处不再作重复说明，不知道如何运行 Mock Server 的读者，请复读 11.4 节的相关内容。

3. 通过Postman访问 http://localhost:8081/queryEsBySql 接口

Postman 访问配置如图 11-11 所示。

图 11-11

读者可以在测试过程中，开启 Debug 模式，对迭代器相关的代码进行细致地查看，相信所有的读者都能够彻底掌握。

11.6 章节回顾

至此，我们完成了迭代器模式的实战，也在漫长的实战之旅中走到了第 11 章，本章的知识容量并不大，仅有以下两个要点。

- ES SQL Rest API 的访问机制。
- 迭代器模式查询 ES。

关于迭代器模式的代码，虽然稍有一些难度，但是笔者相信，经过重复的代码跟踪，所有的读者都能够完全理解。有任何问题，我们可以在书友技术群进行深入的讨论。

第 12 章
结语

至此，我们的实战之旅也即将画上句号。写到此处，笔者也不禁叹息，美好的时光总是短暂的。从第 2 章开始，截至现在，我们已经融入了 20 种设计模式。

- 第 2 章（2 个）：桥接模式、适配器模式。
- 第 3 章（2 个）：组合模式、访问者模式。
- 第 4 章（3 个）：观察者模式、状态模式、命令模式。
- 第 5 章（5 个）：策略模式、工厂模式（抽象工厂模式）、门面模式、享元模式。
- 第 6 章（1 个）：责任链模式。
- 第 7 章（1 个）：装饰器模式。
- 第 8 章（3 个）：代理模式、建造者模式、原型模式。
- 第 9 章（1 个）：中介者模式。
- 第 10 章（1 个）：模板方法模式。
- 第 11 章（1 个）：迭代器模式。

回头看看，虽然实战之旅很辛苦，但我们却收获了很多，笔者真的很感谢大家一路的陪伴，感谢大家对笔者的认可，将自己的学习时间交托与我，希望我没有辜负这份厚重的寄托。谢谢大家。

实战之旅虽然已经走完，但我们仍有无法融入实战的三个设计模式：解释器模式、单例模式和备忘录模式。笔者并非无意融入，只不过剩余这三个设计模式，真的无法显示融入。

- **解释器模式**：我们不需要做计算器，我们不需要自己写解释器分析日志，解释器的性能问题注定它无法在互联网项目中生存。
- **单例模式**：其实单例模式早已无形中充斥了我们的整个项目。很出色的设计模式，无用武之地的原因是它太优秀了，以至于在 Spring/SpringBoot 框架中，根本没有机会自己亲手书写单例模式，IOC 已经把这条"路"封死了。
- **备忘录模式**：在遍地缓存的当今，备忘录模式已经完全没有立足之地，历史数据、操作都可以放到各种缓存介质中，只能为备忘录模式哀叹。

备忘录模式，会逐步在技术的更迭潮流中渐渐消失，成为历史。

很抱歉，笔者不会为大家进行以上三个设计模式的讲解，原因有以下三点。

①解释器模式，没有实战场景的设计模式犹如白骨，笔者不想用示例 main 函数为我们的实战之旅画上句号，笔者也不想千篇一律，重复地啃咬几近风化的白骨。

②单例模式，无须讲解，因为它太常见，笔者不想浪费任何篇幅去对单例模式进行讲解，笔者也不想让单例模式占用任何一位读者的宝贵时间，就像我们不会花费时间和精力讨论如何运行 Java 的 main 函数一样。单例模式已然成为了常识。

③备忘录模式，连立足之地都没有的设计模式，可以被供奉，被后世敬仰，但是不可能再次成为主流。就像我们不会再学习 Struts 框架一样，就像我们不会再学习 Java Applet 一样，因为他已经过时了，而且有了更加优质的处理方案，我们为什么要浪费时间学习它呢？就好像你是一个列车高级修理工程师，你可能会学习城际列车的构造和原理，可能会学习 K 字头列车的构造和原理，但你还可能去学习 20 世纪靠煤烧水制造蒸汽动力的火车构造和原理吗？

面对技术，笔者有自己的信仰和观念，如果笔者以上言论与你的看法有所不同，请把笔者的言论看作一次思想的碰撞，我把内心的想法和盘托出，毫无保留，也是希望能与读者的思想进行碰撞，碰撞出更绚烂的思想火花。

感谢读者一路的陪伴，感谢读者对笔者的认可。有兴趣的读者可以尝试继续学习笔者亲自录制的 Spring 源码视频。

学完设计模式接着学习 Spring 源码，是一件非常美好的事情。读者可以通过扫描前言中的"资料下载"二维码进行视频的下载，视频内容质量很高，先手写 Spring 核心代码，然后再通过 Debug 形式逐行进行核心代码的阅读，相信你会喜欢这份礼物。

离别终有日，朋友们，再见。不再过多言谢，都在书里。

——伟山育琪

2023 年 3 月记